나도 돈이란 걸
모아보고 싶어졌다

나도 돈이란 걸
모아보고 싶어졌다

초판 1쇄 발행 2023년 6월 18일
초판 3쇄 발행 2023년 10월 31일

지 은 이   길시영
펴 낸 이   김동하

편   집   최선경
마 케 팅   강현지

펴 낸 곳   부커
출판신고   2015년 1월 14일 제2016-000120호
주   소   (10881) 경기도 파주시 산남로 5-86
문   의   (070) 7853-8600
팩   스   (02) 6020-8601
이 메 일   books-garden1@naver.com
인스타그램   www.instagram.com/thebooks.garden

ISBN 979-11-6416-159-1 (03320)

나도 돈이란 걸
모아보고 싶어졌다

길시영 지음

BOOKER

돈 쓸 줄만 알고
모을 줄은 모르던 당신을 위해

안녕하세요, 이름 모를 여러분. 지금 이 글을 읽는 만큼은 여러분과 제가 일대일로 마주 보며 대화한다는 의미로 읽어 주셨으면 합니다. 이 책을 지금 보고 계시다면 아마 서점에서 혹은 우연하게, 아무 생각 없이 흘러가듯 집어 들었을 수도 있을 것입니다. 수많은 재테크, 경제 도서 중에 하필 이 책을 집어 든 이유가 무엇일까요? 재테크가 처음이라면 돈을 활용하는 방법에 대한 지침서가 필요했거나, 재테크를 이미 하고 계신 분들이라면 요새는 어떤 이야기들을 하는지 궁금하셨을 것 같습니다. 이 책은 재테크를 마음먹고 시작하려는 사회초년생, 또는 이제 막 재테크에 관심을 갖고 공부해 보고자 하는 분들을 생각하며 집필하였습니다.

혹시 이미 저축이나 투자에 어느 정도 일가견이 있고, 기본은 다 안다고 생각하는 분이라면, 이 책을 바로 덮으셔도 좋습니다. 왜냐하면 이 책은 재테크를 잘 모르는 사회초년생 혹은 금융문맹인 여러분을 위한 책이니까요. 오히려 책 한 권 구매하는 대신, 카페에서 커피 한 잔의 여유를 즐기며 재테크 현황을 돌이켜보는 게 더욱 의미 있는 시간이 될 겁니다. 아, 그런데도 혹시나 이 책을 톺아보니 꽤 유용한 내용이 모아져 있다는 생각이 든다면 사회초년생들의 첫 시작을 응원하기 위한 선물로 주시면 좋겠습니다.

그러고 보니 여러분과의 대화에 앞서 먼저 제 소개를 하는 것이 예의인데 늦었습니다. 저는 평범한 집안에서 자란 평범한 직장인이었습니다. 각종 대외활동, 동아리, 인턴으로 스펙을 쌓고 결국 2018년 신한카드라는 금융 대기업에 입사할 수 있었어요. 처음에 취업하고 나서 얼마나 뿌듯했던지요. 소위 말하는 대기업 직장인의 모습 있잖아요. 한 손에는 커피, 목에는 사원증. 그리고 고층 빌딩 사이를 거니는 고액 연봉자! 무엇보다 이젠 부모님께 손 벌리지 않고 '내돈내산' 할 수 있다는 게 얼마나 큰 능력인지 깨달았어요. 이제부터 돈을 스스로 관리하는 사람이 된 것이죠.

그런데 책을 집필한 작가로서 꽤 부끄럽지만, 저는 몇 년 전만 하더라도 소위 말하는 '금융문맹' 중 한 명이었습니다. 금융회사 직원이 금융문맹이라니 믿기 어려우시죠? 입사하고 1년 차 시절, '신입사원의 특권'이라는 합리화로 돈을 아주 펑펑 썼습니다. '20대 때 취업을 위해 열심히 산 보상이야!'라는 생각으로 돈 쓰는 데 거침이 없었습니다. 그런데 그 돈을 어떻게 소비했는지 모르겠습니다. 펑펑 썼는데 막상 돌이켜보면 '어디에 썼지?' 하고 의문이 들더라고요. 지난날의 소비를 보니 돈을 '잘' 쓰지 못한 것에 아쉬움만 남더라고요. 독자들도 공감하실 것 같아요.

특히, 저는 저축에 관심이 아예 없었습니다. "티끌 모아 티끌"이라는 박명수 님의 어록처럼 저축은 이른바 '거북이걸음'과 같다고 생각했고, 무엇보다 내 돈이 장기간 묶인다는 것이 너무 싫었습니다. 심지어 현금이 필요한 일이 생기자, 어릴 적 어머니에게서 만들어 주신 청약통장까지 깨 버렸습니다. 당시 행원분의 필사적인 만류(?)에도 불구하고, 고집을 꺾지 않은 일을 생각하면 당시 저는 정말 아무 생각이 없었구나 싶습니다.

그렇게 신입사원 생활 1년 후 제 통장에 남아 있는 돈은 300만 원 수준이었습니다. 이마저도 월급과 상여금을 받은 것이었지요. 그러니까, 1년 차에 벌었던 돈을 모두 지출한 것입니다. 그래도 빚을 내 소비를 하지는 않았으니 꽤 계획적인 소비생활을 했다고 자부하던 부끄러운 제 과거 이야기입니다.

그랬던 제가, 불과 4년차에 퇴사를 하게 됐어요. 그런 좋은 회사를? 왜? 사실 돈을 많이 벌게 됐었거든요. 투자 열풍이 불기 전부터 시작했던 투자가, 좋은 수익률을 만들어줬어요. 금융문맹이었던 제가 투자로 돈을 벌다니, 참 아이러니하죠?

결과가 좋아서 다행이지만, 돌이켜보면 사실 이게 굉장히 무서운 일이었어요. 실제로 투자의 과실을 못 본 사람들이 많았어요. 무리해서 투자하다가 소위 '영끌족'으로 전락해서 사회생활 시작부터 허덕이는 사람들이 많았죠. 저 또한 안 그랬으리란 법이 없단 생각을 하게 된 거죠.

이건 아니다 싶은 생각을 하게 됐어요. 회사를 나왔지만, 정말 내가 하고 싶은 일이 무엇일까 수많은 고민을 한 끝에 한 가지 목표를 세웠어요. 아이러니하게도 이제 막 사회생활을 시작하는 사람들이 저와 같은 전철을 밟지 않게 해야겠다는 것이었어요. 그리고 생각했죠. 지금의 내가 신입사원인 나를 만나면 무슨 말을 해줄 수 있을까? 이에 대한 답변을 정리하면서 한 줄 한 줄 써 내려가다 보니, 어느새 글이 모여 책으로 탄생하게 되었어요. 결국, 퇴사한 지 2년이 된 이 시점에, 지금 이 책을 출판할 수 있게 되었고요.

그리고 지금은 많은 사람들이 준비된 재테크를 할 수 있도록 전파하려고 노력하고 있어요. 사회초년생, 직장인 등을 대상으로 재테크 관련 교육도 진행하고요. 특히 유튜브 채널도 만들어서 더 가까이서 소통하려고 노력하고 있어요. 월급쟁이 1년 차 동안 모은 돈 하나 없던 금융문맹 신입사원에서 어느새 재테크 교육자가 된 지금, 여러분에게 필수적인 재테크 방법을 말씀드리고 싶어 안달이 난 상태예요.

　시중의 많은 재테크 서적들을 읽었습니다. 훌륭한 책들이 즐비했지만, 2% 부족함을 느꼈어요. 그 2%는 바로 피부에 와닿는 이야기가 필요하다는 거였어요. 모든 정보를 쏟아 내는 게 아니라 실제 직장인들에게 꼭 필요한 얘기만 하는 것. 내가 신입사원이었을 때 꼭 알았다면 좋았을 것. 그래서 필요한 핵심만 간추리고자 생각했습니다. 재테크에 입문하는 또래이자 인생 후배 여러분이 이 책 한 권으로 기본기를 갖출 수 있길 희망해요.

　책을 읽는 독자 여러분에게 당부드리고 싶은 점은, 꼭 '실행력'을 갖고 재테크를 하셨으면 좋겠습니다. 이 책을 다 읽고 나서 내용을 머릿속으로만 이해하고 넘어가는 순간 여러분은 다시 제자리걸음을 하게 될지도 모릅니다. 머릿속에만 존재하는 재테크는 중요하지 않습니다. 곧바로 행동으로 옮겨서 나의 저축·투자 포트폴리오에 맞게 실천하는 태도, 작은 실천 하나가 여러분의 인생을 바꿔 놓을 거라 확신해요.

　끝으로 한마디 덧붙이겠습니다. 2023년 6월 18일은 제게 의미가 남다른 날인데요. 이 책의 출간일이자, 제가 사랑하는 사람과 결혼식을 올린 날이에요. 그래서 이 책을 집필하며 곁에서 응원하고 힘이 되어준 아내 유지원에게 한마디 전합니다.

다 당신 덕분입니다. 고맙습니다. 그리고 사랑합니다.

서론이 길었습니다. 지금까지 인내해서 읽어 주신 여러분에게, 바로 재테크 입문을 위한 문을 다음 페이지에서 열어 두겠습니다. 곧 봬요.

길시영

목차

Part 1

우리는 왜 돈을 모아야 할까?

Part 2

똑똑하게 돈 모으는 방법은 따로 있다

Part 3

돈 걱정 없는 내일을 위해

우리는 왜
돈을 모아야 할까?

어디서도 배운 적 없는
진짜 돈 공부

여러분은 재테크에 왜 관심이 생겼나요? 당연히 돈을 많이 벌기
위해서겠죠. 뭐 이런 당연한 질문을 하나 싶을 텐데요. 그러면 한 번
더 물어볼게요. 돈을 많이 벌어서 뭐 하게요? 돈을 많이 벌면 좋은 차
를 타고 비싼 옷도 사고 해외여행도 다니고⋯. 맞는 말이에요. 내가
하고 싶은 것 마음대로 할 수 있으니까요.

그런데 이런 대답은 사실 본능에 따른, 어찌 보면 1차원적인 답변
이에요. 단순히 소비에서 오는 만족감을 얘기한 거니까요. 그런데,
이 책을 집어 든 이상 재테크적인 관점에서 해석해보자고요. 'FLEX'
하기 위해서가 아니라, 왜 돈을 모으는가에 대해서요.

우리나라가 금융문맹률이 높다는 말을 많이 들어봤을 거예요. 제
학창 시절을 떠올려 보면 학교나 학원에서 돈에 대한 이야기는 가르

처주질 않았어요. 평소에 관심이라도 있었으면 공부해서 찾아봤을 텐데, 재테크? 나중에 돈 벌면 하지 뭐, 이런 생각이 컸던 것 같아요.

진짜 웃긴 점은요. 저는 또 대학교에서 경제학을 전공했어요. 그런데 어떻게 금융문맹이냐고요? 경제학에서는 실전 재테크 기술은 배우지 않거든요. 경제학은 크게 미시경제학에서 출발하는데, 인간의 합리적인 선택으로 예산 제약 하의 효용 극대화를 추구하고 수요와 공급 그래프가…, 윽, 그만할게요. 그러곤 금융 대기업에 입사해서 마케팅, HR(인사관리)에 몸담았으니 더더욱 실전 재테크는 저와 먼 이야기였죠. 그래서 신입사원 때부터 재테크를 시작했냐고 하면 그건 또 아니에요. 첫 월급이 얼마나 기쁘고 설렜던지, 한동안 돈 쓰는 재미에 빠져 보냈거든요. 그동안 엄두도 못 내던 명품 지갑도 사 봤고요. 평소엔 생각도 안 해본 오마카세도 먹어 보고요. 월급날 울리는 입출금 알림이 아직도 생생한 것 같아요. 결국, 돈 벌면 시작하겠다는 재테크는 돈을 벌고서도 제대로 시작을 못 하고 있더라고요. 금융회사 신입사원은 그냥 보기 좋은 허울이었나 봐요. 경제학과 출신의 금융 대기업 신입사원의 금융문맹기. 참 아이러니하죠? 저뿐만 아니라 아마 지금 사회초년생이라면 많은 분이 공감하실 것 같아요.

그런데 이게 저만 그런 게 아니었나 봐요. 한국은행과 금융감독원에서 2년마다 '금융이해력조사'라는 것을 하는데요. 금융 지식, 금융

행위, 금융 태도 총 3가지 분야를 측정하고 이를 합산해서 순위를 매깁니다. 지난 2020년의 조사는 어떻게 나왔을까요? 그 결과를 알려 드릴게요.

금융이해력 점수는 총 66.8점으로 OECD 10개국 평균(2019년 조사) 62점보다 높게 나왔어요. 그중 인플레이션, 금리, 위험과 수익 관계 등 말 그대로 금융 지식에 대해 얼마나 아는지를 나타내는 '금융 지식'과 적극적인 저축을 하고 있는지, 월급을 잘 관리하고 있는지를 묻는 '금융 행위'는 높은 점수를 받았습니다. OECD 평균보다 높게 나왔죠. 반면, 실질적으로 미래에 대한 대비를 잘하고 있는지를 묻는 '금융 태도'는 비교적 낮은 점수를 받았어요.

또한 적극적인 저축활동과 장기 재무목표 설정 여부를 조사한 결과도 흥미로운데요. '적극적인 저축활동' 여부를 묻는 항목에서는 OECD 평균인 66.1%를 훨씬 웃도는 97%를 기록했지만, '장기 재무목표 설정' 여부를 묻는 항목에서는 OECD 평균인 45.3%보다 낮은 43.5%라는 결과가 나왔죠.

마지막으로 '저축보다 소비 선호 응답율'에서는 청년층, 중장년층, 노년층 중에서 청년층이 유일하게 저축보다 소비를 더욱 선호한다고 나타났습니다.

이걸 다시 한번 정리해볼게요. 우리나라 청년층은 금융에 대한 이

해도가 어느 정도 있고, 실제로 본인의 재무 상황도 점검하며, 저축에도 적극적으로 관심을 갖고 있어요. 다만, 대부분이 저축을 장기적인 목표로 접근하진 않고 있어요. 아무래도 예·적금 정도의 단기적인 저축에 머무르고 있다고 볼 수 있어요. 특히, 청년층만이 유일하게 저축보다 소비를 선호하고 있는데요. 소비와 단기 저축. 즉, 아직 먼 미래에 대한 대비가 부족하다고 할 수 있어요.

신입사원 시절의 제가 떠올라요. '미래의 나는 그때의 내가 알아서 하겠지.' 마법의 주문인 '다음에'를 외치면서 오로지 오늘만 보고 살던 것이요. 그런데 그거 아세요? 재테크의 궁극적인 목표는 결국 '노후 대비'에 있다는 것을요. (뜬금없이 웬 노후냐고요? 그건 뒤에서 천천히 이야기할게요.) 그래서 금융이해력조사에서 OECD 평균보다 높은 점수를 받았지만 장기 재무 목표에 대한 부분은 하위권에 있으니, 결국 여전히 준비가 되어 있지 않다고 볼 수 있어요.

여러분은 금융 지식을 어떻게 공부하고 계신가요? 요새는 유튜브라는 미디어 시장이 확산하면서 경제·금융 관련 양질의 콘텐츠를 많이 접하신 분도 많을 거예요. 저도 여러 채널을 보며 많은 걸 배운 사람 중 한 명이기도 해요.

다만 유튜브로 접하는 재테크, 투자 공부는 한 가지 한계가 있는데요. 바로 본인의 관심사만 찾아보게 된다는 겁니다. 일례로 단지 주식 종목만 추천해 주는 채널에 관심이 있다면, 다양한 금융 정보를 접하는 데에는 큰 관심이 없을 수 있습니다. 또한 단지 고금리 예·적금 상품만 찾는 분들의 경우도 마찬가지고요. 이는 밥 먹을 때 편식하는 것과 같은 이치에요. 본인이 원하고 좋아하는 것만 찾아보고, 다른 부분은 놓칠 수도 있죠.

그런데 이러한 사람을 금융 지식이 많고 이해도가 높은 사람이라고 할 수 있을까요? 재테크를 제대로 공부하려면 본인의 취향뿐만 아닌 그 이상의 것들에 대해 공부해야 합니다. 특히 다수의 금융전문가라고 하는 '사짜'들이 재테크 교육을 망치기도 해왔어요. 자칭 전문가라고 하는 사람들이 본인이 찍어 주는 주식 가격이 오른다며 많은 사람을 모집하기도 했고요. 여러분은 이런 허황한 정보에 휩쓸리지 않았나요? 이제 재테크 공부는 양질의 콘텐츠가 부족한 게 문제가 아니라, 큐레이션이 중요한 시대라 할 수 있을 것 같아요.

그래서 저는 여러분에게 다양한 음식을 제공하고 싶었어요. 저 역시 사회초년생의 길을 걸어본 만큼, '그때의 내가 이런 걸 알았더라면…' 하는 생각이 들어요. 제가 당시에 꼭 알았어야 하는 필요한 것들만 취합해서 말씀드리고 싶었어요. 원래 몸에 좋은 음식이 맛이 없다고 하잖아요. 음식도 편식하면 안 되듯이, 저는 재테크로 여러분에게 돈의 건강을 찾아 드리고자 합니다.

현금을 가지고 있는 것도
투자라고요?

먼저 여러분께 문제를 하나 내볼게요. 우리나라 사람 누구나 다 투자하고 있는 것은 무엇일까요? 은행 예·적금? 주식? 아니면 부동산?

땡, 모두 틀렸습니다. 저의 의도적인 이 질문엔 이미 정답이 있었어요. 바로 '현금'입니다.

"아니 현금이 무슨 투자야?" "주식이나 부동산 등에 투자하는 것은 납득이 가는데, 현금에 투자를 한다고? 현금은 투자를 하기 위한 '수단' 아닌가요?"

자, 여러분 잠시 진정하시고요. 먼저 돈을 쉽게 빼고 쓰는 통장(수시입출금 통장이라고 해요)은 누구나 하나씩 갖고 있을 거예요. 별다른 저축이나 투자를 하고 있지 않다면 대부분의 현금은 통장에 보관되어 있겠죠? 특히 지폐나 동전 같은 실물 화폐는 점점 사라지는 추세지만, 집 안을 구석구석 살펴보면 통장 한두 개쯤은 발견할 수 있을 거예요. 그렇다면 주식을 안 하는 사람은 있어도, 현금이 없는 사람은 없죠? 대한민국 전 국민이 다 있다고 해도 과언이 아닐 거예요. 그래서 제일 많이 투자하는 게 바로 현금이라고 한 거예요.

"아니 그래서 현금이 왜 투자인데?"

제가 굳이 현금을 투자라고 한 이유는 바로 여러분의 돈에 대한 생각을 바꾸고 싶었기 때문이에요. 제가 한 군인을 만나서 재테크 상담을 해드린 적이 있어요. 돈을 어떻게 모으고 있냐고 질문했는데, "그냥 통장에 모아 두고 있어요."라고 하시더라고요. 예금이나 적금에 가입했냐고 하니까, 그냥 월급통장에 그대로 둔다고 해요. 왜 그러냐고 했더니 자기는 돈이 묶이는 게 싫다더라고요. 그래서 그냥 언제든 필요할 때 꺼내 쓸 수 있는 통장에 돈을 모은다고요. 여러분의 월급이 통장에 그대로 있다면 안전하다고 생각하는데 사실은 그렇지 않아요. 물가상승의 직격탄을 그대로 맞으면서 점점 내 돈이 증발하고 있는 것과 다름없거든요. 눈에 보이는 100만 원, 200만 원의 숫자가 지금 당장은 커 보이지만, 시간이 지날수록 가치가 줄어들기 마련이에요.

물론 현금만 그대로 갖고 있는 게 유리할 때도 있어요. 예를 들어, 정말 단순한 비교를 하나 해볼게요. 지금 당장 선택권이 두 가지가 있어요. 하나는 그냥 현금을 갖는 것, 그리고 하나는 주식에 투자하는 것. 만약에 현금을 선택했나요? 그렇다면 주식 가격이 올랐다면,

현금을 선택한 것이 아쉬울 거예요. 현금 대신 주식을 샀으면 돈을 벌었을 테니까요. 반면에, 주식 가격이 하락했다면 어떨까요? 현금을 선택한 게 현명했다고 할 수 있어요. 왜냐하면, 지금 주식을 사면 이전보다 더 싼 가격에 살 수 있을 테니까요.

제가 하고 싶은 말이 뭐냐면, 재테크는 결국 '돈에 대한 의사결정'이라는 거예요. 'B(birth)'와 'D(death)' 사이에 'C(choice)'가 있다는 말 들어보신 적 있나요? 재테크 관점으로 해석하면, C는 cash 즉, 현금과도 같아요. 내가 지금 가진 돈으로 어떤 자산을 살까? 혹은 그대로 현금으로 갖고 있을까? 현금으로 들고 있는 것조차 여러분의 선택이라는 거죠. 이런 일은 없어야 해요. 누군가 이 적금에 왜 가입했냐고 물어봤는데, "주변에서 다 하길래요"라고 답하는 것. 혹은 이 주식은 왜 샀냐고 물었더니 "누가 이 주식 가격이 오른다고 해서요"라고 답하는 것. 열심히 피땀 흘려 번 돈을 아무렇게나 방치해선 안 되겠죠? 혹은 잘 모르거나 귀찮아서 남들이 하는 대로 따라간다? 소중한 내 돈, 소중하고 세심하게 다뤄 보자고요.

우리는 앞으로 월급을 받고 통장에 돈이 쌓일 때마다 고민해야 해요. 이 돈을 어떻게 관리해야 할까? "비상금은 CMA 통장에서 관리하고, 연금저축으로 미래를 대비하고, IRP까지 만들어서 세제 혜택을 최대한 받아야겠어." 갑자기 낯선 재테크 용어들이 등장하니 혼란스

러울 텐데요. 당장은 와닿지 않을 거예요. 그렇지만 여러분이 이 책을 다 읽고 나면, 돈을 효율적으로 관리할 수 있도록 만들 거예요. 그게 제가 이 책을 쓴 이유거든요. 아직 봐야 할 챕터가 많죠? 그렇지만 걱정하지 말아요. 시작이 절반이라고 하잖아요. 제가 옆에서 쉽게 알려 드릴게요.

현금만 들고 있으면 어떻게 될까요?

그렇다면 또다시 질문을 드려보겠습니다.

우리가 회사에서 받는 월급을 통장에 그대로 둔다면, 즉 저축이나 투자를 전혀 하고 있지 않다면 어떻게 될까요? 그에 대한 답은 물가가 어떻게 변화하고 있는지 생각해보면 됩니다.

여러분이 초등학생이었을 때, 혹은 막 성인이 되었을 때 물가를 떠올려 볼까요? 가물가물하지만 얼핏 기억이 떠오르실 겁니다. 제가 1990년대엔 초등학생이었는데, 당시 '새콤달콤'이란 국민 간식을 200원 주고 사 먹었던 기억이 또렷이 나요. 그리고 대학 생활을 시작할 때 소주 한 병에 3,000원이었던 기억도 명확히 나고요. 그런데 지금 소주 한 병에 5,000원이 넘죠? 강남권 번화가만 가도 한 병에 7,000원을 받는 곳이 즐비하니, 우리만 자란 게 아니라 물가 또한 무럭무럭 자라왔습니다. 성장 속도가 참 무섭습니다.

특히 택시요금이 요새 많이 비싸졌다고 느끼시는 분이 많을 겁니다. 그도 그럴 수밖에 없는 이유가 불과 10년 전인 2013년만 하더라도 택시 기본요금이 2,400원이었어요. 지금 기본 요금이 4,800원 이거든요. 10년 동안 택시 기본요금이 무려 두 배나 오른 거예요. 일상생활에 밀접한 교통수단으로 보니 물가상승의 무서움이 더더욱 체감될 거예요.

"요새 물가가 많이 올랐어." 이런 얘기 많이 들어보셨을 거예요. 보통 물가라고 하면 소비자물가지수를 말하는데, 우리가 일상에서 소비하는 품목들로 구성되어 있어요. 쌀, 닭고기, 고등어 같은 식료품에서 시작해 옷, 교통비, 통신비 등…. 그래서 보통 소비자물가지수를 기준으로 우리의 일상생활이 어떤지 체감하기 쉬워요.

아래의 표는 소비자물가지수를 시대별로 평균을 낸 수치예요. 먼저, 부모님 세대의 경제성장기에 비하면 우리 시대의 물가상승률은 아주 낮은 걸 볼 수가 있어요. 80년대에는 은행 저축만 해도 돈을 모

시대별 평균 소비자물가 상승률

1970년대	1980년대	1990년대	2000년대	2010년대	2020년대
15.2%	8.4%	5.7%	3.1%	1.7%	2.7%

출처: KOSIS 국가통계포털

을 수 있다는 말 많이 했죠? 당시에는 예금 금리가 20% 넘었는데, 그것은 그만큼 물가상승률이 높았기 때문이기도 해요. 그러다가 금리가 점점 낮아지면서 2010년대에는 1.7%대까지 내려왔어요.

'2%의 물가상승률이면 옛날만 못하네'라고 생각할 수도 있는데, 그게 그렇지 않습니다. 시간이 지나며 그게 누적되면 무섭거든요.

매년 2.5%씩 물가가 오른다면?

기다리고 기다리던 명절 상여금 100만 원이 들어왔습니다! 이 100만 원으로 뭘 하지? 위시리스트에 넣어 놨던 옷이나 하나 살까? 아니면 통장에 저금을 할까? 고민한 끝에, 비상금으로 활용하기 위해 아무도 모르는 내 비밀금고에 넣어 두었다고 해볼게요. 그런데 일상을 바쁘게 지내던 중에 이걸 까먹었다면? 그렇게 시간이 흘러 10년 뒤, 새로운 집으로 이사를 준비하던 도중, 이 100만 원을 찾았습니다.

이게 웬 공돈이야 하고 기뻐하겠죠. 그런데 기쁨보단 슬픔에 잠기는 더 맞을 거예요. 왜냐하면, 그때의 100만 원과 지금의 100만 원은 가치가 다르거든요. 물가가 오른 만큼, 내가 가진 100만 원의 가치도 점점 줄어들게 돼요. 만약에 매년 물가가 2.5%씩 오르면 어떨까요? 예를 들어, 1만 원 하는 햄버거 세트 가격도 매년 2.5%씩 오른다고 해볼게요. 지금 100만 원이 있다면 총 100개를 사먹을 수 있습니다. 그런데 1년 뒤에 가격이 2.5% 오르면 어떻게 될까요? 가격이 1만 250원이 되는데요. 이제는 100개가 아닌 97개밖에 살 수 없게 돼요.

이렇게 20년, 30년 뒤를 계산하면 햄버거 세트를 살 수 있는 개수는 다음과 같이 줄어들어요.

구분	원금	1년 뒤	5년 뒤	10년 뒤	20년 뒤	30년 뒤
가격	10,000원	10,250원	11,314원	12,801원	16,386원	20,976원
개수	100개	97개	88개	78개	61개	47개

왜 통장에 계속 돈을 고이 모셔두고 있으면 안 되는지 아시겠죠? 아무리 아껴 쓰고 안 써도, 가만히 있으면 점점 내 돈이 증발하는 것과 다름없어요.

사자성어 조삼모사 이야기를 해볼까요? 원숭이에게 도토리를 "아침에 3개, 저녁에 4개를 주겠다"라고 말하자, 원숭이가 화를 냅니다. 그러면 "아침에 4개, 저녁에 3개를 주겠다"라고 하자 그제야 좋아합니다.

눈앞의 이익만 알고 결과는 같은지도 모르는 어리석음을 비유하는 이야기입니다. 아침에 3개를 받든 4개를 받든, 결국 총 7개를 받는 건 똑같으니까요. 그런데 한 가지 상황을 가정해 볼게요. 만약 아침보다 저녁에 도토리가 더 귀해지는 상황이었다면 어땠을까요? 아침에 도토리 한 개가 100원이었는데, 저녁엔 1,000원에 판다면요. 그렇다면 저녁에 도토리 4개를 받는 게 더 현명한 선택이 될 수 있어요. 이런 가정으로 비추어 보았을 때, 어쩌면 원숭이의 의사결정은 현명했을지도 몰라요.

돈의 숫자보다 구매력이 더 중요해요

결국 여러분이 깨달아야 할 게 있어요. 이건 정말 중요한데요. 돈에 대한 환상을 깨야 하는 거예요. 여러분의 통장에 찍히는 100만 원, 200만 원의 액수가 중요한 게 아니에요. 내 월급은 제자리걸음인데 물가가 오른다면? 내 월급은 상대적으로 내려간 거나 다름없어요. 왜냐하면 내가 살 수 있는 물건의 개수가 줄어들거든요. 이처럼 내가 원하는 물건을 몇 개나 살 수 있는가를 따져봐야 하는데요. 이를 '구매력'이라고 해요. 구매력은 쉽게 말해 돈으로 교환할 수 있는 가치를 말해요.

이 구매력이 바로 물가상승률로 인해서 점점 줄어들고 있는 거예요. 보통 사람은 장기적인 변화에 무딜 수밖에 없어서 잘 체감하지 못하지만, 이런 생각을 늘 하고 있어야 해요. 2000년 이후 소비자물가상승률 평균을 계산해 보니, 약 2.5%예요. 구매력으로 생각하라고 했죠? 만약 내 월급이 작년보다 2.5% 오르지 못한다면 어떤 의미일까요? 월급은 그대로지만 구매력은 감소한 것이 됩니다. 고작 2.5%라고 생각할 수도 있지만, 이게 몇 년씩 쌓이면 무시할 수 없는 규모가 되고, 30년 뒤엔 내가 가진 돈의 가치가 절반이나 줄어들게 되는 것이죠.

극단적으로 예시를 들어볼까요. 아르헨티나는 2023년 연간 물가상승률이 100%라고 해요. 1만 원 햄버거 세트가 1년 만에 2만 원으로 오르는 거예요. 월급이 그대로라면 구매력이 절반이나 줄어들겠죠? 달리 표현하면, 1년 만에 내 월급이 절반으로 줄어들었다고 생각할 수 있어요.

혹시 지금 여러분은 비상금을 모아 두고 있나요? 현금으로 갖고 있다면, 날마다 물가상승으로 인해 가치가 줄어들고 있습니다. 단순히 생활비로 쓰기 위해 모아둔 돈이 아니라면, 물가상승으로 구매력이 떨어지는 내 돈을 막기 위해 노력해야 합니다. 지금 여러분의 돈은 끓는 물처럼 계속해서 증발하고 있다는 점! 즉 처음 질문으로 돌아와서, 현금만 들고 있다면 어떻게 될까요? '100% 잃는 투자'라 답할 수 있겠습니다.

물가상승이 꼭 나쁜 것만은 아니에요

이쯤 되면 물가가 상승하는 게 굉장히 부정적으로 보일 소지가 있는데요. 사실 물가상승은 너무 심해도 문제지만 아예 없어도 문제입니다. 적당한 물가상승은 자본주의 시스템의 원동력이라고도 하거든요. 물가가 조금씩 상승해야 매출이 오르고 임금도 오르고 소비도 늘고 물건을 더 만들어서 팔고…, 경제의 선순환 구조를 만들 수 있어요.

물가상승률이 문제라면 아예 0으로 만들어야 할 텐데 실제로 그렇지 않습니다. 미국 연준 의장도 가파른 물가상승률을 잡겠다고 공언하며 내세운 목표치가 바로 2%였어요. 적당한 물가상승률은 마치 자본주의가 살아 숨 쉬는 원동력이라고나 할까요. 경제에 큰 위기가 도래한 경우를 제외하고 물가는 꾸준히 상승해 왔고 앞으로도 그럴 것입니다. 물가상승은 자본주의 사회가 지속해 성장하기 위해서는 필연적인 일이죠.

'미래의 나'는
아무도 책임지지 않으니까

우리의 20대가 좋은 기업에 입사하기 위해 '스펙'을 쌓는 과정이었다면, 우리의 30대는 '안정적인 노후 대비'를 위해 준비해나가는 과정입니다.

20대 때는 정말 취업 하나만 보고 달려왔던 것 같아요. 대학 생활을 하면서 학점을 잘 받으려고 한 것도, 자격증, 공모전, 그리고 인턴 경험까지, 소위 '스펙'을 쌓기 위한 과정이었죠. 이 모든 걸 순수하게 즐기려고 한 사람이 있나요? 좋든 싫든 뭐든 할 수밖에 없었고, 그리고 결국 그 이력으로 회사에 입사해서 사회생활을 시작할 수 있었어요. (그동안 고생 많았던 '나' 자신에게 박수를!)

그런데 이제 직장생활이 또 끝이 아니에요. 회사에서 승진을 하기 위해 경쟁하고, 또 내가 원하는 커리어를 쌓기 위해 이직도 하고…. 인생은 항상 다음 단계로 가기 위한 여정인 것 같아요. 그런데 그 과정에서 한 가지 달라진 게 있어요. 바로 '돈을 번다'는 것이죠. 내 커리어는 커리어대로, 재테크는 재테크대로 준비할 필요가 있는 것이죠.

여러분은 재테크를 하는 목적이 있나요? 대부분 '돈을 많이 벌기 위해서'라는 생각이 떠오를 거예요. 돈을 많이 벌면 외제 차도 사고 명품 시계와 가방 등 '플렉스FLEX'를 하는 거요. 직장인은 노예의 삶이야! 회사 빨리 때려치우고 '파이어FIRE 족'이 되고 싶은 분들도 있겠죠. 결국 인생을 행복하게 살고 싶은데, 그러려면 돈이 필요합니다. 되게 직관적인 대답이긴 한데 사실 틀린 대답은 아니죠.

그런데 1차원적인 생각 말고, 재테크 관점에 어울리는 대답을 할 수 있는데요. 바로 재테크의 목적은 노후 준비에 있다는 거예요. 뜬금없이 웬 노후? 이제 막 사회생활을 시작했는데 벌써 노후 대비를 하라니. 사회초년생들에게 와닿을 리가 없죠. 그런데 제가 한 가지 확실하게 말씀드릴 수 있는데, 여러분이 언젠가 정년 은퇴를 앞두고 있다면 은퇴까지 벌어들이는 소득을 계산하고, 은퇴 후 월급을 받듯이 꾸준하게 들어오는 연금에 대해 따질 수밖에 없을 거예요. 이제 막 사회생활을 시작하면 인생이 참 길어 보이지요. 은퇴? 아득하기만 합니다. 이직을 고민했으면 했지, 은퇴는 무슨!

그런데 인생을 입체적으로 생각할 수 있는 사람만이 더욱 안정적인 미래를 대비할 수 있어요. 우리가 사는 100세 인생 중에 실제로 일을 해서 돈을 버는 기간은 얼마 되지 않아요. 막상 직장생활을 시작하면 모든 게 끝이라 생각하는데, 30년 정도 일한다고 하면 인생의 30%에 불과합니다. 30년 동안 일해 번 돈으로 남은 인생을 안정적으로 보내는 계획. 그런 말도 하거든요. 운 나쁘면 120세까지 산다고. 20년 더 살면 그땐 돈이 남아 있을까? 이런 고민을 한 번도 안 해보셨죠? 근데 여러분도 언젠간 하게 되어 있어요.

영화 〈인터스텔라〉 기억나시나요? 쿠퍼가 시공간을 넘나들고 과거의 머피에게 찾아가 한 말, "STAY!" 얼마나 과학기술이 발전할진 몰라도 미래의 여러분이 지금 이 책을 읽고 있는 여러분에게 이렇게 말할걸요. "노후 대비!" (사실 이 책을 읽고 있는 것도 미래의 여러분이 설계해 놓은 건지도 모르죠.)

당장 눈앞만 보지 말고, 입체적으로 인생을 살펴볼까요. 재테크 관점에서 인생을 삼등분하라면 어떻게 할 수 있을까요? 아무것도 가진 것 없던 대학 생활까지의 삶으로 부모님의 그늘 밑에서 자라는 성장기, 그리고 이제 막 소득이 발생하는 지금 이 시기인 축적기!, 그리고 은퇴 후의 삶인 노후기, 이렇게 나눌 수 있어요.

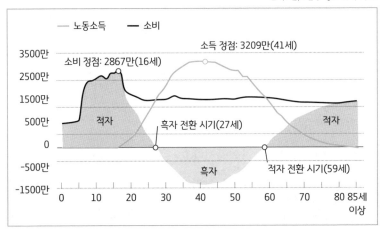

생애주기별 소득과 소비 추이

단위: 원, 1인당 평균 금액 기준.

— 노동소득　■ 소비

소득 정점: 3209만(41세)

소비 정점: 2867만(16세)

적자

흑자 전환 시기(27세)

적자

흑자

적자 전환 시기(59세)

자료: 통계청

어떤 구분으로 나눴는지 아시겠죠? 소득이 발생하는 흑자의 삶인
지금과, 돈을 쓰기만 할 줄 알던 과거와 미래 적자의 삶으로 구분한
것이에요.

성장기 때야 뭐 걱정이 없죠. 당장 돈을 못 벌어도, 아늑한 보호자
의 품이 있으니까요. 그냥 이때는 잘 먹고 잘 성장해라. 그게 미래를
위한 투자다!

그리고 나서 이제 축적기에 들어서면 돈을 벌기 시작합니다. 지금
딱 우리가 여기에 있죠. 이때부턴 돈 쓰는 맛이 아주 기가 막힙니다.
삶에 선택권이 많아지고 드디어 인생이 꽃피우는 시기거든요.

그리고 축적기의 삶이 끝나면 도래하는 것이 바로 노후기입니다. 그런데 그때부터가 중요한데요. 과거 적자의 삶엔 보호자가 묻지도 따지지도 않고 키워 줬다면, 은퇴 후 노후기에는 누구도 우리를 보살펴 주지 않아요. 요새 같은 비혼, 저출산 시대에 자식이 있을지도 모르겠지만, 자식만 믿고 살 순 없잖아요? 그러면 어떻게 대비를 해야 할까요? 결국 여러분 스스로 준비를 해야 합니다. 언제요? 바로 유일하게 흑자 인생인 축적기 때요.

즉, 인생의 유일한 흑자 시기에 벌어둔 소득으로 노후를 보내기 위한 적절한 돈의 분배 계획이 필요해요. 이 생각을 일찍부터 시작한 사람이라면 좀 더 윤택한 노후를 보낼 수 있는 거고요. 그렇지 않은 사람은 팍팍한 삶이 펼쳐질 거에요. 그런데 이러한 생각을 하는 시기가 점점 늦어질수록 남들과 똑같은 노후 준비를 하기 위해서는 점점 더 삶의 무게가 무거워질 수밖에 없어요. 그런데 앞서 본 금융이해력 조사에서 우리나라 청년들은 미래에 대한 대비가 잘 되어있지 않은 게 현실이에요.

"'미래의 나'는 아무도 책임지지 않는다."

여러분은 축적기에 돈을 풍족하게 쓰다가, 은퇴하고 나서 빈곤하게 살고 싶으신가요? 아니면, 적절한 노후 자금을 마련해서 은퇴 후에도 적정한 생계비를 유지하며 살고 싶으신가요? 돈을 많이 벌어서 많이 쓴다는 원초적인 답변 대신, 은퇴 후에도 매일 여유롭게 살 수 있는 자금 플랜을 마련하는 것, 그것이 바로 재테크의 목적이라고 할 수 있습니다.

젊어서 모아 둔 돈이 없어서 힘들죠? 늙어서 돈 없으면 지금보다 더 죽을 맛입니다. OECD 국가 중 노인 빈곤율 1위인 나라, 자살률이 1위인 나라. 이러한 우울한 지표가 있기에 제가 더 강조해서 드리는 말씀이기도 합니다. 한 가지 꼭 가슴에 새겨두세요. 미래의 나를 책임질 사람은 오늘의 나밖에 없다는 걸.

인생도 Reset 버튼이 있다면

You Only Live Once.

한때 '욜로YOLO'라는 말이 유행했죠. 언제 죽을지도 모르는 한 번 사는 인생, 오늘을 즐겨라! 각박한 삶에 지쳐있을 사람들에게 지금 이 순간의 행복을 중시하라는 욜로의 철학은 수많은 사람을 자극했습니다. 지금 당장 한두 푼 아끼는 근검절약 따위는 부질없는 짓이 되어 버렸죠. 많은 청년이 과소비를 정당화하면서 '잃어버린 것 같은' 행복을 되찾기 위해 노력했습니다.

인생은 게임과 비슷하다는 말이 있죠. '나'라는 캐릭터를 어떻게 키우느냐에 따라 다른 플레이어들과 격차가 벌어집니다. 그런데 인생과 게임의 차이점이 하나 있어요. 뭔지 아시나요? 바로 인생엔 리셋 버튼이 없다는 것입니다. 게임 캐릭터는 내가 원하는 방향으로 성장하지 않으면 언제든 새로운 캐릭터로 다시 시작할 수 있어요. 심지어 '현질'을 하면 다시 되돌릴 수 있기도 하고요. 그런데 인생은 그렇지 않아요. 내가 초반 인생 '스탯'을 잘못 찍으면 나중에 가서 되돌릴 수 없습니다. 내 선택에 대해 내가 책임을 져야 하는 거예요. 그렇기 때문에 매 순간 의사결정을 신중하게 해야 합니다.

결국 욜로 유행은 오래가지 못했습니다. 사회가 아무리 열악하고 힘들어도 결국 내 인생을 책임질 사람은 결국 나밖에 없다는 걸 깨달았기 때문입니다. SNS를 보세요. 욜로로 소비의 만족을 느끼는 사람이 얼마나 가는지. 소비의 만족은 채워도 허전하지만, 통장에 돈이 쌓여 가는 만족은 쌓일수록 누적됩니다. 결국 이런 허무한 유행이 지나고 나서야, '욜로 하다가 골로 간다'는 한 줄의 유언만 남게 되었습니다.

하루빨리 저축을
시작해야 하는 이유

제가 진짜 회사에 다니면서 후회했던 것 중 하나가 뭔지 아세요? 바로 재테크를 1년이라도 더 일찍 시작하지 않은 것이었어요. 그런데 사실 취업하자마자 재테크를 시작하기가 쉽지 않죠. '이제 막 취업하고 돈 쓰는 재미를 맛보려는데 벌써 재테크 준비를 하라니? 나는 조금만 더 즐기고 재테크를 시작하고 싶은데….' 아마 많은 분이 이런 생각을 하실 거예요.

"재테크 준비요? 네 해야죠. 그런데 지금 말고 다음에요…."

다음에 할 수 있어요. 그런데 그 '다음에'에 대한 대가가 너무나도 커요. 그래서 여러분은 이 책을 접하신 순간부터 정말 진지하게 재테크 계획을 체계적으로 세우고 꾸준하게 실천해 나가야 합니다. 이렇게 강조해서 말씀드리는 이유는, 재테크는 1년이라도 빨리하는 것이 여러분에게 무조건 유리하기 때문입니다.

지금 당장 1, 2년 늦는다고 큰 차이 없을 것 같은가요? 지금 당장은 체감하지 못하겠지만, 훗날 이 목돈이 불어나면 어마어마한 금액이 되어있을 거거든요. 여러분이 직접 느끼실 수 있도록 숫자로 보여 드릴게요.

신입사원 A와 B가 있다고 가정해 볼게요. 두 사람은 이제 첫 월급을 받고 본격적으로 사회생활을 시작하는데요. 둘은 비슷하지만 한 가지 차이가 있습니다. A는 첫 월급부터 재테크 플랜을 짜둔 사람이에요. 그래서 계획대로 월급의 일정 부분을 저축하기로 마음먹었죠. 반면, B는 지금 당장 재테크에 관심이 없어요. '다음에'를 주야장천 외치고 있어요. 일단은 하고 싶은 거 다 하고 나서 생각하려고 해요. (어찌 보면 B는 저의 과거이기도 해요.)

A: 첫 시작이 중요하지. 지금 바로 저축을 시작할래!
B: 인생을 좀 즐기고…, 나는 내년부터 시작할래!

첫 월급을 탄 두 사람! 각자 생각이 달라요 B도 2년 차부터 A처럼 재테크를 따라 한다고 가정하면, 두 사람의 저축금액 차이는 어디서 발생하나요? 바로 1년 먼저 시작한 금액에서 차이가 발생합니다. 단순히 재테크를 1년 먼저 시작한 A와 1년 늦게 시작한 B. 은퇴할 시기엔 둘의 자산이 얼마나 차이가 발생해 있을까요? A와 B 모두 월 100만 원씩 저축해 연평균 수익률 5%를 내고, 30년 뒤 은퇴한다고 가정해봅시다.

월 100만 원씩 저축한다면 연간 1,200만 원의 금액인데요. A가 1년 차에 저축한 1,200만 원이 30년 동안 연평균 5%씩 증가한다고 가정할 경우, 첫 해에 저축한 1,200만원의 수익률은 5,186만 원이 됩니다.

A는 B보다 단지 1년 더 일찍 저축하였을 뿐인데, 결과는 5,186만 원을 더 모을 수 있게 된 거죠. 만약에 B가 저축을 1년 더 늦게 했으면 얼마일까요? 2년 차에 모은 1,200만 원도 29년간 연평균 5%의 수익률을 낸다고 가정하면 4,939만 원이 됩니다.

2년 치를 합하면 약 1억 원이라는 금액이 되는 거예요. 단지 2년 더 일찍 시작한 결과가 약 1억 원이라니, 제가 왜 그렇게 재테크를 빨리 시작하라고 강조하시는지 알겠죠? 물론 저축금액이나 수익률 등 여러 조건에 따라 결과가 달라질 수는 있습니다. 그런데도 우리가 한 가지는 확실하게 알 수 있죠. 내가 하루라도 빨리 저축을 시작하면 남들보다 더 빠르게 돈을 모아갈 수 있다는 것을요.

혹시 목표 금액이 있으신가요? 재테크를 빨리 시작할수록 가는 여정이 힘들지 않아요. 시기가 늦어질수록 목표를 향해 가는 길이 가팔라집니다.

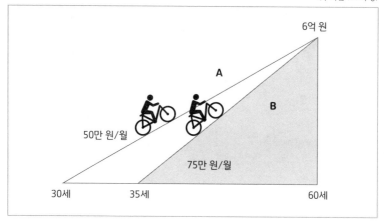

6억 원을 모으려면?

(수익률 7% 가정)

6억 원

A

B

50만 원/월

75만 원/월

30세   35세   60세

A. 30세부터 매월 50만 원씩 30년 저축 vs B. 35세부터 매월 75만 원씩 25년 저축

　여러분 어릴 때 이런 친구들 꼭 있었죠? 나랑 똑같이 놀 거 다 놀면서 꼭 시험 성적은 더 좋은 친구요. 공부 머리는 유전이라고 좌절하신 분들 있으실 거예요. 그러나 그 친구와 여러분도 지금 똑같은 선상에 있습니다. 나랑 비슷한 나이에 사회생활을 시작했는데, 어떻게 저 친구는 나보다 돈을 더 많이 저축했을까요?

　재테크는 유전도 공부 노하우도 아닙니다. 바로 여러분의 의지에 달려 있는 것이죠. 질투는 건강에 해롭지만, 그런 상황이 발생하지 않도록 돕는 것이 이 책의 목적이라고 생각해요. 여러분은 꼭 저와 같은 전철을 밟지 않으셨으면 좋겠습니다. 지금도 늦지 않았습니다. "가장 늦었다고 생각할 때가 진짜 늦었다"라는 박명수 씨의 어록

이 현실이 되기 전에, 재테크 계획을 하루빨리 세워 보는 것이 중요
합니다.

속도보다 중요한 건
방향

제가 군대에서 배운 의사소통 방식이 하나 있는데, 한번 알려 드릴 게요. 군대에서는 "열심히 하겠습니다."라고 말하면 별로 안 좋아해요. 그렇다면 올바른 대답은?

"잘하겠습니다"예요.

하루라도 더 빨리 재테크를 시작해야 한다고 말씀드렸는데, 사실 이거보다 더 중요한 것이 있습니다. 여러분은 재테크를 진짜, 정말, 잘하고 계시는가요?

꼬박꼬박 돈 벌어서 저축하고 아끼고…, 재테크를 아무리 열심히 해도, 재테크 계획을 잘 세워서 잘하는 사람을 절대 못 따라가요. 그럼 재테크를 잘한다는 것은 뭘까요? 무조건 높은 수익률을 내는 거? 아니요. 총 세 가지로 얘기할 수 있는데, 먼저 제일 중요한 건 바로 자기 자신에 대해 잘 아는 거예요. 그거랑 재테크랑 뭔 관계인데? 먼저 본인의 가계부 상황을 파악해야 하겠죠? 내가 지출은 최대한 합리적으로 하고 있는지, 그리고 저축 여력이 얼마나 되는지를 알아야 하니까요. 그리고 두 번째는 자신의 재테크 성향이에요. 투자를 한다고 했을 때 벌기만 하면 얼마나 좋겠어요. 하이리스크 하이리턴, 원금을 잃을 수도 있잖아요. 만약에 투자를 하고 손실이 발생했을 때 이걸 얼마나 감내할 수 있는지를 알아야 해요. 그리고 마지막으로 다양한 재테크 방법론을 배우고 잘 실천하는 것이에요. 사람들이 대부분 이세 번째만 잘하면 된다고 생각하지만, 정작 중요한 건 첫 번째와 두 번째예요. 결국 재테크를 시작하고 관리하고 결실을 보는 것도 '나'인 거잖아요. 이런 의미에서 재테크를 잘하려면? 테스 형이라면 이렇게 말하겠죠. 너 자신을 알라!

저는 재테크를 하려는 분들에게 가장 먼저 물어보는 질문이 있어요. 바로 저축과 투자 비중을 얼마로 생각하냐는 겁니다. 이 책을 보고 있는 여러분도 막상 쉽게 답이 안 나올 거예요. 평소에 그렇게 생각하고 재테크를 하지 않는 분들이 꽤 많거든요. 제가 만나봤던 분들을 떠올려 보면, "저는 저축이 7, 투자가 3정도 되는 것 같아요!"라고 말해 놓곤, 은행 적금만 하고 있는 분들도 상당히 많이 봤습니다. 투자는 하고 싶은데 어떻게 시작할지 막막하다면서요.

어떻게 보면 가장 기본적인 질문이기도 한데요. 그 외에도 여러 가지 짚고 넘어가야 할 것들이 있습니다. 투자 기간에 따라 포트폴리오를 세웠는지, 목적자금에 따라 돈을 모으고 있는지, 은퇴 후 노후 자금은 얼마로 계획하고 있는지 등 말이죠.

'인생은 속도보다 방향성이다'라는 진부한 표현 많이 들어보셨죠? 나침반의 각도가 1도만 흐트러져도 항해하는 배는 최종적으로 전혀 다른 곳에 도착하게 된다는 비유도 있어요.

어떤 격언이 진부하다는 것은, 그만큼 많은 사람이 공감했고 널리 알려졌다는 뜻이기도 해요. 그래서 재테크를 시작하시는 분들이라면 특히나 방향성에 대해서 강조하고 싶어요.

소위 주식에만 매몰되어 주식만 투자하는 분들을 '주식쟁이'라고 하지요. 이들은 위험을 감수하고라도 큰 수익을 추구하는 분들입니다. 보통 주식시장에 참여하는 주체를 세 가지로 나누는데, 개인과 기관, 그리고 외인 이렇게 셋이에요. 개인은 바로 우리를 이야기하고요. 기관은 회사, 외인은 외국인들이에요. 그런데 이 셋의 투자수익률을 보면, 개인의 수익률은 기관이나 외인에 비해 처참합니다. 그래서 개인들을 '개미'라고 비하하기도 하잖아요. 한평생 주식쟁이로 살면 대부분은 돈을 잃어요. 그래서 주식쟁이가 되는 것은 문제가 많아요. 그런데 반면에 안정적인 저축에만 또 매몰되신 분들이 있어요. 이런 분들을 저는 '적금쟁이'라고 칭하고 싶어요.

적금쟁이 역시 똑같이 위험하다고 할 수 있어요. 최소한 주식쟁이에 비해 돈을 잃지는 않겠지만, 투자와 벽을 두고 살다 보면 제자리걸음하고 있는 자신을 발견할지도 몰라요. 혹은 각종 비과세 혜택을 제공하는 정부 제도도 평생 모르고 살아왔다면 더더욱 후회만 남을 거예요.

내가 하는 일을 열심히 하는 것도 중요하지만요. 잘하는 게 더 중요해요. 보통 사람은 자기에게 관대한 경향이 있어요. 재테크? 나 잘하고 있어. 투자? 내 안목을 믿어. 본인이 지금 잘 가고 있는지 잘못 가고 있는지, 자기 객관화만 잘되어도 재테크는 절반이 성공이라고 생각해요.

재테크는 단순히 수익률이 좋다고 잘하는 게 아니에요. 그건 투자를 잘하는 거지, 재테크는 아니거든요. 내가 예산을 잘 관리하고 있는가, 그리고 나의 투자 성향은 어떠한지 파악하는 것이 먼저예요. 그리고 나서 비과세, 세액공제, 분리과세, 손익통산 등 이런 용어들을 이해하고 혜택을 받기 위해 어떻게 체계적으로 포트폴리오를 만드는가, 그에 따른 이익과 손해는 무엇인가 이를 다 파악하고 있어야만 재테크를 제대로 하고 있다고 말할 수 있어요. 뒤에서 많은 것을 소개하겠지만 초반은 속도보다 어떤 방향으로 갈지 잘 설정해야 하는 시기입니다.

10억,
모아 두셨어요?

재테크는 결국 노후를 준비하는 과정이란 걸 알겠어요. 유일한 흑자의 삶인 이 시기에, 노년기 적자의 삶을 매우는 것. 그러면 노후에 얼마를 모아 놔야 하나요? 이제 막 사회생활을 시작하는 직장인들에게는 딱히 와닿지 않죠? 막연하게 10억 모아라! 이런 말은 무책임한 것 같고요. 실제로 노후에 대해 가장 관심이 많은 사람에게 물어보면 답이 나올 거 같아요. 그래서 통계를 하나 가져와 봤어요.

'중고령자의 경제생활 및 노후 준비 실태'라는 조사가 있어요. 50세 이상을 대상으로 한 조사인데, 노년 생활을 평범하게 보내기 위한 적정 생활비를 물었더니 부부는 월 277만 원, 개인은 177만 3,000원이라고 답했다고 해요. 개인이 두 명이면 350만 원인데, 부부는 277만 원이네요. 왜 그런가 생각해 봤더니, 같은 집에 살면서 모든 걸 공유하면 생활비가 절감될 것 같긴 해요. 재테크 관점으로 독신보다 결혼이 좀 유리해 보이긴(?) 합니다. (자녀 계획이 있다면 말이 달라지지만요…) 그래서 부부 기준으로 한번 볼게요. 월 277만 원이라고 할 때 1년이면 3,324만 원입니다. 총 몇 년이 필요한가요? 참고로 노후 생활비는 은퇴 후 사망할 때까지 필요해요.

2021년 우리나라 기대수명이 평균 83.6세라고 합니다. 그런데 이건 현재 기준이고, 기대수명은 의료기술 발달 등으로 꾸준히 증가하고 있어요. 우리가 노후를 대비할 시기를 감안해 향후 기대수명을 약 90세라 가정하면, 은퇴하는 정년퇴직 나이인 60세부터 90세까지 총 30년을 준비해야 합니다. 그러면 30년간 총 얼마가 필요한지 계산해보면 될 것 같아요.

연간 3,324만 원×30년=9억 9,720만 원

딱 숫자로 말할 수 있을 것 같아요. 우리의 노후에는 10억 원의 돈이 필요하다고 할 수 있어요. (물가상승률이나 투자수익률 등은 감안하지 않은 금액입니다.) 물론 물가상승을 감안하면 10억만큼의 구매력이 필요하다고 할 수 있겠네요. 10억 원, 참 큰돈이죠? 지금 모아 둔 돈도 하나 없는데 10억이라니, 벌써 아득해지는데요.

그럼 이번에는 노후 생활비 말고, 평생 모을 수 있는 돈을 계산해

볼게요.

여러분은 회사에서 한평생 얼마의 소득을 벌어갈 수 있는지 생각해 본 적 있으신가요? 물론 사람마다 조건과 환경이 다르겠지만, 대략적인 숫자는 예상해볼 수 있습니다. 또 한 번 통계를 가져와 볼게요. 통계청 자료에 의하면, 2020년 임금근로자 월평균 소득은 약 320만 원이라고 합니다. 임금 상승률을 감안하면 2023년 기준으로 약 350만 원 정도인데요. 30세에 취업해서 60세에 퇴직하는 경우를 가정해 볼게요.

350만 원×12개월×30년=12.6억

즉 취업해서 한평생 숨만 쉬고 벌어들이는 돈이 12.6억이라는 겁니다. 물론 단순 계산이긴 하지만요. 그런데 이것은 사실 우리가 숨만 쉬고 살았을 때를 가정한 금액이고요. 일상생활에서 지출하는 비용을 계산한다면 차감을 더 해야 합니다.

직장인의 평균 저축금액은 얼마일까요? 잡코리아에서 '2019년 저축 현황'을 설문조사한 적이 있는데요. 직장인의 저축액 평균이 연간 852만 원이었다고 해요. 매월 70만 원 수준인데요. 물가상승과 저축 의지를 고려해 80만 원을 가정해 볼게요. 그렇다면 얼마나 모을 수 있을까요?

80만 원×12개월×30년=2.88억

약 3억 원이 도출되네요. 필수 생활자금을 제외한 잉여재산이 약 3억 원이라는 건데, 사실 저축한 금액이 모두 노후 대비로 가진 않잖아요. 여기서 집, 차, 결혼, 자녀 양육 등 여러 가지 형태로 지출하게 되면 더 줄어들 거예요. 그러면 금액은 더욱 줄어들겠죠.

노후에 필요한 돈은 10억, 30년 간 모으는 돈은 3억. 그러면 어느 정도 계산이 가능해지는데요. 평생 모을 수 있는 돈을 약 3배 이상 불려야 하는 거예요. 물론 이 금액을 다 저축할 순 없겠죠. 목돈으로 쓰는 것까지 고려하면 그 이상 불려야 노후 준비가 된다고 볼 수 있습니다.

지극히 단순한 계산이긴 해요. 맞벌이를 할 수도 있고 물려받은 자산이 있을 수도 있고, 무엇보다 사람마다 원하는 노후 생활 수준도 다를 테고요. 그래도 보수적으로 계산해 보자면 한평생 모을 수 있는 돈으로 어떻게든 노후 대비를 해야 할 것 같아요.

결국 중요한 건, 노후 대비를 미리 하지 않으면 진짜 큰일 날 수 있다는 사실이에요. 앞서 말한 것처럼, 하루라도 빨리 재테크를 해야 더 많은 돈을 모을 수 있어요. 결국 이렇게 모은 돈으로 소득이 없는 시기에 잘 분배해 써야 하는 것이죠. 왜 자꾸 제가 재테크의 종점은 노후 대비라고 강조하는지 좀 와닿나요?

노후 준비는 해도 해도 모자라요

앞서 60세부터 90세까지 약 30년간의 노후 생활을 가정했는데, 문제는 이건 평균수명을 상정했을 때의 얘기예요. 만약 90세가 아닌 100세까지 살게 된다면? 더 많은 돈이 필요합니다. 요새는 운 나쁘면 120세까지 산다고도 하잖아요. 남들보다 30년을 더 살면 30년만큼의 대비가 더욱 필요한 것이겠죠.

또한 오래 사는 것만이 문제는 아니에요. 인생을 살면서 우연히 찾아오는 위험들이 존재하기 때문인데요. 큰 사고를 당하거나 병에 걸리거나, 꾸준히 간호가 필요한 일이 불쑥 찾아올 수도 있어요. 국가에서 지원을 해준다고 하지만, 한계가 있거든요. 돈이 많으면 치료를 더 잘 받고, 그러지 못하면 기본적인 것만 받고요. 아픈데 돈 없으면 참 눈물이 납니다. 그래서 노후 준비는 해도 해도 모자란다는 겁니다. 최대한 풍족하게, 어떤 상황에서도 안정적인 삶을 기대할 수 있도록 준비해야 하는 것이죠.

그래도 노후 대비가 되지 않는다면?

2022년에 나온 어느 기사에 따르면 국내 중장년 구직자의 은퇴 희망 평균연령은 69.4세라고 해요. 실질적인 은퇴 평균연령인 평균 72.3세보다 낮은 나이죠. 전경련중소기업협력센터 관계자에 따르면, 우리나라 중장년은 70세 이전에 은퇴를 희망하지만, 경제 사정이나 노후 준비 부족과 같은 현실적인 문제 때문에 노동시장에서 떠나지 못한다고 해요.

결국, 노후 생활자금이 부족하면 은퇴 시기가 늦어진다는 말이죠.

예를 들어 60세에 회사에서 퇴직했는데, 아직 몸도 건강하고 더욱 안정적인 생활을 하고자 한다면 70세까지 경제활동을 이어 나갈 수도 있어요. 그러면 노후 생활비가 10년 치는 확보되는 거니까요. 사람마다 모아둔 저축액과 노후 생활비가 다르기 때문에 여러분도 훗날 충분히 고려할 수 있는 일이에요. 이런 소식을 접할 때마다 정말 건강이 제일 큰 자산이라는 생각이 듭니다. 몸이라도 건강해야 은퇴 연령을 늦출 수 있을 테니까요.

그래서 노후 준비는
어떻게 하는데요?

앞에서 10억이라는 어마어마한 숫자에 좌절은 느끼셨을지도 모르 겠어요. '지금 난 노후 대비를 안 하고 있는데….'라고 생각하면서 말 이에요. 그러나 다행히 은퇴할 때 꼭 10억이 있어야 하는 건 아니에 요. 왜냐하면 사실 10억 원의 목돈이 필요한 게 아니라, 매월 277만 원의 노후 생활비가 필요한 거니까요.

"그게 그거 아니야? 월 277만 원을 30년으로 계산한 게 10억이라며?"

사실 여러분은 이미 노후연금 준비를 시작하고 있어요.

국가에서는, 국민의 노후를 안정적으로 만들고 싶어 해요. 왜냐하 면 노후 대비를 제대로 못한 사람들을 나중에 다 챙기기가 쉽지 않거 든요. 그럴 만한 국가 예산은 항상 부족하기 일쑤기도 하고요. 그래 서 여러 정책과 제도를 만들어서 노후 대비에 도움을 줍니다. 특히 매월 소득을 만들어주는 연금 보장체계를 만들어서 지원하는 것이 대표적이에요. 이를 3층 보장체계라고 하는데, 국가·기업·개인 단위로 연금 준비를 하는 것을 말해요. "그런 게 있어? 난 처음 들어보는데."라고 생각하셨나요? 하지만 사실 처음 들어보는 내용은 아닐 거예요. 각각 노후를 어떻게 지원하고 있는지 한번 알아볼게요.

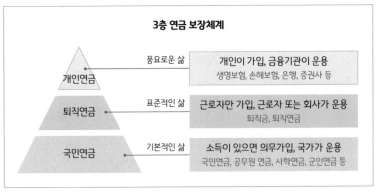

자료: 국민연금공단

국가가 노후연금을 챙겨 줘요

먼저 국가 차원에서 노후를 도와주는데, 바로 우리나라의 대표적인 사회보험 중 하나인 국민연금입니다. (일반 직장인은 국민연금이지만 공무원은 공무원연금, 군인은 군인연금, 사립학교 교직원은 사학연금에 해당합니다.) 국민연금은 최소 가입 기간이 120개월, 즉 10년인데요. 10년 이상 꾸준히 보험료를 납부하면 65세부터 국가에서 연금을 받을 수 있습니다. 언제까지? 죽을 때까지 매월 평생 받습니다. 심지어 물가상승률도 고려해서 지급해요. 그렇다면 국민연금으로 얼마나 노후 대비가 될까요?

2022년 1월 기준 국민연금 월평균 수령액은 57만 1,945원이라고 합니다. 고작 그거밖에 안 되나 하고 생각할 수도 있지만, 평균의 함정에 빠지지 말아야 해요. 중간에 퇴직하는 사람도 포함하기 때문에 평균금액이 적을 수밖에 없어요. 보통 30년 이상 연금보험료를 납부했다면 매달 약 100만 원 정도를 탄다고 하는데, 노후 적정 생활비와 비교하면 더 많이 필요하다고 느끼실 거예요.

어떤가요? 일단 국민연금으로 최소한의 노후 생활을 보내기엔 턱없이 부족하다고 느끼지 않으시나요? 그런데 턱없이 부족하다는 표현도 모자라, 지금 국민연금은 더 큰 난항을 겪고 있죠. 이대로 가다간 적립금을 모조리 소모하는 연금 고갈을 앞두고 있습니다.

저출산 고령화가 심화하면서 국민연금 기금의 고갈이 점점 빨라지고 있어요. 정부에서 5년에 한 번씩 '국민연금 재정추계'라는 것을 실시하는데요. 2023년 조사에 따르면, 국민연금 기금이 2041년이면 적자로 돌아서고, 2055년이면 기금이 고갈된다고 합니다. 2023년에 31살인 A씨, 2057년이 되면 65살로 국민연금을 수령할 나이입니다.

그런데 30여 년간 꼬박꼬박 국민연금 보험료를 냈더니, 수령할 나이가 되니, 뭐? 기금이 고갈돼서 받을 돈이 한 푼도 없다고요? 이거 너무한 거 아니야? 실제로 상황이 이러다 보니 요새 2030 세대 사이에서는 최소한 내가 낸 보험료도 돌려받지 못하지 않겠냐는 불안감이 커지고 있습니다. 내가 낸 돈을 내 노후가 아니라 지금 윗세대 노후에 쓴다니, 세대 간 갈등으로까지 번지고 있죠.

'어떻게든 국가에서 보장해주겠지.' 혹시나 이렇게 생각하고 있나요? 저도 국가가 이대로 무너지진 않겠지 하고 막연하게 생각할 때도 있었어요. 이런 안일한 생각을 항상 경계해야 합니다. 진짜 미래에 가서 국가 단위의 보장 자체가 망가지면 그때 가서 후회할 수는 없으니까요. 언제나 '새드앤딩'이 벌어질 수 있음을 인지하고 미래를 대비해야 합니다. 그래서 우리가 국가 차원이 아닌 기업과 개인 차원의 대비에도 신경을 써야 합니다.

회사에서 노후연금을 챙겨 줘요

회사에서도 여러분의 노후를 준비하고 있어요. 바로 퇴직금이에요. 당장 통장에 꽂히는 월급에만 관심을 가졌지, 사실 퇴직금은 크게 관심이 없을 거예요. 왜냐하면, 퇴직할 때나 돼서야 받는다고 생각하니까요. 그래서 사실 퇴직금은 재테크와 거리가 멀다고 생각할 수 있을 거예요. 그런데 그거 아세요? 신입사원의 첫 재테크의 시작은, 바로 퇴직금부터 확인하는 거예요.

만약 내가 다니는 회사가 퇴직연금제도에 가입되어있다면, 퇴직연금을 운용하는 방법은 두 가지가 있어요. 크게 DB(확정급여)형, DC(확정기여)형으로 나뉘어요. 쉽게 설명하자면, DB형은 회사에서 퇴직금을 운용하는 거고, DC형은 개인이 직접 운용하는 제도라고 생각하면 돼요. 각자 장단점이 있죠. 그런데, 회사를 다니면서 나의 퇴직연금 형태가 DB인지, DC인지도 모르는 분들이 많아요. 심지어 DC형을 선택해놓고 퇴직금을 그대로 방치하는 사람이 대부분이기도 해요. 그러나 본인에게 적합한 형태의 퇴직연금이 무엇인지 파악하고, 이를 관리할 수 있어야 합니다. 퇴직금 관련한 재테크 방법은 뒤에서 자세히 설명할게요.

그렇다면 퇴직금은 노후에 얼마나 보탬이 될까요? 퇴직금 규모를 쉽게 가늠해볼 수 있는데요. 평균임금에 연차를 곱하면 돼요. 예를 들어, 평균임금이 500만 원이고, 30년을 다니다가 퇴사했다면? 퇴직금이 1억 5천만 원인 셈이죠. 즉 내가 회사에서 받는 소득에 따라 퇴직금의 규모도 달라진다고 할 수 있어요. 보통 퇴직연금 수령계좌의 평균 금액이 1억 8,858만 원이라고 해요. 약 1.9억 원 수준인데요. 이를 30년에 걸쳐 나눠 받을 경우 1년에 약 630만 원이 됩니다. 월 53만 원 수준이네요. 그래도 여전히 부족해 보이죠?

스스로 노후연금을 챙겨요

국민연금과 퇴직연금만으로는 노후준비가 모자라다고 느꼈을 거예요. 그래도 우리에게 아직 하나가 남아 있습니다. 바로 국가, 회사가 아닌 본인 스스로 준비하는 연금입니다. (바로 이 개인연금을 어떻게 활용하는지가 진정한 재테크라 할 수 있어요.) 특히 오늘날처럼 미래가 불확실한 시기에 개인연금 필수시대라고도 많이 말하지요.

그런데 국가에서 개인연금은 알아서 해라! 하고 내팽개치지 않아요. 국민연금과 퇴직연금제도 마련과 더불어, 그 이상은 여러분 재량껏 하세요! 하고 마련해준 개인연금제도가 있어요. 바로 연금계좌예요.

연금계좌란 연금저축과 IRP(개인형 퇴직연금)를 말하는데요. 그 유명한 '연말정산 세액공제' 들어 보셨죠? 파격적인 세금 혜택을 주면서 개인을 유혹합니다. 노후 준비해!

그런데 노후 목돈용이다 보니 55세 이상이 되어야 활용할 수 있는 기금이어서 막상 마음먹고 시작하기 쉽지 않긴 해요. 이 역시 자세한 내용은 뒤에서 다루겠지만, 어쨌든 개인이 노후연금을 준비하는 데 연금계좌만큼 미친 혜택이 없어요. 이렇게 좋은 걸 안 하고서야 노후 대비를 한다? 말이 안 될 정도예요.

지금까지 국민연금, 퇴직금, 개인 연금계좌 세 가지에 대해서 간략히 알아봤어요. 사실 그 외에도 부동산 사랑 가득한 우리나라 사람을 위한 주택연금도 있고요. 소득 하위 70%인 노인에게 지급하는 기초연금도 있어요. 이를 합쳐 5층 보장체계라고도 불러요. 그런데 이는 노년층을 위한 제도이기도 하고 아직은 대비할 수 없는(?) 먼 훗날의 얘기기도 해요. 모든 제도를 다 소개할 순 없으니까요. 저는 지금 당장 준비할 수 있는, 사회초년생에게 필수적인 것들만 알아보려고 해요. 다시 한번 말하지만 미래의 나는 그 누구도 책임져주지 않아요. 오로지 오늘의 내가 차근차근 준비해야 하는 것이지요.

월급쟁이는 재테크에 유리하다

이따금 직장생활을 하다 보면 퇴사 욕구가 생기곤 합니다. 꼰대 같은 직장 상사, 과중한 업무로 인한 스트레스, 쥐꼬리만 한 월급, 그리고 내가 정말로 하고 싶던 일에 열망 등. 아마 개인마다 수만 가지의 이유가 있을 거예요. 그러나 그럴 때마다 항상 실행단계까지 가지 못하는 이유가 있죠. 바로 퇴직까지 보장되는 안정적인 소득입니다. 이걸 참 무시할 수가 없습니다. 퇴사 욕구가 샘솟지만 못하는 이유가 바로 꾸준히 들어오는 현금 때문이 아닐까 싶어요.

월 300만 원의 직장인 vs 월 1,000만 원의 사업가

직장인의 삶과 사업가의 삶은 재테크와 닮았어요. 안정적인 저축의 삶을 살 것인지, 아니면 원금손실의 위험을 이겨내고 큰 수익을 노리는 투자의 삶을 살 것인지. 돈만 보면 무조건 사업가를 선택할 수밖에 없을 거예요. 그런데 현실은 그렇지 않습니다. 사업가로 살다 보면 항상 불안할 수밖에 없거든요. 또한 나이가 들고 가족이 생기고 현실의 높은 벽을 마주하고 어려움을 겪어본 사람들이라면 마음 편한 직장인만 한 것도 없죠.

저는 재테크가 직장인에게 정말 너무나도 유리하다고 생각해요. 성공한 사업가만큼 큰돈을 벌 수는 없지만, 재테크 관점에서 직장생활이 좋은 이유가 있습니다. 바로 안정적인 소득이 보장되기 때문이에요. 장기간 유지해야 하는 금융상품이라든지, 적립식 투자 방법이라든지, 정말 꾸준히 할 수 있는 것이 중요한데요. 매월 소득이 안정적이라면 수입이 들쑥날쑥한 사업가보다 유지하기가 쉽겠죠. 그래서 월급쟁이 직장인들이 재테크를 더 잘할 수 있다고 생각해요.

또한 '직장생활이 곧 노후 준비다'라는 말이 있어요. 직장생활을 하

면 앞서 말한 국가와 회사가 노후 준비를 도와주기 때문이에요. 앞서 설명한 국민연금이 있죠. 월급의 총 9%를 강제로 떼어가서 연금으로 저축해 주는데요. 직장인이라면 이중 절반인 4.5%만 부담하면 됩니다. 회사에서 나머지 4.5%를 대신 내주거든요. 직장인이 아니면 9%를 본인이 다 내야하니까 직장인 혜택이 크다고 할 수 있죠. 또한 회사에서도 노후 준비를 도와준다고 하였죠. 퇴직금을 적립합니다. 사업을 하는 분들은 꿈도 못 꿀 노후대비죠. 즉, 제 의지와 상관없이 노후 대비를 하는 셈입니다.

이처럼 직장생활을 하며 매달 저축이나 보험료 등 정기적인 납입을 계획할 수 있고 또한 퇴직 후 내가 수령할 연금을 미리 계산할 수도 있어요. 직장인은 한마디로 예측 가능성이 보장되는 것이 가장 큰 장점입니다. 그래서 더욱 체계적인 재테크 계획을 세울 수 있는 거고요.

그러니까 여러분, 가끔은 직장생활이 고달프고 지루하더라도, 예측 가능한 재테크 계획 열심히 하면서 잘 이겨내 보자고요.

Part 2

똑똑하게
돈 모으는 방법은
따로 있다

'잘 쓰는' 소비 습관
만들기

제1장에서 가장 먼저 강조한 건, 바로 현금만 모으는 투자는 100% 잃는 투자라는 것이었어요. 시간이 지날수록 물가는 상승하고 그로 인해 내가 가진 돈의 구매력이 감소하기 때문이죠. 그래서 저축과 투자를 통해 물가상승의 위험으로부터 피해야 해요. 특히 재테크는 일찍 시작할수록 유리하기 때문에 빨리 계획해야 합니다. 다만, 열심히 하는 게 중요한 게 아니라 '잘하는' 것이 중요해요. 그리고 무엇보다도 재테크의 궁극적인 목적은 결국 노후 대비를 위한 여정임을 강조했어요.

재테크를 어떤 목표를 갖고 해야 하는지 가슴에 와닿았나요? 그렇다면 본격적으로 어떤 제도와 금융상품이 있는지 알아야 해요. 본격적인 재테크 실전에 앞서, 재테크를 어떻게 할 것인가, 재테크 마인드셋부터 만들어 보고자 해요.

저축하지 않고 100만 원 버는 법 알려 드릴까요? "세상에 그런 게 어딨어?" 헛소리하나 싶으실 텐데요. 제가 알려 드릴게요.

그전에, 먼저 저축만 해서 이자만으로 100만 원을 벌려면 어떻게 해야 하나요? 100만 원 버는 게 막연히 쉬워 보일 수 있는데요. 5% 금리의 적금상품이 있다고 해볼게요. 인터넷에 '이자계산기'를 검색하면 쉽게 계산이 돼요. 계산 결과는 다음과 같아요.

월적립액	3,650,000원		
적금기간	1년		
연이자율	5%		**세후 이자**
원금합계	43,800,000원		**1,003,568원**
세후 수령액	44,803,568원		

저축으로 100만 원의 이자를 벌기 위해서는 매월 365만 원을 적금해야 합니다. 죄송한데, 혹시 여러분 월급이 얼마나 되나요? 사회초년생 월급으로 365만 원을 수령하기란 쉽지 않죠. 더군다나 월급을 모조리 저축해야 하는데, 그건 사실상 불가능에 가깝죠. 심지어 그렇게 저축해서 겨우 받을 수 있는 금액이 100만 원이에요.

이쯤 되면 궁금해져요. 저축하지 않고 어떻게 100만 원을 벌 수 있을까요? 뭔가 특별한 방법이 있을 것 같은데요. 알려 드릴게요. 그 방법은 바로, 한 달간 지출하는 비용을 83,000원씩 줄이는 거예요. 83,000원씩 1년 동안 아끼면 약 100만 원을 모을 수 있거든요. 즉, 매월 365만 원을 적금해야 겨우 이자로 100만 원을 받을 수 있지만, 그럴 필요 없이 그냥 83,000원만 아끼면 되는 겁니다.

뭔가 대단한 방법이라도 있는 줄 알았더니 고작 8만 원이라니, 다소 허무하다고 생각할 수도 있겠네요. 그런데 이거보다 더 정직한 방법이 있나요? 지출을 줄이는 것만큼 돈을 쉽게 모으는 것도 없어요. 여러분이 월급을 365만 원 받는다고 가정했을 때 100만 원을 벌기 위해서 월 365만 원을 적금하는 것과 월 83,000원씩 지출을 아끼는 것, 어떤 게 더 쉬워 보이나요?

월 365만 원씩 적금해서 100만 원 이자 받기
vs
월 83,000원씩 지출을 줄여서 100만 원 모으기

재테크를 한다고 생각하면 단순히 돈을 불리는 방법에 대해서만 생각하는 사람들이 많습니다. 물론 맞는 말이죠. 그러려고 이 책을 읽고 있는 것일 테니까요. 그런데 재테크를 처음 시작하는 사람이라면, 혹은 재테크를 이미 잘 계획하고 있는 사람들까지도 더욱 중요하게 생각해야 할 것이 있습니다. 바로 소비 계획부터 바로잡아야 한다는 것입니다. 올바른 재테크를 위한 첫걸음은 바로 저축과 투자를 어떻게 실행할까 고민하기 전에, 먼저 나의 소비부터 통제하는 것이라고 할 수 있어요.

소비, 언제까지 즐거울까요?

제가 신입사원 때만 하더라도 가장 지키기 힘들었던 것이 바로 이 '소비통제'였습니다. 하루 1~2만 원 아끼는 것보다, 오늘 당장 놀면서 술 한잔 더 마시는 게 더 행복했거든요. 무엇보다 갑자기 수중에 현금이 계속해서 생기니까 정말 많은 것을 경험하고 다녔어요. 비싼 밥도 많이 먹고, 명품도 사고, 여행도 많이 다니고….

그런데 그거 아세요? 어느 순간 습관처럼 돈을 지출하는 일에 만족감이 무뎌지는 거요.

예를 들어볼까요? 배도 고픈데 치킨 한 마리 시킬까 봐요. 치킨만 있으면 아쉬우니 치즈볼에 시원한 탄산음료까지. 상상만 해도 벌써 침이 고이기 시작하네요. 지금 눈앞에 있는 이 치킨, 언제가 가장 맛있나요? 바로 처음 한입 먹을 때가 가장 맛있게 느껴졌을 거예요. 입안에 아무런 자극이 없던 순간에 처음 들어오는 기름기의 맛. 그러고 나서 두 입 세 입, 여전히 입안이 황홀하지만 왠지 처음 한 입 먹었을 때보단 덜하죠. 계속 치킨을 맛볼수록 점점 배가 불러오면서 만족감이 점차 줄어듭니다. 이제 거의 한 마리를 다 먹은 상황. 이미 배부른데 또 닭 다리 하나를 들면? 이젠 별로 흥미가 없습니다. 거의 토할 지경까지 가게 되면 더 이상 치킨 먹는 것이 즐겁지가 않고 고통스럽기만 하죠. 즉, 치킨도 처음에야 맛있지, 계속 먹을 때마다 느끼는 만족감은 점점 줄어들 수밖에 없어요.

사람은 적응의 동물이라고 하죠? 일상에서 습관처럼 굳어진 것들은 처음 느낄 때보다 만족감이 덜 할 수밖에 없어요. 소비 습관도 이와 같다고 생각해요. 처음 한두 번까지는 소비에서 오는 즐거움이 있거든요. 그런데 소비가 반복되다 보면 어느새 만족감은 줄고, 별 감흥 없는 습관이 되는 것 같아요. 그래서 여기서 중요한 것은, 우리가 어느 순간 만족감이 정말 낮아진 소비 습관을 줄이면 돈을 아끼면서도 만족감이 줄어드는 것도 최소화할 수 있겠다는 점이에요.

'라떼효과'라고 들어봤나요?

월급쟁이들이 가장 잘 실천할 수 있는 것이 무엇일까요? 직장인들이 필수적으로 달고 마시는 것, 바로 커피입니다. 요새 브랜드 카페에서 아메리카노 한 잔에 4,500원정도 하는데, 브랜드에 대한 충성심은 조금만 뒤로한 채, 한 잔에 2,000원짜리 저가형 커피로 대체하면 어떨까요? 우리가 직장생활을 하면서 루틴으로 소비하는 이 커피만 줄여도 하루에 2,500원을 줄일 수 있습니다. 그런데 이 2,500원의 소비패턴을 30년간 유지하면 어떻게 될까요?

$$2,500원 \times 20일 \times 12개월 \times 30년 = 1,800만 원$$

　주말을 제외하고 한 달 20일로 계산했는데, 회사에 출근하는 영업일 기준으로 하루 커피 한잔 2,500원만 아끼더라도 30년간 총 1,800만 원을 아낄 수 있게 됩니다. 물론 여기서 투자수익률까지 감안하면 이 금액이 배로 늘어날 거예요.

　어떤가요? 단지 커피 한 잔일 뿐인데, 카페 '라떼효과'가 왜 강력한지 아시겠죠? 그만큼 일상적인 지출만 조금 줄여도, 티끌 모아 아낄 수 있는 금액이 점점 늘어나게 됩니다. 비단, 커피만 그럴까요?

　그러면 담배는 어떤가요? 요새는 피우는 연초에서 전자담배로 많이들 넘어오신 것 같은데요. 전자담배 기준 액상 가격으로 한 달에 약 3만 원 정도 지출한다고 가정했을 때 30년을 계산해 볼까요?

$$30,000원 \times 12개월 \times 30년 = 1,080만 원$$

　즉 우리가 일상적으로 소비하는 기호식품인 커피와 담배의 소비 습관을 바꾼다면 한평생 약 3천여만 원을 절약할 수 있게 됩니다. 담배는 될 수 있으면 끊어 보자고요. 사실 흡연가에게 담배가 그렇게 좋냐고 물어보면 대부분 하는 말이, 습관처럼 피운다고 말하더라고요. 제가 비흡연자라 공감을 못 해서 하는 말일 수도 있지만, 담배를 대체할 기호식품이나 취미는 정말 많잖아요. 담배를 안 피워도 인생을 행복하게 잘 사는 사람들도 많고요.

제가 진짜 제 돈 주고 안 사 먹는 게 바로 숙취해소제예요. 이것도 먹으면 효과가 분명히 있긴 한데, 한두 번 먹다 보니 어느새 습관이 되더라고요. 가격이라도 착하면 몰라, 한 개에 거의 밥값을 넘보니…. 이건 지극히 제 개인적인 이야기고요. 여러분마다 각자 줄일 수 있을 만한 지출내역이 있을 거라 생각해요.

이런 이야기를 하면 소비에서 비롯되는 행복을 포기하면 인생을 사는 의미가 없지 않냐고 역정을 내시는 분들이 있을지 몰라요. 한평생 어떻게 저가형 커피만 마시냐고요? 아니요. 일하면서 거래처를 만나면 때론 비싼 커피도 대접하고, 이성과 데이트를 할 땐 비싼 커피를 즐기세요. 우리도 사회생활이란 게 있을 테니까요.

누누이 말하지만 우리의 모든 삶을 저가형 커피로 채우자는 게 아니에요. 밥 먹는 돈도 아까우니 굶자든지, 우리 생활에 없어서는 안 되는 필수품을 줄이자는 것도 아닙니다. 어떻게 그러고 살겠어요. 때로는 이성 친구를 위해서 명품 가방을 선물할 수도 있고, 부모님을 위해 비싼 호텔 음식도 대접해야죠. 저는 무작정 소비를 줄이자고 얘기하고 싶지 않습니다. 소비가 주는 만족감을 막연하게 줄이자는 말이 아니라, 일상생활에서 관성처럼 굳어진 소비 습관들, 더 이상 만족감이 눈에 띄게 커지지 않는 그런, 루틴 소비를 줄여 보자는 것입니다.

단순히 생활 습관만 고치면 아낄 수 있는 것들을 30년을 놓고 바라봤을 때 얼마나 아낄 수 있을지를 따져 보자는 것이죠. 이는 사람의 가치관과 기호에 따라서 더욱 큰 차이가 발생할 거예요.

합리적 소비, '짠테크'

재테크의 기본은 바로 불필요한 지출을 줄이는 것부터 시작됩니다. 그런데 사실 지출을 줄이는 게 쉽지는 않아요. 이제까지 내가 불필요하다고 느끼면서 소비한 적은 없거든요. 그러나 모든 건 습관의 문제입니다. 습관만 고치면 일상생활에서 불편함 없이 조금씩 아껴 나갈 수 있죠.

소위 말하는 '짠테크'라는 용어 들어봤을 거예요. 소비를 통제하는 재테크 방법이라고 하는데, 저는 사실 '짠테크'라는 용어가 싫어요. 인생을 매번 아끼는 데만 치중하고 사는 느낌이 들잖아요. 언어가 관념을 지배한다고 하는데, 재테크를 시작하기도 전에 벌써 힘 빠지는 느낌? 그래서 우리는 짠테크 말고, '합리적인 소비'라고 칭하자고요. 묻지도 따지지도 않고 맹목적으로 소비를 통제하는 짠테크 말고, 일상생활에 자연스럽게 녹아들게 해서 할 수 있는 합리적인 소비 방법, 무엇이 있을까요?

- 커피 쿠폰 활용하기
- 공동구매 활용하기
- 2+1 등 번들 상품 애용하기
- 통신사 멤버십카드 가맹점 할인 이용하기
- 중고물품 플랫폼 이용하기
- 심야택시 대신 심야버스 이용하기 등

제가 평소에 나태해질 때마다 떠올리는 격언이 있어요. 생각하는 대로 살지 않으면, 사는 대로 생각하게 된다. 소비 습관 역시 마찬가지입니다. 지출계획 없이 살다 보면, 어느새 지출하는 대로 살게 됩니다. 올바른 재테크의 첫걸음은 바로 지출부터 통제하는 것. 이 습관을 1년만 빨리 시작해도 벌써 몇 천만 원은 남들보다 일찍 벌고 시작하는 것과 다름없습니다.

월급 통장
제대로 관리하고 있나요?

앞서 재테크의 시작은 소비 습관부터라고 했어요. 평소에 생각지
도 못했던 줄줄 새는 돈만 아껴도, 남들 어렵게 하는 저축보다 더 효
과적으로 돈을 모을 수 있는 것을 보셨죠? 안정적인 소비 습관을 만
들었다면, 이제는 월급에서 지출을 빼고 남은 돈에 대한 관리가 필요
한데, 우리는 보통 이를 저축한다고 표현하죠. 이 저축을 어떻게 효
과적으로 할 수 있을까 알아보기 전에 먼저, 이 넘어가는 과정에 대해
얘기해 보려고 해요. 가장 먼저 월급부터 분석해 볼까요?

내 월급은 세전과 세후로 나뉜다

직장인이 되기 전에 취업 1순위 요소는 바로 '연봉'이었어요. 각종

취업 사이트나 선배들을 통해 어느 기업이 돈을 많이 받는다더라 등 정보를 공유했죠.

그땐 순수했던 게 연봉이 5,000만 원이면 월급이 400만 원씩 되는 줄 알았어요. 400만 원×12개월이면 5,000만 원쯤 되니까요. 그런데 실제로 월급명세서에 찍히는 수령액은? 수십만 원이 사라진 상태이죠. 상여금이나 성과금, 연차수당은 1년에 한두 번 받으니까…. 그래도 어떻게 이러지? 연봉 시스템이 잘못됐나? 알고 보니 내 월급을 '훔쳐 가는' 도둑들이 있더라고요(엄밀히 말하면 사회적 의무를 하는 것이지만). 바로 내 '세전 월급'에서 여기저기 떼 가는 돈에 대해서 생각을 안 한 것이죠. 그러면 내 돈을 누가 어떻게 떼 가는 거지?

나의 소중한 연봉을 갉아 먹는 것들이 있었던 거예요. '근로소득세, 지방소득세, 국민연금, 건강보험료, 장기요양보험료, 고용보험료' 이렇게 여섯 가지 항목이에요.

먼저 근로소득세는 회사에서 일하고 받은 돈에 대한 세금입니다. 보통 월급 300만원 기준으로 약 2.5%정도를 떼 가는데요. 소득이 커질수록 더 많이 떼 갑니다. 그런데 사실 근로소득세는 그 해의 소득이 얼마인지 확정돼야 결정되는 세금이에요. 그런데 그 전에 월급에서 미리 '예상치'를 떼 가는 것이죠.

나중에 근로소득이 최종적으로 확정이 되고 나서 정확한 세금을 계산하는데, 그게 바로 연말정산입니다. 이는 뒤에서 자세히 다룰 거예요.

두 번째는 지방소득세인데요. 국가에서 근로소득세를 징수해가 듯 지방자치단체에서 징수해가는 세금입니다. 근로소득세의 10%입니다.

국민연금은 4대 보험 중 하나죠. 노후 연금수령을 위해 납부하는 연금보험입니다. 총 9%를 납부해야 하는데, 회사에서 절반인 4.5%를 내줘서 월급의 4.5%씩 공제되는 금액이죠.

그리고 건강보험료인데요. 이 역시 4대 보험 중 하나입니다. 의료보험 혜택을 받기 위한 보험이고 총 7.09%를 내야하는데, 이 역시 회사에서 절반인 3.545%를 내줘서 월급의 3.545%씩 공제되는 금액이에요.

장기요양보험료는 질병 등의 이유로 생활이 힘든 노인들을 위해 지원하는 보험입니다. 장기요양보험료는 건강보험료의 12.81%를 납부하는데요. 이 또한 회사가 절반을 부담해줍니다.

마지막으로 고용보험료도 4대 보험 중 하나입니다. 직업능력개발이나 실직했을 때 구직급여 등을 수령할 수 있는 보험이죠. 총 1.8%인데 이 역시 절반을 회사에서 내줘서, 0.9%를 부담합니다. (그리고 4대 보험의 마지막, 바로 산재보험인데요. 이는 회사에서 100% 전액 부담하기 때문에 별도로 공제가 없습니다)

월급이 400만원일 경우 받는 실수령액은 다음과 같습니다.

국민연금(4.5%)	180,000원
건강보험(3.545%)	141,800원
ㄴ요양보험(12.81%)	18,160원
고용보험(0.9%)	36,000원
근로소득세(간이세액)	195,960원
ㄴ지방소득세(10%)	19,590원
월 예상 실수령액	**3,408,490원**

무려 15%나 공제가 돼요. 소득이 커질수록 공제되는 금액이 더 커질 거예요. 이렇게 보니 내 '세전 월급'과 '세후 월급'이 왜 차이가 나는지 알겠죠? 직장인들이 보통 '유리 지갑'이라고들 하죠. 월급명세서를 회사에서 정직하게 계산해서 주기 때문이에요. 좋게 생각하는 국민의 의무를 다 하는 거지만, 그래도 속상한 건 어쩔 수 없어요. 그러니까 세금을 더 절세하는 세태크가 필요한 이유기도 하고요.

그런데 사실 앞서 말한 여섯 항목 중 진짜 도둑이라고 할 수 있는 건 없어요. 왜냐하면 걷어간 돈은 결국 나한테 돌아오기 때문이에요. 국민의 의무로서 내는 소득세와 지방소득세로 운영되는 우리나라,

노후를 위한 국민연금, 아플 때를 대비한 건강보험, 나이가 들면서 필요한 장기요양보험, 그리고 회사에서 나오면 실업급여까지 결국은 직간접적으로 혜택을 받게 되니까요. 물론 그 뒤로 받는 수당이나 공제되는 금액은 개인별로 다를 거예요. 그러나 최소한 내 세전 월급이 어떻게 구성되어 있는지 확인해야 제대로 된 재무 상태 관리를 할 수 있을 거예요.

가계부 작성하기

지출계획 없이 살다 보면, 어느새 지출하는 대로 살게 돼요. 지출하는 대로 산다는 건 어떤 의미냐면, 이런 생각을 하는 거예요. '다 쓸 만한 이유가 있으니까 썼겠지.' 이런 마음을 갖고 생활하잖아요? 나중에 돌아보면 '이건 소비하지 않을 수 있었는데' 하고 후회하는 경우가 일상다반사에요. 한 회사가 지금 잘 운영되고 있는지 확인하려면 재무재표를 보면 알 수 있듯이, 한 사람이 잘살고 있는지 확인하려면 가계부를 보면 알 수 있어요.

물론 가계부를 작성해야 한다는 말에 '그런 걸 왜 해?'라고 생각하는 분들은 거의 없을 거예요. 쓴다고 뭐 손해 보는 것도 아니고, 내 예산을 관리할 수 있으면 좋잖아요. 그런데도 '하면 좋지'에서 실천까지 이어지지 못하는 경우가 많은데요. 그 이유는 바로 '귀찮아서'입니다. 이게 참 무서워요. 이번 한 번만 미루고 다음에 해야지. 이러다가 어느새 기억 저편으로 흘러가게 되어 버리거든요.

그래서 저는 가계부 작성의 진입 장벽을 최소화하라고 말씀드리고 싶어요. 뭔가 각 잡고 시작하려고 하면 나중에 마무리도 각 잡고 해야 할 것만 같은 느낌이 사람을 지치게 만들거든요. 이건 사람마다 편차가 심한데요. 저는 개인적으로 이런 거 정말 귀찮아해요. 저같은 사람을 위해 요새는 유용한 가계부 앱도 많이 나오고, 금융사 앱에서도 소비 내역을 쉽게 확인할 수 있게 해요. 사실 저는 개인적으로 구글시트에서 별도로 양식을 만들어서 관리하고 있어요. 뭐 엄청 거창한 게 있을 것 같죠? 그런 거 전혀 없어요. 여기에 보여 드리면 창피할 정도로 말이죠. 어차피 저만 볼 거니까, 저만 알아보기 편하게 대충 만들어 놨거든요. 부모님이 여러분의 어질러진 방을 보고 좀 치우라고 하면, 항상 말하죠? "나만의 질서가 있어!" 저는 요새 방은 깨끗하게 치우지만 엑셀에 가계부는 제 편한 대로 관리하고 있어요.

근데 이게 중요해요. 이렇게 가벼운 마음이 어찌 됐든 제가 꾸준하게 예산을 관리하게 만들어 줬거든요. 그래서 '가계부'라는 단어를 보자마자 '귀차니즘'이 발동하는 분들이라면 굳이 제대로 된 양식을 활용할지 고민하지 않아도 돼요. 무엇보다 중요한 건 나한테 편한 양식, 그리고 꾸준하게 작성할 수 있는 의지, 딱 이거면 돼요.

딱 기본적인 것만 나누면 돼요. 재테크 관점에서 돈은 크게 세 가지로 구분할 수 있거든요. ① 나한테 들어오는 돈, ② 지출하는 돈, ③ 저축하는 돈. 쉽죠? 근데 용어의 편의상 나한테 들어오는 돈은 총수입, 지출하는 돈은 총지출, 그리고 나머지는 저축·투자라고 하죠.

총수입

나한테 들어오는 돈

여러분은 돈을 어떻게 버나요? 누군가는 사업을 해서 돈을 벌고, 주식에서 나오는 배당금 혹은 예금에서 나오는 이자로 생활하는 사람도 있어요. 그리고 집을 갖고 있는 사람들은 임대소득도 있을 테고요. 그런데 이 책을 읽는 분들은 직장인일 텐데요. 바로 직장인 여러분의 주 수입원은 근로소득입니다. 쉽게 말해서 회사에서 주는 돈이요. 회사가 없으면 앞으로 뭐 먹고 사나 걱정할 수밖에 없죠. 정기적으로 발생하는 소득이 없으니까요. 참 소중한 돈입니다. 그런데 회사에서 받는 돈을 또 구분해 볼 수 있어요. 매월 지급하는 '월급'과 가끔 발생하는 소득(상여금, 보너스, 연차수당, 복지포인트 등)이 있죠. 이걸 나누는

근로소득	근로소득 외
월급 300만 원 월급 외 100만 원 (상여금, 보너스 등)	은행 이자 주식 배당금 사업소득 등

이유는요. 꾸준하게 발생하는 소득이 얼마인지를 알아야 하거든요. 그래야 매월 내 예산에 맞는 지출과 저축을 할 수 있기 때문이에요. 단순히 지출 때문만이 아니라, 매월 납입해야 하는 금융상품에 가입했거나, 혹은 적립식 투자를 하기로 마음먹었다면 더더욱 중요하다고 할 수 있어요. 그래서 최소한 매월 발생하는 소득과 비정기적으로 발생하는 소득을 나눠서 예산 계획을 할 필요가 있는 거예요.

총지출

고정비와 변동비, 비정기 지출

지출 내역도 크게 고정비와 변동비로 나눌 수 있는데요. 고정비란 매월 고정적으로 지출하는 항목을 말합니다. 예를 들어 월세(혹은 전세 이자), 보험료, 통신비, 각종 구독비 등은 매월 정기적으로 결제되는 비용이죠. 반면, 매월 지출액이 변동되는 변동비가 있어요. 식비나 의류비, 교통비, 문화생활비 등 일상에서 쓰는 생활비라고 할 수 있습니다. 고정비나 변동비는 항목이 정해진 게 아니라, 개인마다 지출이 어떻게 이루어지는지에 따라 달라집니다. 예를 들어, 누군가는 점심을 매일 사내 식당에서 먹는다면 고정비가 되겠지만 매일 밖에서 사 먹으면 변동비가 돼요. 고정비와 변동비를 구분하면 월급을 얼마나 유동적으로 활용할 수 있는지 금액을 한눈에 볼 수 있습니다.

한발 더 나아간다면, 변동비도 비정기 지출과 구분할 수 있어요.

변동비를 일상적인 지출에서 비롯되는 것이라고 한다면 비정기 지출은 예상치 못하게 나가는 비용이라 할 수 있어요. 예를 들어 경조사비나 병원비 등이 이에 해당합니다.

통장 쪼개기

급여를 목적에 따라 별도로 관리하는 것이 매우 중요해요. 사실 통장을 하나로 관리하다 보면 나도 모르게 나약해질 수가 있습니다. 쓰고 보니 남은 돈이 없다며 뒤돌아보면 그때마다 '다 필요한 일이 있으니까 쓰는 거지' 하면서 하나둘 지출이 늘어나게 될 수밖에 없거든요. 강제성이 없다면 사실 통제가 어렵습니다. 그렇기 때문에 통장을 용도별로 나누어 지출 통제에 강제성을 부여하는 것입니다. 통장 쪼개기는 내 돈을 목적에 맞게 분류해서 여러 통장으로 나누는 것을 말해요. 가장 기본적으로 급여 통장, 생활비 통장, 그리고 비상금 통장으로 나눌 수 있습니다.

첫 번째는 먼저 월급을 받는 급여통장이에요. 열심히 일한 대가, 피와 땀이 묻어 있는 아주 소중한 통장입니다. 급여통장은 사실 휴게소와도 같은데요. 돈이 들어오자마자 바로 빠져나가는 곳이거든요. 적금, 보험료, 월세, 적립식 투자 등 매월 정기적으로 납부가 필요한 고정비부터 차감해야 합니다. 예상치 못한 지출로 인해 현금 흐름에 차질이 생기지 않도록 월급날, 또는 그 이후 가장 가까운 날에 고정비

지출을 설정해두는 게 좋습니다. (그 외 생활비 통장이나 비상금 통장으로는 월급날 자동이체로 빠져나가게끔 설정해 놓을 수 있습니다.) 급여 통장은 시작부터 나갈 돈이 많습니다. 여러 통장으로 이체할 일이 많으니 이체 수수료가 발생하지 않도록 금리우대가 되는 곳을 찾아 활용하면 됩니다.

두 번째는 생활비 통장이에요. 식비나 문화비 등 일상생활에서 활용하는 변동비를 위한 통장입니다. 특히 변동비는 고정비처럼 금액이 정해져서 지출하는 것이 아니기 때문에 무엇보다 신중히 지출할 수 있어야 합니다. 정말 엄격하게 통제하고 싶다면 이 생활비 통장도 두 개로 쪼갤 수도 있습니다.

마지막 세 번째는 비상금 통장입니다. 비정기적인 소득이 발생할 때 활용하시면 됩니다. 예를 들어, 회사에서 상여금이나 비상금을 받았을 경우, 또는 적금 만기로 해지했을 경우 해당합니다. 특히, 시기적으로 어느 정도 목돈을 들고 있어야 할 경우가 있어요. 당분간 어떻게 모아 두지? 이럴 때 CMA나 파킹통장을 하나 만들어서 운용하는 것이 좋습니다. 입출금이 자유로울뿐더러 일 단위로 이자를 계산하여 주기 때문에 물가상승의 위험으로부터 피할 수 있거든요. 목돈의 임시거처라 생각하시면 됩니다. 입출금이 자유로운 통장을 활용하는 방법은 뒤에서 자세히 다룰 테니 여기서는 우선 이런 게 있구나 하고 넘어가면 됩니다. (미리 알고 싶은 분들은 제3장의 두 번째 챕터를 참고하면 됩니다.)

가장 기본적인 것만 소개해 드렸어요. 급여 통장·생활비 통장·비상금 통장 외에도 단기 목적에 따라 여러 통장을 개설할 수가 있습니다. 자동차 구매, 결혼자금 등 개인마다 원하는 목표가 있을 테니까요.

앞서 강조했듯이, 본인의 예산을 관리하는 방법에 정답이 있는 게 아닙니다. 본인에게 가장 편하고 유용한 방식대로, 그리고 꾸준히 관리할 수 있는 자세가 제일 중요합니다. 무엇보다 실천 없는 지식은 아무 쓸모없거든요. 여기까지 읽으셨다면 최소한 가계부 앱 하나 정도만이라도 받아서 훑어보는 건 어떨까요?

신용카드는 활용하는 게 좋을까?

본인의 지출을 통제한다고, 신용카드는 아예 사용하지 않는 분도 있는데요. 신용카드를 활용하는 것도 좋은 재테크 방법 중 하나에요. 굳이 신용카드를 왜 쓰냐고 생각하실 분들도 있는데요. 먼저, 당장 큰 목돈이 필요한 소비가 필요할 때 들어가는 고가의 제품을 할부 방식으로 결제할 수 있는 장점도 있어요. 무엇보다 연회비 이상 뽑아먹을 수 있는 신용카드만의 청구할인, 포인트, 캐시백을 이용할 수 있고요. 그리고 무엇보다 소득공제 혜택을 받을 수 있는데요. 신용카드·체크카드 황금비율로 최적의 지출을 통해 연말정산에 절세혜택도 챙길 수 있기도 하지요.

만약에 지출 통제를 못하겠다고 생각이 든다면, 신용카드 자체에 사용 한도를 낮출 수도 있기도 합니다. 카드를 무분별하게 막 발급하지 않는 이상, 신용도에도 큰 문제가 없으니 계획을 세워 잘 사용하면 더할 나위 없는 재테크 상품인 셈이죠.

공격 혹은 수비,
당신의 재테크 성향을 찾아라

　혹시 축구 좋아하시나요? 요새는 해외파 선수들이 대거 생기면서 많이 대중화가 된 것 같아요. 축구 하면 가장 인상 깊었던 시절이 또 2002년인데, 요새는 2002 월드컵 얘기를 하느냐 안 하느냐로 세대 차이가 드러난다고 하더라고요. 축구 이야기를 하려던 것은 아니었고요.

　축구도 전략이 있죠. 골키퍼를 제외한 10명을 어떻게 배치하냐에 따라서 4-4-2, 3-5-2, 4-2-3-1 등 다양한 전술을 활용할 수 있어요. 어려운 개념까지 들어갈 필요 없이 수비수, 미드필더, 공격수 세 가지 포지션이 있어요. 자, 여러분은 가장 중요한 포지션은 어디라고 생각하시나요?

　사람마다 성향이 다 다를 텐데요. 제 정답은 '모두 다'입니다. 또 너무 당연한 말을 했나 싶죠? 근데 너무나도 당연할 수밖에요. 공격에

만 너무 치중하면 수비의 허점이 드러나고, 그렇다고 수비에만 너무 치중하면 골을 넣어 이길 수가 없어요. 적절한 포지션으로 상대방을 수비하고 공격할 수 있어야 합니다. 특히 상대 팀의 성향에 따라 다양한 전술로 맞서야 할 필요가 있죠.

갑자기 웬 축구 얘기를 하나 싶을 텐데, 축구가 재테크와 닮은 점이 있기 때문이에요. 축구가 각각의 포지션별로 균형을 갖추어야 승리할 수 있듯이 재테크 역시 균형이 중요하거든요. 특히, 여러분이 중요하다고 생각한 전술이 여러분의 재테크 성향과 좀 닮았나요? 공격수가 수익을 내는 데 집중하는 것이라면, 수비는 자산을 지키는 것이라고 할 수 있어요. 그렇다면 여러분은 어떤 재테크 전술을 짜고 있나요? 적절한 포트폴리오를 구축해서 가끔은 골도 넣고, 상대방의 공격에 흐트러지지 않게 수비를 안정적으로 구축하여 미래를 대비하며 손실도 막을 수 있어야 합니다.

재테크를 축구 전술에 비유하면 다음 그림처럼 표현할 수 있을 것 같아요.

먼저 공격수. 실제로도 위험자산 위주로 운용하는 것을 '공격적'이라고 표현하곤 합니다. 아무래도 개별주식에 투자하거나 말도 많고 탈도 많은 가상자산에 투자하는 것은 매우 공격적인 투자 방법 중 하나라 할 수 있어요. 실제로 주변을 돌아보면, 전략(?)대로 많은 득점

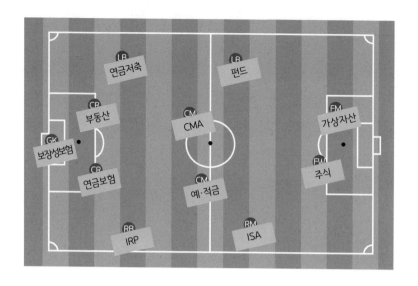

을 한 사람이 있는 반면, 득점은 고사하고 실점만 크게 한 사람도 있습니다.

반면, 미드필더는 공격과 수비를 자유롭게 드나들 수 있어야 하는데, 아무래도 포트폴리오를 좀 더 유연하게 운용하기에 적합한 상품들이 적당할 것 같아요. 현금이나 현금성 자산을 통해 비상금이나 목돈을 운용할 수 있고, 펀드를 통해 다양한 자산을 구성할 수도 있고요. ISA 계좌를 통해 단기-중기 목적 자금을 운용하기에 적합한 방법이기도 합니다. (재테크 용어가 이런 게 있구나 하고 넘어가도 괜찮아요.)

그리고 수비수는 바로 잃지 않는 저축 또는 노후를 위한 연금이라고 할 수 있겠습니다. 연말정산 세액공제 혜택을 받는 연금저축과 IRP가 있고요. 비과세 혜택을 받는 연금보험으로도 보완할 수 있습니다.

특히 골키퍼의 역할이 중요한데요. 골키퍼는 '보장성 보험'이라고 할 수 있어요. 보장성 보험이란 내가 아프거나 다쳤을 때 보장받는 보험을 말합니다. 여러분은 혹시 갑작스러운 사고나 질병으로 큰 비용을 지출해본 적 있나요? 그런 경험이 아직은 없을 확률이 크지만, 특정 질병을 진단받고 수술하고 입원하고, 퇴원 후 간병까지, 이 모든 과정이 한마디로 다 돈이거든요.

본인이 아니더라도 주변 사람 중에 그런 분이 있다면 보장성 보험이 왜 중요한지, 골키퍼 역할에 대해 충분히 공감하실 겁니다. 재테크는 단순히 돈을 많이 불리는 것만이 아닌, 모아 둔 돈을 안전하게 지킬 수 있는 방법도 중요합니다. 이 또한 적절한 재테크 방법이 될 수 있는 것이죠. 위험 관리를 제대로 하지 않으면, 갑작스러운 사고나 질병에 마주쳤을 때 그때까지 벌어둔 돈을 다 써야 할 뿐 아니라 빚까지 지게 되는 경우가 발생할 수도 있어요. 그래서 위험 관리는 꼭 필요합니다. 내 자산을 늘어나게 해주지는 못하지만, 최소한 자산을 지켜주니까요. 이는 뒤에 보장성 보험 파트에서 다시 다룰게요.

이와 같이 축구를 할 때 전술을 짜듯이 재테크도 개개인의 성향에 따라 맞는 전략을 짤 필요가 있어요. 그런데 중요한 건 바로 어느 한 쪽에 매몰되지 않고 적절하게 균형 잡힌 재테크를 해야 한다는 거예요. 제가 월급쟁이 직장인들에게 강조하는 것이 바로 잃지 않는 저축·투자를 하라는 것이거든요. 저축만 하면 돈을 불릴 수가 없어요. 그렇다고 투자만 하면 원금을 손실할 수도 있고요. 그래서 저축과 투자는 서로 보완해 주는 역할로서 다 같이 해야 합니다.

Low Risk, Low Return (저위험 저수익)

High Risk, High Return (고위험 고수익)

위험과 수익은 반비례한다.

위험과 수익 간의 관계, 많이 들어보셨죠? 투자의 기본 원칙입니다. 은행 예적금은 안정적으로 돈을 모아갈 수 있지만 수익률은 거의 물가상승을 상쇄할 정도죠. 그리고 주식 투자는 원금손실의 위험을 무릅쓰지만 큰 수익을 기대할 수 있고요. 사실 모든 위험은 수익의 대가라는 원리만 제대로 알면 사실 투자에 대해 더 이상 배울 게 없다고 생각해요. 나머지는 내가 정한 원칙을 지킬 수 있는 마인드셋이 좌우하더라고요.

투자 포트폴리오를 짜는 것도 마찬가지예요. 실제로 재테크 상담을 하면 오직 공격수 또는 오직 수비수, 이렇게 극단적으로 포트폴리오를 구성하시는 분들이 꽤 많습니다. 제가 월급쟁이 직장인의 강점이 무엇이라고 하였죠? 바로 예측 가능성입니다. 한평생 벌어들이는 소득이 정직하게 계산되고 꾸준하게 월소득이 들어오기 때문에, 적정한 포트폴리오를 안정적으로 구축할 수 있습니다. 그래서 직장인이라면 다양한 포트폴리오로 재테크를 준비하는 것이 효과적입니다. 물론 저마다의 투자 스타일이 있겠지만, 첫 시작은 항상 정석대로 출발해야 합니다.

그러면 어떤 전술로 재테크를 시작하면 좋을까요?

축구 전술에 정답이 없듯이, 여러분의 재테크 전략에도 정답은 없습니다. 본인의 재테크 성향을 먼저 파악하고, 그 성향에 맞게 저축·투자 계획을 세워야 합니다. 다만, 최소한 내가 어떤 포트폴리오를 추구하는지, 내 생각대로 재테크를 하고 있는지 이것만큼은 확신을 하고 있어야겠죠.

여러분의 포트폴리오를 만들기 전에 본인이 공격적인 성향인지, 수비적인 성향인지 재테크 성향을 파악하는 것이 중요합니다. 누군가는 돈을 안전하게 차곡차곡 모아가는 것을 추구하는 반면, 누군가는 원금 손실을 충분히 감수하고서라도 큰돈을 벌고자 하는 사람도 있을 테니까요.

　실제로 금융상품에 가입하기 전에 투자성향 설문 테스트를 진행하게 되는데요. 투자 위험 등급을 분류해서 개인의 투자 성향에 맞는 금융상품을 추천해 줍니다. 그럼 무엇을 보고 판단할까요?

　현재 및 미래의 소득원, 투자 경험, 손실 감내도, 투자 기간 등의 정보를 제공해요. 이를 통해, 안정형, 안정추구형, 위험중립형, 적극투자형, 공격투자형 등 5단계의 투자 성향으로 분류합니다. 투자 성향

등급별 투자성향표

성향별 등급	특징
안정형	예금 또는 적금 수준의 수익률을 기대하며, 투자원금에 손실이 발생하는 것을 원하지 않음
안정추구형	투자 원금의 손실 위험을 최소화하고, 이자소득이나 배당소득 수준의 안정적인 투자를 목표로 함. 다만, 수익을 위해 단기적인 손실을 수용할 수 있으면, 예·적금보다 높은 수익을 위해 자신 중 일부를 변동성 높은 상품에 투자할 의향이 있음
위험중립형	투자에는 그에 상응하는 투자위험이 있음을 충분히 인식하고 있으며, 예·적금보다 높은 수익을 기대할 수 있다면 일정수준의 손실위험을 감수할 수 있음
적극투자형	투자 원금의 보전보다는 위험을 감내하더라도 높은 수준의 투자수익 실현을 추구함. 투자자금의 상당 부분을 주식, 주식형펀드 또는 파생상품 등의 위험자산에 투자할 의향이 있음
공격투자형	시장평균 수익률을 훨씬 넘어서는 높은 수준의 투자수익을 추구하며, 이를 위해 자산가치의 변동에 따른 손실 위험을 적극 수용. 투자자금 대부분을 주식, 주식형펀드 또는 파생상품 등의 위험자산에 투자할 의향이 있음

별로 요구하는 수익률 정도와 추천 금융상품의 종류가 달라집니다.

결국 핵심은 높은 수익률을 내기 위해 얼마나 위험을 감수할 수 있느냐에 대한 답변입니다. 다양한 성향이 나타날 텐데, 한 가지 명심해야 할 것은 본인의 투자 성향대로 포트폴리오를 짜기 전에 안정적인 미래를 위해 어느 정도의 보정이 필요하다는 점을 꼭 인지하셨으면 좋겠습니다. 우린 안정적인 소득원을 창출하는 월급쟁이니까요.

진짜 위험은 내가 무엇을 하는지 모르는 데서 온다

세상에서 가장 안전한 금융상품으로 보통 미국 채권, 금 등을 꼽곤 합니다. 그러면 가장 위험한 금융상품은 무엇일까요? 금융상품이라 하긴 다소 어울리지 않지만 가상자산을 많이들 떠올리실 겁니다. 가상자산, 참 말도 많고 탈도 많았어요. 불과 몇 개월 만에 100배 이상 시세차익을 만들기도 하는 경이로운 가격 변동률로, 많은 사람에게 환희와 절망을 동시에 가져다주었습니다. 그래서 많은 사람이 가상자산은 절대 손을 대서는 안 되는 투자자산이라고 말합니다. 그런데 저는 생각해요. 가상자산이 위험한 걸까, 아니면 도박장에서 룰렛을 돌리듯이 한탕을 해보려는 사람이 위험한 걸까?

묻지도 따지지도 않고 은행에 적금만 하는 A

끊임없이 공부하며 가상자산에 투자하는 B

투자 자산만 보면 가상자산이 더 위험할지 모르지만, 인생 전반을 놓고 봤을 때 저는 A가 더 위험하다고 생각해요. A는 은행 적금을 하며 열심히 돈을 모으고 있지만, 사실 넓게 보면 그 외의 나머지 부분은 아무것도 모르는 것이나 다름없으니까요.

즉, 위험한 건 금융상품에 있는 게 아니에요. 바로 내가 무엇을 하는지 모르는 것이죠. 누구나 똑같은 금융상품과 제도를 활용할 수 있는데, '이제까지 몰라서 못했어'라고 하는 것도 마찬가지예요. 본인이 관심 있는 것만 신경 쓰고, 다른 것들은 알아보려고 노력하지 않는다면, 결국 다른 투자 기회비용이나 재테크 방법 등을 놓칠 수밖에 없거든요. 이는 결국 재테크를 제대로 준비하는 사람과 비교했을 때, 사실상 내가 잃고 시작하는 것과 다름 없다고 할 수 있어요.

"투자행위란 철저한 분석에 바탕을 두고 투자원금의 안정성과 적당한 수익성이 보장되는 것을 말하며, 이 모든 조건을 충족시키지 못하는 행위는 투기적인 것이라 말할 수 있다."

_벤저민 그레이엄

증권분석의 아버지라 불리는 벤저민 그레이엄은 투자와 투기를 구분하였는데요. 요약하자면, 투기란 '잘 모르면서' '큰 수익만 좇아' '위험을 감수'하는 것이라 할 수 있습니다. 그런데 사실 인간은 누구보다 비합리적인 존재죠. '나는 잘 알고 투자하고 있는데'라고 생각하는 경우가 대다수거든요. 그러다 보니 '내로남불'식의 논리대로, '내가 하면 투자, 남이 하면 투기'라는 우스갯소리도 하곤 하죠.

물론 누구든 본인이 투자하고 있는 상품에 대해 100% 온전히 알고 있는 사람은 거의 없을 거예요. 본인이 안다고 '주장'하는 것과 실제로 알고 있는 범위는 큰 격차가 있을 겁니다. 그렇다고 투자에 대한 의사결정을 할 때 모든 요소에 대한 지식이 필요한 것도 아닙니다. 우리가 선택해야 할 정보를 잘 판단하고 그중에서 핵심적인 것들을 잘 알고 있어야 합니다.

이번 기회에 본인이 가입한 금융상품이 있다면, 혹은 투자하고 있는 주식이나 펀드가 있다면, '나는 이 상품에 대해서 얼마나 잘 알고 있는가?' 스스로 질문하는 기회가 되셨으면 합니다. 여러분이 한 달 내내 열심히 일해서 번 돈을 순간의 잘못된 판단으로 날려 버리기엔 기회비용이 너무 크지 않을까요?

"투자란 몇 군데 훌륭한 회사를 찾아내어 그저 엉덩이를 붙이고 눌러앉아 있는 것이다." _워런 버핏 큰 수익을 내기 위해선 소수에 집중 투자를, 돈을 지키기 위해선 여러 곳에 분산 투자를 해야 합니다. "한 바구니에 모든 계란을 담지 말라."는 격언은 지겨울 정도로 많이 들어보셨을 거예요. 그런데 워런 버핏의 생각은 좀 달랐어요. 분산 투자에 대해서는 바보 같은 짓이라고 말했어요. 꽤 의외죠? 그런데 다 그럴 만한 이유가 있어요. 왜냐하면 워런 버핏은 저평가된 회사를 선별하고 장기투자를 하면 수익을 낼 수 있다고 봤기 때문이에요. 그리고 그렇게 실제로 막대한 돈을 벌기도 했거든요.

　그런데 우리가 저평가된 회사를 어떻게 찾죠? 워런 버핏처럼 기업의 가치를 제대로 산정할 수 있다면, 당연히 한두 종목에 집중 투자를 하겠지만, 그런 요행을 바라지 말자고요. 우리는 전업투자자가 아니기도 하고, 무엇보다 집중 투자를 했다가 손해를 보면 우리의 노후는 점점 가난해지게 될 테니까요. 그래서 저는 계속 강조할 거예요. 월급쟁이 직장인에게는 분산투자가 적합하다고요.

투자에 대한
편견을 버리다

재테크를 처음 시작할 때 많이 듣는 말이 있죠. 바로 시드머니를 모아라! 한 번쯤은 들어보셨을 거예요. 그래서 지금 당장 자본금이 없는 사람이라면 목돈을 만들기 위해서 노력하겠죠. 일단 월 50만 원씩 모으면 1년에 600만 원이죠. 그리고 3년이면 1,800만 원이나 되는데, 여기에 모아 뒀던 돈이 있거나 혹은 직장생활을 하면서 월급 말고 받는 상여금, 성과급, 연차수당 이런 소득까지 합치면 약 3,000만 원을 모을 수 있어요. 3년에 3,000만 원 시드머니, 아주 상징적이죠.

그런데 저는 시드머니를 모으는 짓(?)이 재테크하는 데 있어 굉장히 잘못된 접근 방법이고, 더 강하게 말해 '시작을 잘못 배웠다'라고 말하고 싶어요. 먼저 왜들 그렇게 시드머니를 모아야 한다고 말할까요? 일단 목돈이 있어야 똑같은 수익률을 내도 더 많은 돈을 벌 수 있기 때문이에요. 돈이 좀 모여야 투자를 해도 수익률이 크거든요.

예를 들어, 100만 원으로 10% 수익률을 내면 10만 원을 벌지만, 1억 원으로 10% 수익률을 내면 1,000만 원이에요. 결과가 어떤가요? 무려 100배 차이입니다. 100만 원이든 1억이든, 투자를 공부하고 실행에 옮기는 물리적인 시간은 똑같은데, 누구는 10만 원 벌 때 1,000만 원을 버는 거예요. 그래서 시드머니가 있어야 돈을 불릴 수 있다고들 많이 말합니다.

자, 그런데 여기에는 함정이 있죠. 이 말이 그럴듯하게 들리지만, 한번 반대로 생각을 해봐야 해요. 똑같은 시간을 투입해서 100배를 벌 수 있지만, 만약에 -10%의 수익률을 내면 어떻게 될까요? 100만 원에서 -10% 수익률을 내면 10만 원을 잃지만, 1억일 때 -10%는 1,000만 원입니다. 즉 100만 원으로 시작할 때보다 100배를 더 잃는 거예요. 흔히 시드머니를 강조하면서 돈을 버는 것만 강조하는데, 잃는 경우는 잘 얘기하지 않아요. 돈을 벌었을 때, 성공적인 투자의 종착역만 바라보고 시드머니를 강조할 뿐이지요. 이런 얘기만 하는 사람들이 진짜 더 무책임하고 무서운 거예요. 어찌 보면, 이런 생각이 투자에 대해 부정적인 인식을 만든 게 아닌가 싶어요.

심리학 용어 중에 손실회피성향이란 단어가 있어요. 사람은 누구나 잃는 것에 대한 두려움이 있는데, 이게 얻을 때보다도 더 크게 느껴진다는 거예요. 예를 들어 1억을 투자해서 1,000만 원 수익을 낼 때의 기쁨과, 1천만 원의 손실이 발생했을 때의 슬픔을 비교한다고 하면, 똑같은 돈이지만 잃었을 때의 고통이 더 크다고 합니다.

저는 이걸 굉장히 공감하거든요. 저도 한때 코인 투자를 한 적이 있어요. 2019년 당시 아무도 관심이 없을 때 처음 투자를 시작해서 정말 '100배'의 수익률을 직접 경험해 보기도 했는데, 그때 정말 하늘을 나는 듯이 기뻤어요. 그런데 참 사람 마음이란 게 간사하다고 하잖아요. 그런 희열의 감정은 오래가지 않아요. 심지어 사람의 욕심이란 게 끝이 없어서, 다음 날이 되면 또 가격이 언제 오르지? 이런 감정의 연속이더라고요. 어제까지의 막대한 수익률 달성은 '당연한 것'이 되어 버리는 거죠.

반면 가격이 하락할 때는 고통의 나날이에요. 가격이 오르면 다음 오를 걸 기다리지만, 가격이 내려가면 다시 마인드가 리셋이 안 되거든요. 물론 사람은 적응의 동물이라고 하잖아요. 어느새 현실을 인정하고 하락한 상태가 '당연한 것'이 되면 또 마음이 평온해지는 게 사람 심리인 것 같아요. 그런데 돌이켜보면 정말로 손실이 났을 때의 감정이 더 오래, 더 강하게 느껴진 것 같아요. 여러분도 비슷한 경험이 있나요? 없는 분들이라면 꼭 되새기고 가면 좋을 것 같아요.

손실회피성향은 정말 재테크를 할 때 본질적으로 해야 하는 이야기예요. 우리가 재테크를 하는 건 단순히 일회성으로 끝나는 일이 아니죠. 한평생에 걸쳐 계속 이어 나가는 건데, 3년이든 5년이든 어렵게 모은 돈을 시드머니랍시고 한방에 투자를 한다. 일단 이거부터 말이 안 되는 건 둘째로 하고요. 만약 손실이 났을 때 여러분, 감당할 자신이 있으신가요? 5년의 노력이 단 하루 만에 물거품이 돼 버리는 베팅이 될 수도 있는 일이거든요. 이익이 나면 물론 좋겠지만 손실이 났을 때 과연 투자를 처음 하는 사람이 하락장을 꾸준히 견딜 수 있는 사람이 과연 몇이나 될까요? 왜 시작부터 고난의 길을 걸으려고 할까요.

목돈으로 한방에 큰 시세차익을 노리고 투자를 하는 것, 우리는 이런 의사결정을 투자라 하지 않고 투기라고 합니다. 시드머니를 모아야 한다, 이 말은 결국 시드머니라는 큰돈의 손실을 감당하지 못하게 만들면서 투자 자체를 부정적으로 만드는 말이 아닐까 싶어요.

월급쟁이 직장인은 적립식 투자가 답이다

그런데 다시 한번 더 본질적인 질문을 해보겠어요. 시드머니가 없으면 투자를 못 할까요? 그렇지만도 않거든요. 특히 월급쟁이 직장인 분들이라면 시드머니를 모으지 말고 매월 발생하는 현금 흐름, 즉 월급을 이용해서 투자를 하면 됩니다.

그래서 대부분 장기적인 관점에서 투자를 하는 사람들에게는 시드머니가 아니라 월급으로 DCA를 하라고 하죠. DCA란 Dollar Cost Averaging이라고 하는데요. 달러, 비용, 평균화…? 어려운 용어 쓸 필요 없이 우리나라에선 이렇게 불러요. 바로, 적립식 투자.

은행 적금 해보셨죠? 매월 적금통장에 정기적으로 납입하며 모아가듯, 투자자산 역시 적립식으로 모아가는 것입니다. 지금 당장 수익이 나든 손실이 나든 그런 거 상관없이 매달 30만 원씩 또는 50만 원씩 투자를 하겠다는 전략입니다. 그렇다면 적립식 투자의 장점은 뭘까요? 먼저 소액으로 시작할 수 있다는 점입니다. 내가 가진 목돈이 없어도 매월 발생하는 월급에서 일정 부분만큼 꾸준히 안정적으로 투자를 할 수 있죠. 또한 가격변동에 따른 위험을 분산할 수 있습니다. 장기간 주식을 꾸준히 매수하겠다고 결정하였으면, 단기간에 주식 가격이 하락하는 것에 개의치 않을 수 있습니다. 왜냐하면 단기간에 시세차익을 실현하지 않는다면, 지금 가격이 하락했을 때 주식을 오히려 할인해서 살 수 있는 방법이 될 테니까요.

무엇보다 적립식 투자의 가장 큰 장점은 바로 감정적인 판단으로부터 자유로워지는 것입니다. 보통 사람의 심리가 가격이 떨어지면 팔고 싶고, 가격이 오르면 사고 싶어집니다. 이 방법은 100% 잃는 투자 방법 중 하나인데요. 막상 머리로는 이해해도 실전에서는 통제하기 어려운 상황이죠. 이때! 만약에 묻지도 따지지도 않고 장기간 적립해 나간다는 마인드셋을 갖고 있으면 어떨까요? 내가 정한 원칙대로 의사결정을 내리겠다고 마음먹으면 감정이 개입하지 않는 투자를 할 수 있게 됩니다. 앞서 시드머니를 제가 엄청 비판했는데, 투자할 때와 비교하면 어떤가요? 일단 한방에 10% 잃을 때보단 타격은 확실히 더 적을 테고요. 무엇보다 시드머니란 허상에서 벗어나서 안정적으로 더 쉽게 투자를 하면서 돈을 모을 수 있습니다.

이처럼 장기적으로 주식의 가격이 오를 것이라는 믿음이 있다면, 적립식 투자가 직장인에게 가장 안정적이자 적합한 투자 방법이라고 할 수 있습니다. 물론 생활에 차질이 발생할 정도의 금액으로 적립식 투자를 하면 안 되겠죠? 항상 마음이 흔들리지 않을 정도의 선에서 투자를 해야 오래갈 수 있다는 점 명심해야 합니다.

장기전이
중요한 이유

최근 들어 주식시장에 2030이 많이 들어오면서 많은 은어가 탄생했는데요. 대표적으로 몇 가지 짚어보면, 장기적인 관점에서 투자한다는 의미의 장투, 단기간에 매매하는 걸 단타라고 많이들 말해요. 사실 이미 다들 한 번쯤은 들어봤거나 자주 사용하는 용어일 텐데요. 이 파트에서 꼭 강조하려는 게 바로 장투, 즉, 장기투자에 대한 이야기예요. 서론에서 살펴봤듯이, 우리나라 청년들은 저축에 관심은 많은데 미래에 대한 대비는 잘 안 되어 있다고 해요. 투자 영역에서도 마찬가지예요. 보통 많이들 매매하는 주식만 보더라도, 본질적으로 접근한다면 기업의 가치를 보고 함께 성장한다는 개념으로 투자를 해야 하는데, 단기 매매의 늪에 빠진 사람들이 많이 있죠. 심지어는 '단타 중독'에 빠져 사회적 문제가 되기도 했고요. 이것도 한국인만의 특징인 빨리빨리 문화에 일조하는 걸지도 모른단 생각이 들기도 해요. 결국 재테크 잘하는 사람은 장기투자를 잘하는 것과 같다고 말하면서 시작하고자 합니다.

단기투자자 vs 장기투자자 뭐가 좋을까?

주식 투자 방법은 정말 다양합니다. 극단적으로 말하자면 주식 차트에 선을 그어가며 단기적으로 매매하는 투자자가 있는 반면, '존버 정신'을 외치며 원하는 가격이 도래할 때까지 절대 매도를 하지 않는 사람도 있습니다. 재테크엔 항상 정답이 없듯이, 주식 투자 방법도 감히 제가 정답을 말씀드릴 순 없습니다. 그런데 제가 한 가지 확실하게 말씀드릴 수 있어요.

차트만 보며 단기 매매를 하는 단기투자를 선택하는 순간, 여러분은 기업의 미래를 보고 장기투자를 하는 사람보다 실패하게 될 확률이 더 큽니다. 역사가 말해 주거든요. 단기투자로 성공하는 것은 정말 쉽지 않다는 것을요. 여러분이 직접 투자를 하신다면 단기투자가 아닌 장기투자의 길을 걸어야 합니다.

전업투자자가 돼서 매일 시황과 그래프를 보고 투자를 해도 잃는 마당에, 직장생활을 하면서 단타로 돈을 벌겠다는 생각은 욕심이라는 생각이 들지 않나요? 전업투자자가 되어도 단기 매매로 성공하기 힘든 마당에 월급 받으며 직장 생활하는 중에 단기 매매에 집중할 여력도 없을 뿐만 아니라, 심신이 지칠 수밖에 없어요. 그렇기 때문에 여러분은 단타의 욕심에서 벗어나 장기투자자의 길을 걸어야 합니다.

'존버'라는 말 들어보셨을 거예요. '정말로 정말로 열심히' 버틴다는 뜻인데요. 보통 주식이나 가상자산을 고점에 매수해서 떨어진 가격을 복구도 못하고 그저 가격이 다시 복귀할 때까지 기다린다는 상황에 많이 쓰는 표현이죠. 저는 이런 은어를 왜 기자들이 자유분방하게 쓰는지 모르겠지만, 그 덕분에 나름 대중화된 야생 철학(?)이라고 할 수 있어요.

그런데 여러분 장투와 존버의 차이를 아시나요? 대부분 "장투가 존버고, 존버가 장투 아니야?"라고 생각하는데, 둘은 전혀 다릅니다. 실제로 장투와 존버는 투자전략이 다르기 때문에 뭣도 모르고 혼동해서 용어를 쓰다가 전혀 이상한 방향으로 투자를 할 수가 있어요. 그래서 더욱더 개념을 잘 알고 가야 해요.

먼저, '존버'는 정말 말 그대롭니다. 예를 들어, "삼성전자? 10만 전자 가야지! 근데 안 가네… 8만 7만 6만 어어어…. 이거 손절해야 돼? 에이 아니지, 무슨 손절이야 우리나라 최우량 국민 브랜드 압도적 1등 파란 피! 언젠간 오르겠지! 자, 존버 가즈아!" 이게 존버 정신이라고 할 수 있죠. 보통 시장에 만연한 구호가 있죠. '존버는 승리한다.' 언젠가는 주식이나 비트코인이나 가격이 장기 우상향할 것이라는 믿음. 그 하나로 지금 손실을 버티는 건데, 그게 만약에 진짜 1~2년이 아니라 기간이 더 길어지면 버틸 수 있을까요?

예를 들어서, 제가 몸담았던 회사의 주식인 신한지주의 주가를 볼게요. 지금 주가가, 딱 10년 전이랑 똑같습니다. 회사는 발전했는데, 주가는 발전이 없죠. (신한만 그런 게 아니라 다른 시중 금융회사도 마찬가지랍니다.) 혹시 10년, 버틸 만하다고 생각했나요? 자, 그러면 가장 유명한 한국전력이 등장합니다. 2002년도 9월 말 기준으로 시가총액 13.1조, 코스피 주식시장 5위였어요. 그런데 딱 20년 뒤인 2022년 9월 말에 어떻게 됐냐면, 시가총액 12.9조, 코스피 20위까지 내려갑니다. 그러니까 20년을 버텼는데 시가총액이 2%가 줄어든 거예요. (시가총액은 회사의 '주식 수×주식 가격'을 말해요. 주식가격이 오르면 시가총액도 오르겠죠? 기업의 가치를 평가하는 대표적인 지표라 할 수 있어요.)

자 제가 지금 30대 초반이니 20년 전이면 초등학생이었어요. 그때부터 투자를 시작한 거예요. 존버 정신! 외치고 20년 동안 주식을 팔지 않고 버텼는데, 이제 정리하려고 하니까 주가가 그대로인 상황. 10년, 20년 말이 쉽지, '존버' 하는 거 현실적으로 정말 어렵습니다. 무엇보다 내가 선택한 회사가 계속 성장해야 주가도 오를 텐데, 과연 계속해서 성장할 수 있을까? 만약에 20년 전에 삼성전자를 샀다면 성공했어요. 주가가 6배 이상 올랐거든요. 참 희비가 엇갈리죠?

그렇다면 저는 이런 질문을 던질 수 있을 것 같아요. 과연 앞으로 20년 뒤에도 삼성전자 주가가 6배 오를 수 있을까요? 아니 이미 많이 기업이 커졌으니까, 질문을 고쳐볼게요. 기대하는 것처럼 주가가 장기 우상향을 할 수 있을까요? 이 질문에 '그렇다' 혹은 '아니다'가 아니라 '모른다'라고 대답할 수 있어야 정상입니다.

존버 하려면 한 가지 전제조건이 있어요. 바로 내가 선택한 주식이 진짜 장기적으로 오래 살아남을 것인가. 그게 보장되지 않으면 사실 존버는 의미가 없죠. 아니 지금 잘나가 봤자, 20년 뒤에 망하면 주식은 결국 휴지 조각일 뿐이거든요. 20년 전에 한국전력 주식을 산 사람은 뭐 바보라서 샀을까요? 그리고 네이버 카카오가 지금 코스피 시총 10위권을 넘나들 거라고 그 누가 예상을 했을까요?

자, 그럼 이렇게 반응할 수 있을 것 같아요. '아, 그러면 존버는 하면 안 되는 전략이냐?' 저는 딱 두 가지 경우에 존버 하면 된다고 생각해요. 첫째, 내가 정말 주식에 동물적인 감각이 있어서 무조건 성공할 것이라는 99%의 확신이 있거나, 둘째, 어떤 회사가 10년 20년 뒤에도 살아남아서 성장할진 모르겠지만, 최소한 우리나라 개별 주식이 아닌 주식시장의 파이는 계속 성장해 나갈 거라는 확신. 그렇다면 개별주식이 아니라, 우리나라를 대표하는 모든 기업의 주식을 사면 되니까요.

개별주식은 언제 상장폐지를 해도 이상하지 않아요. 그런데 코스피나 나스닥 같은 시장지수는 최소한 국가가 파괴되는 일이 없는 한 문 닫을 일이 없죠. 내가 개별주식 고르는 안목이 없다고 자신 있게 인정하고 시장수익률을 따라가겠다고만 결정하면, 대박은 아니더라도, 최소한 성공적인 투자를 했다고 말할 수 있다고 생각해요.

이제까지 존버를 알아봤는데요. "그렇다면 장투는 뭔데?" 하고 물어보실 것 같아요. 존버와 구분 짓는 장투의 가장 큰 핵심은, 바로 시장 상황에 따라 '대응'을 할 수 있다는 겁니다. 장투는 존버처럼 무조건 버텨라, 장기 우상향이다! 이런 맹목적인 생각과는 다릅니다. 워런 버핏 아시나요? 세계 최고의 부자로 유명하죠. 아마 모르시는 분이 없을 거예요. 우리 워 회장님이 하는 말은 너무나도 유명해서 닳고 닳을 정도로 돌아다니죠. 그런데 사람들 대부분이 워런 버핏에 대해 오해하는 게 하나 있더라고요. 바로 워런 버핏은 무조건 존버한다는 생각이에요. 실제로 워런 버핏은 존버만 했을까요? 정답은 '아니요'입니다.

워런 버핏이 이런 말을 했어요. "10년을 갖고 갈 주식이 아니면, 10분도 보유하지 말라." 이걸 존버라고 잘못 받아들인 사람들이 많아요. 이 말의 전제는 10년 동안은 건재하게 살아남고 성장 가능성이 있는 기업이라는 말이거든요. 그런데 사람들 대부분이 지금 당장 건재해 보이니까 10년 뒤에도 건재할 것이란 착각을 합니다. 그래서 수익을 내지 못하는 것일 수도 있어요. 워런 버핏이 사랑한 회사들이 있어요. 대표적으로 애플, 코카콜라 등이 있죠. 이런 유명 기업들에 실제로 장기투자를 하고 있지만, 모든 회사가 다 그렇지만은 않습니다.

몇 가지 사례를 돌아볼까요? 코로나 대유행으로 미국의 여행 수요가 막대한 타격을 입었어요. 그러면서 동시에 항공사 주가가 크게 하락했어요. 워런 버핏은 그대로 보고만 있지 않았어요. 미국 4대 항공사 지분 전체를 매각하는 결정을 내렸거든요. 심지어 본인의 결정이 실수였다고까지 말할 정도였습니다. 또 하나 있죠. 우리나라 반도체라면 삼성전자가 있듯이, 대만의 반도체 하면 바로 TSMC가 있어요. 워런 버핏은 TSMC 주식을 5조 원어치 넘게 매수한 지 3개월 만에 대부분을 매도해 버렸어요. 본디, 투자라 하면 수년, 수십 년을 생각하라는 워런 버핏의 투자 철학에 상반되는 결정에 많은 사람이 의아해하기도 했죠. 이유는 정확히 밝히지 않았지만, 반도체 제조 업황 악화가 이유 아닐까 시장에선 말이 맴돌기도 했습니다. 그 외에도 여러 사례가 있지만 여기서 줄일게요.

자 보셨죠? 장기투자 가치투자의 대가인 워런 버핏도 때론 존버하지 않는다는 사실, 결국 존버도 손실을 계속해서 감수할 수 있는 능력이 있다는 말이지만 그거보다 더 중요한 게 있어요. 바로, 시장 상황에 적절하게 대응할 수 있어야 한다는 것이죠. 특히 비트코인에 투자해 본 분들이 있다면 더욱 새겨들어야 할 것 같아요. 저는 개인적으로 비트코인에 대해 장래성이 있다고 생각해요. 물론 가격 버블이 꺼지고 많이 떨어졌지만, 오로지 가격이 비트코인의 가치를 말하는 건 아니니까요. 그런데 만약에 시장에 비트코인을 대체할 무언가가 나타났다, 그래서 장래성이 없다고 결론을 내린다면? 그땐 손실을 감수하고서라도 투자를 철회해야겠죠.

물론 말이니까 쉽게 한 거 맞습니다. 이 모든 걸 일개 개미들이 어떻게 판단할 수 있겠어요. 하루에도 몇 개의 위기와 희망의 정보들이 쏟아지는데요. 그래서 투자가 참 어려운 것 같아요. 그래서 더더욱 빛나는 게 바로 시장수익률인 것 같아요. 개별 기업의 망하는 리스크는 최소한 덜 수 있으니까요. 어쨌든, 내가 지금 가진 투자자산이 있다면 장투인지 존버인지 한번 생각해볼 필요가 있을 것 같아요. 그리고 무조건 존버하는 게 꼭 정답은 아니라는 점. 개별 기업은 10년간 주가가 정체할 수도 있고 상장폐지가 될 수도 있다. 이런 거 다 못하겠으면 우리 같은 개미들의 최고의 투자전략은 바로 시장수익률을 따라가는 것이다. 여러분 모두 성공적인 재테크를 하시길 기원하겠습니다.

장기투자? 그냥 안 보고 묵혀 두면 되는 거 아니야?

그런데 한 가지 오해하면 안 되는 게 있어요. 단기투자는 어렵고, 그러면 장기투자는 쉬운 건가? 전혀 그렇지 않습니다. 오히려 숱한 가격 변동과 모진 풍파를 다 겪고 나서야 결실을 얻을 수 있는 게 바로 장기투자의 길입니다. 그 과정을 겪어본 사람만이 어렵다는 걸 알 수 있어요.

투자를 처음 하는 사람들에게 장기투자가 쉬워 보이는 이유는, 정답지가 이미 배포되어 있기 때문이에요. 주식시장 그래프를 본 적이 있죠? 우리나라 대표적인 주식시장인 코스피 그래프를 20~30년 정도 길게 놓고 보면 장기 우상향하는 모습을 볼 수가 있어요. 그리고 전 세계 자타공인 소위 '천조국'이라 불리는 미국, 미국의 주식시장이 가장 큰데, 애플, 구글, 테슬라 등의 기업이 상장된 나스닥 시장의 그래프를 보면 어떤가요? 우리나라 코스피 시장보다 훨씬 더 가파르게 우상향하는 모습을 볼 수 있을 거예요.

이렇게 이미 우리는 주식시장 그래프가 지난 20~30년 동안 장기 우상향한 것을 두 눈으로 10초 안에 볼 수 있어요. 그러다 보니, 이런 생각을 할 수 있어요. '단기투자 실적에 일희일비 하지 않고 꾸준히 투자하면 되는 거 아니야?'

그러나 한 가지 중요한 것을 빼먹었어요. 바로 실전 경험입니다.

20~30년의 그래프는 장기 우상향하고 있지만, 조금 더 기간을 짧게 보면 그 장기 우상향의 과정에서도 경기침체 신호와 위기들이 수시로 숱하게 찾아왔어요. 투자 시점에 따라서 −30%까지도 손실이 나는 경우가 발생할 수도 있는 거죠. 하루 이틀 이렇게 손실을 견디면 몰라, 길면 몇 년 정도 손실이 난 상태를 견뎌야 할 수도 있습니다. 심지어 그런 상태에서 계속 주가가 하락한다면? 이루 말할 수 없는 불안감과 의구심이 들기 시작합니다. '장기투자, 정말 믿고 할 수 있는 거 맞아?'

주식이라는 게 상승과 하락이 반복된다고 하지만, 하락할 당시엔 내가 당장 마주하는 공포는 역사상 전례 없는 상황인 것처럼 느껴질 수밖에 없습니다.

장기투자와 관련하여 유명한 그림이 하나 있어요. 우리가 생각하는 장투와, 실제로 체감하는 장투를 자전거를 타는 여정으로 비유한 그림입니다. 시작과 끝 지점을 보면 결국 우상향해서 돈을 벌 수 있겠다는 생각이 듭니다. 그런데 우리가 생각하는 장기투자와 달리, 현실은 그리 녹록지 않습니다. 가는 길에 처음 시작점보다 더 낮은 지점도 경험해 보고, 급격히 올랐다 내려가는 가격을 보고 아쉬움도 버텨 내야 합니다. 특히 언젠가 원하는 가격이 달성되겠다는 기약이 없기 때문에 심적으로 불안할 수밖에 없기도 하고요. 하물며 빚을 내서 투자했다면 더할 나위 없는 스트레스의 연속이겠지요.

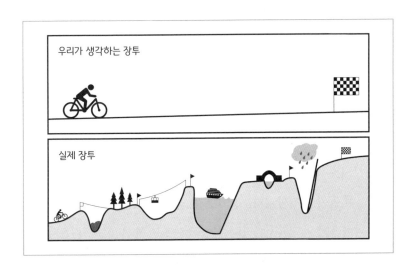

우리가 생각하는 장투

실제 장투

2020년 초 코로나가 처음 발발했을 때를 기억나시나요? 전례 없는 범지구적 전염병으로 진짜 목숨의 위협을 느끼지 않았나요? 저는 당시에 '진짜 지구가 망하는구나' 하는 생각이 들면서 엄청 무서웠어요. 그리고 실제로 저만 그랬던 건 아니었죠. 주식시장 역시 엄청난 폭락을 경험할 수도 있었습니다. 그런데 지난 코로나 시기의 주식 그래프를 볼까요? 그냥 일시적으로 내려앉은 것처럼 보입니다. 이때 주식을 좀 더 사둘 걸, 하는 분들도 많겠지만 당시 느꼈던 감정은 이루 말할 수도 없습니다. 하루하루 급격하게 떨어지는 지수를 보면 선뜻 매수에 손을 대기가 쉽지 않습니다. 물론 이때 공포를 이겨내고 매수한 분들은 큰 성과를 볼 수 있었겠지만요.

즉 여러분이 장기투자를 하기로 마음먹었다면, 그 강한 의지는 일시적일 확률이 큽니다. 불과 몇 개월만 지나도 처음 마음먹었던 감정에 동요가 생길 수 있거든요. 나의 투자 판단에 대해 계속해서 의심이 생기는 거예요. 내가 선택한 이 기업이 진짜 장기적으로 성공할 기업일까? 끊임없는 의문 속에서 여러분은 계속 투자를 이어 나갈 수 있을까요? 그래서 장기투자가 쉽지 않다는 거예요. 등락이 심하기 때문에 평상심을 유지하기 힘들죠. 그런데도 우린 장기투자에 익숙해지고 버텨야 합니다. 장기투자 훈련이 결국 성공적인 재테크로 가는 길이거든요.

[체크리스트]

여러분의 월급으로 재테크 포트폴리오를 어떻게 계획하실 건가요?.

	재테크 성향	분배 비율
안정성	안정성(저축) / 수익성(투자)	( )% : ( )%
투자 기간	단기 / 중기 / 장기	( )% : ( )% : ( )%
위험 부담율	위험 선호 / 위험 중립 / 위험 기피	( )% : ( )% : ( )%

돈에 돈이 붙는
마법의 복리 효과

　세계 최고의 투자자를 꼽으라면 단언컨대 워런 버핏을 많이 말합니다. 무려 100조가 넘는 자산, 어떻게 그 많은 부를 이룰 수 있었을까요? 단지, 수익률이 높아서였을까요? 그건 아닌 것 같은 게, 워런 버핏보다 수익률이 좋았던 사람은 수도 없이 많거든요. 가상자산 붐이 일어났을 때 단기간에 1,000%대 이상 수익률을 달성한 사람을 수도 없이 많이 봐 왔기도 하고요. 그럼에도 불구하고 왜 사람들은 워런 버핏을 세계 최고의 투자자라고 할까요?

　그건 워런 버핏이 높은 수익률을 오랫동안 꾸준히 유지해 왔기 때문입니다. 사실 이 말의 핵심은 바로 '높은 수익률'보다는 '오랫동안'에 있습니다. 워런 버핏은 살면서 무려 14번의 경기침체를 겪어 왔음에도 불구하고 불굴의 투자자로서 지금까지 생존해 왔습니다. 또 다른 말로 해석하면 어떤 뜻인지 아세요? 바로 오랫동안 살면서 오랫동안 투자하고 있기 때문에 그만큼 많은 부를 이룰 수 있던 것이기도 해요. 워 회장님은 지금 나이가 아혼이 넘었어요. 곧 30년 전만 하더라도 나이가 60세였어요. 보통 60세라면 우리는 은퇴를 생각할 나이지만, 60세부터 무려 30년 동안 투자를 이어 나간 것이죠.

단순 계산을 해보면 가늠이 돼요. 지난 30년간 미국 주식시장의 연평균 수익률이 연 8~10%정도였다고 해요. 그런데 30년간 이 수익률이 이어졌다면 과연 몇 배나 불릴 수 있던 걸까요?

30년 동안 연평균 수익률 8% 가정 시

$1 \times (1.08)^{30} = 약\ 10.1$

10배 이상 증가

무려 10배입니다. 즉 단순히 60세부터 90세까지 30년간 8%의 수익률을 달성하면 무려 자산이 10배나 불어나는 겁니다. 강한 자가 살아남는 게 아니라, 살아남는 자가 강하다고 하죠. 워런 버핏이 막대한 부를 쌓을 수 있던 이유 중에 하나로 장수가 꼽히기도 합니다.

장기와 복리

'오랫동안+높은 수익률'. 이게 핵심인데요. 이를 재테크 용어로 풀어 설명하면 두 단어로 정리할 수 있어요. 바로 장기와 복리. 저축이든 투자든 재테크를 시작하면서 꼭 알고 실천해야 하는 것이 바로 '장기+복리'입니다.

먼저 장기는 말 그대로 장기간에 걸쳐 오랫동안 한다는 의미니까 쉬워요. 그러면 복리가 무엇인지 알아야 하는데, 복리에 대한 개념을 설명하려면 단리와 비교를 해야 합니다. 단리와 복리의 차이를 알면 왜 장기와 복리가 한 세트인지 아실 거예요.

먼저 단리란 원금에 대해서만 이자가 붙는 방식을 말합니다. 예를 들어 원금 100만 원이 있다고 해볼게요. 금리 5% 예금상품에 가입할 경우 이자를 얼마나 받을까요? 1년 뒤에 100만 원의 5%인 5만 원을 수령하게 됩니다. (계산 편의상 세금은 따지지 않을게요.)

그러면 2년 차엔 얼마를 받을 수 있을까요? 2년 차에도 원금 100만 원의 5%인 5만 원을 수령하게 됩니다. 즉 매년 5만 원씩 이자를 받는 것이지요.

그런데 복리는 다릅니다. 복리는 원금이 아닌 원리금(원금+이자)에 이자가 붙는 방식입니다. 똑같이 원금 100만 원에 금리 5% 예금상품에 가입했다고 가정해볼게요. 1년 뒤에는 100만 원의 5%인 5만 원을 수령합니다.

여기까진 단리와 같죠? 그런데 2년 차부터 차이가 발생하게 됩니다. 단리는 2년 차에 원금 100만 원에 대해 5% 금리를 적용하지만, 복리는 105만 원(원금 100만 원+이자 5만 원)에 5%를 받게 됩니다. 그러면 단리 적용 시 110만 원이지만, 복리의 경우 110만 2,500원을 수령하게 됩니다.

	원금	1년 차 발생 이자	2년 차 발생 이자	3년 차 발생 이자
단리	100만 원	+ 원금의 이자 5만 원	+ 원금의 이자 5만 원	+ 원금의 이자 5만 원
복리	100만 원	+ 원금의 이자 5만 원	+ 원리금의 이자 5만 2,500원	+ 원리금의 이자 5만 5,125원

이자 차이가 얼마 나지 않는 것처럼 보이죠? 장기간 저축했을 때 얼마나 차이가 나는지 아래 표를 보여 드릴게요.

연 1,000만 원 수익률 5% 가정 시			(단위: 원)
기간	단리	연복리	차이
1년	10,500,000	10,500,000	0
2년	11,000,000	11,025,000	25,000
10년	15,000,000	16,288,946	1,288,946
20년	20,000,000	26,532,977	6,532,977
30년	25,000,000	43,219,424	18,219,424
40년	30,000,000	70,399,887	40,399,887

단리는 매년 50만 원씩 일정하게 증가하지만, 복리는 점점 증가합니다. 격차가 점점 커지는 게 보이시나요? 첫 1년엔 단리와 복리 모두 원금에만 이자가 붙어서 차이가 없지만, 2년 차에도 원금에 이자가 붙는 단리와는 다르게, 복리는 이자에도 이자가 붙는 거죠. 즉, 기간이 늘어날수록 점점 그 차이가 커지게 됩니다. 흔히 복리를 요술 항아리에 비유하곤 하는데요. 이런 별명이 붙은 이유는 복리 이자가 장기간 유지될수록 크게 불어나서 단리에 비해 원금이 몇 배로 불어나기 때문이죠.

복리의 효과가 커지려면 적용금리가 매우 높거나 예치 기간이 길어야 합니다. 앞서 예치 기간의 효과를 봤다면 이번엔 금리 효과를 볼까요? 금리가 1%만 올라도 장기적으로 큰 차이가 발생하게 됩니다.

연간 1,000만 원씩 40년간 저축할 경우 금리가 5%와 6%의 차이는 얼마나 날까요? 바로 3,245만 7,292원입니다. 1%만 차이가 나도 무려 3천만 원의 차이가 발생하게 되는 거에요.

이처럼 복리는 금리가 높을수록, 투자 기간이 길수록 더욱 큰 차이를 만들어 냅니다. 반대로 금리가 매우 낮거나 예치 기간이 짧을 경우 복리 효과는 그만큼 반감되겠죠?

아까운 내 돈,
세금으로 날리지 않으려면

절대로 피할 수 없는 그것, 세금!

우리가 살면서 피할 수 없는 두 가지가 있습니다. 첫 번째가 바로 죽음입니다. 100세 시대라는 말 많이 들어보셨죠? 근래에 나온 어느 연구에 따르면, 앞으로 노화를 역전시키는 기술이 더 발전하면서 2070년에 태어난 어린이들은 150세까지 살 수 있을 거라고 합니다. 영생까지 도달은 아직인 것 같지만, 과학기술의 특이점이 온다고 생각하면 그리 멀지 않을 듯 보이긴 합니다.

특히 영화에서 때로 죽음을 초월한 영생의 소재가 등장하곤 해요. 조니 뎁 주연의 〈트렌센던스〉라는 영화를 보면 의식을 컴퓨터에 이식하게 됩니다. 좋은 방향으로 능력을 활용하면 좋겠지만 인류에 파멸을 불러오는 디스토피아를 그리곤 하죠. 그 외에도 〈업로드〉라는 외국 드라마가 있어요. 사람이 죽은 후에도 그 사람의 의식을 가상공간에 업로드한다는 내용을 그리고 있죠.

이처럼 죽음을 피하려는 끊임없는 상상과 현실의 시도는 계속되며, 의학 기술 발달로 인간의 육신을 벗어나는⑴ 영생의 판타지를 상상할 수 있더라도 살면서 절대 피할 수 없는 것이 있습니다. 죽음은 피할 수 있어도 못 피하는 것이 있다니, 그만큼 죽음보다 무서운 존재일까요? 센스가 있는 분들이라면 재테크와 관련해서 생각할 수 있어야 해요. 정답은 바로 세금입니다.

"이 세상에서 죽음과 세금만큼 확실한 것은 없다."

_벤저민 프랭클린

우리가 일상적인 사회생활을 하면서 정말 세금을 피할 수 없을까요? 네, 그렇습니다. 소득이 있는 곳엔 언제나 세금이 있습니다. 여러분 어떤 식으로든 돈을 벌면 국가는 항상 세금을 뗍니다. 은행 예금으로 이자를 받으면 이자소득세, 일을 해서 돈을 벌면 근로소득세, 편의점에서 물건을 사도 부가가치세, 그리고 로또복권 당첨금까지.

심지어 길 가다가 주운 돈도 일정 금액 이상이라면 세금을 떼게 됩니다. 아니, 길 가다가 주운 돈은 주인도 없는데 그걸 왜 내가 세금을 내?! 그에 대한 명쾌한 해답이 있습니다.

한 인터넷 커뮤니티에 누군가가 질문합니다.

"길 가다가 돈을 주웠는데, 잃어버린 사람이 누군지도 모르는 돈을 길 가다가 주웠는데 이것도 왜 세금을 내?"

그러자 짧고 굵게 누군가가 대답합니다.

[속보] 이재용 길 가다가 5조 원 습득해

우연히 주운 돈에 세금이 붙지 않는다면 편법을 써 탈세하기가 너무나 쉬워질 테니까요. 한 방에 이해되시죠? 이처럼 대한민국에서 사는 사람이라면 누구나 세금을 내고 살아가고, 우리의 일상생활에서 세금과 엮이지 않은 것은 아무것도 없다는 점! 그렇기 때문에 이 세금을 어떻게 하면 줄일 수 있을지, 고민하는 것이 바로 재테크의 한 방법이기도 합니다.

재테크를 입문하자마자 각종 복잡한 세금을 보게 되면 머리가 아플 거예요. 그래서 가장 기본적으로 알고 있어야 할 필수 개념부터 설명할게요. 순전히 재테크용 개념이라고 보시면 됩니다!

예·적금으로 이자를? 이자소득세

은행에서 예·적금을 하면 만기에 원금과 이자를 받을 수 있어요.

이때 수령하는 이자에 세금이 부과되는데요. 이를 이자소득세라고 해요. '나는 이자소득세를 내본 적이 없는데?'라고 하실 분들이 계실 텐데요. 그도 그럴 만한 게 이자가 적으면 이자소득세는 따로 국세청에 신고하지 않거든요. 그 대신 은행에서 우리에게 이자를 줄 때 이미 세금을 떼서 주는, 즉 원천징수를 하고 지급해줘요.

이자소득세는 15.4%를 떼 가요. 즉, 5% 금리의 예금상품에 100만 원을 맡겼다면? 1년 뒤에 5만 원의 이자를 받아야 해요. 그런데 앞서 말했듯 은행에서 미리 떼 간다고 했죠? 5만 원의 15.4%인 7,700원을 뺀 4만 2,300원을 수령하게 돼요.

> [TIP]
>
> 위 예시에서 이자 5만 원에 대해서 세금을 부과하기 전 이자, '세전 이자'라 부르고, 4만 2,300원을 세금을 부과한 후의 이자, '세후 이자'라고 불러요. 보통 연봉을 이야기할 때 세전 연봉, 세후 연봉 많이 들어보셨을 거예요. 세금의 규모가 클수록 세전과 세후의 차이가 더욱 벌어지겠죠?

주식으로 배당금을? 배당소득세

주식을 갖고 있으면 돈을 벌 수 있는 방법은 두 가지예요. 첫 번째는 싸게 사서 비싸게 파는 시세차익이 있고요. 두 번째는 기업이 돈을 벌어오면 이익의 일부를 기업의 소유주인 주주에게 분배하는 것이에요. 주식을 갖고 있는 주주에게 분배하는 돈을 배당금이라고 불러요.

배당금에 대해서도 역시 배당소득세를 부과해요. 이 역시 일반적으로 15.4%인데요. 배당금으로 5만 원을 받으면 이 역시 배당소득세를 원천징수한 세후 4만 2,300원을 수령할 수 있게 돼요.

[TIP]

이자소득과 배당소득을 합해 금융소득이라고 부르는데요. 이자소득세와 배당소득세의 합이 2,000만 원이 넘어가면, '금융소득 종합과세'라고해서 따로 신고를 해야 해요. 언젠가 우리, '나 금융소득 종합과세자야' 한마디 해볼 날이 오겠죠? 물론 그때가되면 2천만원이 넘지 않기 위해 어떻게든 절세 방법을 찾겠지만요.

직장에서 버는 소득? 근로소득세

우리 월급쟁이 직장인들이 받는 소득에 대해서 내는 세금이 바로 근로소득세예요. 한 해가 끝나고 나면 연말정산이라는 걸 하게 되는데요. 바로 1년간 직장인들이 납부해야 할 세금을 정산하는 연례행사에요. 바로 이 연말정산 과정에서 어떻게 하면 납부할 세금을 줄일 수 있을지 고민하는 것이 바로 재테크의 핵심 중 하나라고 할 수 있어요.

근로소득세를 납부하는 기본 틀은 다음과 같아요. '소득×세율=세금'이에요. 세율은 기준에 따라 정해진 거라 줄일 수 없지만 소득과 세금은 줄일 수 있어요. 소득을 줄이는 소득공제와 세금을 줄이는 세액공제가 바로 여기서 등장하게 되는 거고요. 이에 대한 설명은 제3장에서 자세히 다뤄 볼게요.

세금은 종류가 정말 많은데요. 소득세법에 따르면 개인이 버는 소득을 총 8가지 종류로 나누고 있어요. 우리가 버는 모든 돈은 다 이 8가지 중 어느 하나에 포함된다고 보면 돼요.

종합과세	·이자소득 ·배당소득 ·사업소득 ·근로소득 ·연금소득 ·기타소득
분류과세	·퇴직소득 ·양도소득

가장 체감하기 쉬운 세금이 바로 이자소득과 배당소득, 근로소득이라 위에서 간략히 설명했어요. 그 외에도 다른 세금을 내는 경우가 있겠죠. 예를 들어, 요샌 직장생활을 하면서 스마트스토어 등으로 부수입을 올리는 분들도 있더라고요. 이런 분들은 사업소득을 내야 하겠죠? 사회초년생이라면 지금 당장 연금소득은 없을 테고, 혹여나 이직을 하게 되면 퇴직소득세를 낼 수도 있습니다. 그리고 복권 당첨금이나 강의료 같은 기타소득도 있고요. 부동산 같은 자산에 대한 양도소득세도 존재해요.

사람마다 상황은 다르지만 어쨌든 소득의 출처에 따라서 내야 할 세금이 다르다는 점, 이런 세금을 최대한 줄이는 고민이 바로 '세테크'라고 할 수 있어요.

비과세와 절세

세금을 부과하는 것을 '과세'라고 하는데요. 비과세란, 과세를 하지 않는다는 의미예요. 그리고 절세는 납부할 세금을 줄이는 것을 의미하고요. 예를 들어, 앞서 은행에서 예·적금을 하면 이자소득세 15.4%를 떼 간다고 하였죠? 그런데 ISA라는 계좌를 만들어서 예·적금을 가입하면, 여기서 발생하는 이자소득에 대해서는 비과세 혜택을 줘요. 즉 이자소득세를 떼 가지 않는 것이죠. 그 외에도 저축성 보험에 가입하고 10년을 유지하면 비과세 혜택을 주고요. 물론 아직 설명하지 않은 금융상품과 제도인데요. 핵심은, 비과세 혜택을 받기 위한 조건을 잘만 지킬 수 있다면, 내야 할 세금을 줄이는 세테크를 실천한다고 할 수 있습니다. 그 외에도 앞서 말한 소득공제, 세액공제를 통한 절세를 할 수도 있어요. 특히, 연말정산 과정에서는 소득, 소비, 재산, 부양가족 수, 주택 소유 여부 등에 따라 세금이 달라지는데요. 이를 잘 알고 적용한다면 남들보다 수십만 원은 더 아낄 수 있는 겁니다.

정말 세금만 잘 알면 남들과 똑같이 저축을 해도 수천만 원을 아낄 수가 있습니다. 수천만 원이 정말 그냥 하는 말이 아니라요. 진짜로 그만큼 차이가 발생하게 됩니다. 위에서 언급한 ISA는 3년 의무 가입 기간을 충족하면 최대 400만 원까지 비과세 혜택을 제공해요. 그렇다면 30년간 최대 4,000만 원까지 비과세 혜택을 받을 수 있는 거죠. 물론 단순 계산한 것이긴 하지만 재테크를 얼마나 관심을 갖고 실천하냐에 따라 달린 문제라 생각해요. 그래서 이렇게 강조를 하는 거고요.

사실 재테크와 세테크는 용어를 구분하는 게 의미가 없을 정도로 밀접한 관계에 있어요. 돈을 불리는 것도 중요하지만 돈을 지키는 것도 중요하다고 하였는데요. 이 돈을 지키는 핵심이 바로 세테크라고 할 수 있어요. 세금 얘기는 정말 할 게 많아요. 심지어 제2의 세금이라 불리는 건강보험료도 어떻게 하면 줄일 수 있을지 상황별로 사안별로 따져보고 그러거든요. 그러나 모든 일이 첫술에 배부를 수 없는 노릇이잖아요. 그리고 우리의 목적은 '세금 마스터'가 되는 게 아닌, 현실에서 실무적으로 어떻게 알짜배기의 세테크를 배울 수 있는지가 중요하니까요. 모든 걸 다 담지 못하더라도 최대한 활용할 수 있는 것들에 대해서, Part 3에서 자세히 다뤄 보도록 할게요.

세상에
나쁜 금융상품은 없다

〈세상에 나쁜 개는 없다〉라는 TV 프로그램이 있습니다. 반려견을 키우는 사람들은 저마다 여러 고충을 느끼곤 하는데요. 이를 해결하기 위해 반려견 전문가인 강형욱 소장이 직접 집에 방문하여 반려견의 문제점을 진단하고 교정을 해주는 프로그램입니다.

그런데 그 프로그램을 보면서 문득 한 가지 생각이 들었습니다. 과연 반려견들이 태생적으로 문제가 있었던 걸까요? 어쩌면 반려견을 제대로 키우지 못한 주인들의 잘못이 크진 않을까요?

여러 사례가 있는데, 그중 몇 가지를 들어보면 이렇습니다. 작은 원룸에서 살기에 스트레스를 받는 대형견, 어릴 적부터 잘못된 교육으로 인해 집착이 커진 강아지, 배변 교육이 안 되어서 집 안 위생 상태가 최악인 경우 등. 반려견의 훈육을 위해 가정을 방문했지만 오히려 드러나는 건 주인들의 잘못된 점들이었죠. 그래서 주인들의 훈육

방식을 교정하게 되는 다소 아이러니한(?) 상황이 연출되곤 합니다. 제목이 〈세상에 나쁜 개는 없다〉였지요? 부제를 짓는다면 '다만 주인이 잘못 가르쳤을 뿐이다'가 되지 않을까 싶습니다.

사실 금융상품도 이와 다르지 않습니다. 세상에 '나쁜 반려견'은 없듯이, 세상에 '나쁜 금융상품'이란 존재하지 않습니다. 사람마다 투자 성향이 다를 뿐만 아니라 재무 상황도 다릅니다. 심지어 시장 상황을 예상하는 의견도 저마다 다르지요. 무엇보다 사람은 비이성적인 존재기도 해서 잘못된 정보와 오해, 고집으로 비합리적인 의사결정을 내리기도 합니다. 즉, 정답은 없지만 저마다의 해답은 존재한다고 할 수 있습니다.

제가 문제를 하나 내 볼게요. 먼저 뉴스로 세상이 어떻게 돌아가고 있는지 한번 살펴보세요. 그리고 내 투자 성향과 지갑 사정을 모두 고려했을 때, 지금 당장 투자해야 한다면 가장 적합한 금융상품은 무엇이라 생각하시나요?

① 대한민국 3년물 국고채
② 시중 은행 1년 만기 정기예금
③ 코스피 우량회사 주식

④ 미국 기술주 펀드

정답은 뭘까요? 이미 맥락을 읽으신 분들이라면 아시겠지만 정답은 이번에도 없습니다. 다만 사람마다 상황마다 정답이 아닌 해답은 각자 있을 거예요. 누가 뭐래도 나는 은행에 돈을 맡기는 게 가장 안전하다고 생각해! 경제 상황 이런 거 모르겠고 정직하고 안전하게 돈을 벌고 싶은 분들은 정기예금을 선호할 거고, AI처럼 시대를 선도하는 기술에 관심이 많은 분이라면 관련된 주식으로 구성된 펀드를 선호할 거예요. 물론 많은 수익률을 기대하는 것만큼 위험을 감수할 수 있어야 하겠지만요. 어찌 됐든 금융상품 자체는 문제가 없습니다. 다만, 금융상품을 바라보는 사람과 상황이 달라질 뿐이죠.

3장에서는 여러 금융상품과 제도를 소개해 드릴 건데요. 여러분은 이제 각자 한 명의 셰프가 되실 거예요. 일품요리를 만들기 위해 각자 다양한 재료와 조리기법을 연구하듯이, 여러분만의 투자 포트폴리오를 만들기 위해 투자 성향이나 지갑 사정 등에 맞게 다양한 금융상품과 제도를 살펴보세요. 음식도 각자 선호하는 분야가 다르듯이, 재테크 역시 나한테 어울리는 전략을 만들어 가는 과정이라 생각하면 됩니다. 시장에 가서 장을 본다는 생각으로, 3장에선 다양한 재테크 재료들을 세심하게 훑어보셨으면 좋겠습니다.

그러나 3장에 모든 재료가 다 있지는 않습니다. 이 세상에 있는 모든 금융상품과 제도를 소개할 수도 있지만 그렇게 한다면 내용이 방대해지겠죠? 무엇보다 정말로 중요한 재료들을 놓칠 수도 있어요. 그래서 여러분, 특히 월급쟁이 직장인이라는 보편적인 상황에 맞게, 필요한 것들만 선별하였습니다. 요리 재료가 많다고 꼭 맛있는 요리가 나오진 않잖아요. 이것만 알아도 여러분은 충분한 재테크 전문가가 되실 거예요.

Part 3

돈 걱정 없는
내일을 위해

적금 이자도
돈이 되나요?

'시시포스 형벌'이란 그리스 신화를 아시나요? 인간 시시포스는 신들을 기만한 죄로 제우스의 분노를 사게 되어, 산 정상으로 바위를 밀어 올리는 형벌을 받게 됩니다. 한 번만 올리면 얼마나 쉬울까요. 바위가 정상에 도달하면 다시 아래로 굴러 떨어져서 처음부터 다시 밀어 올려야 합니다. 이 형벌이 얼마나 고통스러운 삶일지 가늠이 되지 않습니다. 끊임없이 반복되는 노동의 굴레에 속박되어 버린 것입니다. 이러한 시시포스의 형벌은 마치 인간의 삶과 같다고 비유가 되기도 합니다. 그러나 저는 이 시시포스의 형벌을 재테크 관점에서 해석하게 되더라고요. 마치 적금과도 비슷하다고 생각이 들거든요.

바위를 산 정상까지 올리는 것을 적금에 가입한 것이라고 보면, 매달 빠지지 않고 돈을 납부하듯 산 정상까지 내 원금을 모아서 돈을 굴립니다. 고생 끝에 결국 1년 만기가 도래하였습니다. 즉, 드디어 산

정상에 도달한 것이지요. 지난 1년간의 노고의 대가로 약속한 이자를 받으며 결실을 이루게 됩니다.

그런데 웬걸? 산 정상에 숨어 있던 어떤 것이 갑자기 바위를 산 아래로 밀어 버립니다. 1년 동안 고생해서 밀어 올린 내 바위를! 누군가 하고 봤더니 바로 '물가상승'입니다. 내가 받은 이자는 결국 물가상승으로 인해 가치가 떨어지게 되는 것이죠. 적금으로 돈을 모은다? 그 노력은 다시 물거품이 되어 버렸습니다.

돈을 모으겠다고 생각하신 많은 분이 택하는 가장 접근성 높은 금융상품이 바로 은행 적금인데, 사실 은행 적금은 돈을 모으는 방법이 아닙니다. 엄밀히 말하면 물가상승의 위험으로부터 나의 '구매력'을 지키는 방법이라고 할 수 있습니다. 왜냐하면 보통 물가상승률과 적금 이자가 비슷하다고 보시면 되기 때문인데요. 내가 노동을 통해 번 소득이 나도 모르는 새 증발하지 않도록 막아 주는 역할을 하는 것이죠.

적금 금리 5%? 금리가 높다고 현혹되지 마세요

사실 적금은 우리나라 국민 누구나 한 번쯤은 가입해 봤을 법한 가장 대중적인 금융상품입니다. 매월 일정 금액을 1년 단위로 납입하면 이자를 지급받는 상품이지요.

그런데 여러분 혹시 적금 금리에 대해서 잘 알고 계시나요? 인터넷을 켜고 포털사이트에 '적금'이라고 검색해 볼까요. 최고 금리 순으로 은행별로 상품의 금리를 확인할 수가 있습니다. 그런데 대략 보더라도 은행 적금 금리가 예금 금리보다 높습니다. 그렇다면 예금보다 적금에 가입하는 것이 유리할까요?

재테크를 처음 하시는 분들이라면 은행 적금에 대해서 더 명확히 아셔야 합니다. 적금 금리가 은행 예금 금리보다 높다는 환상을 깨야해요. 그렇다면 어떤 상품이 실제로 나에게 더 유용한지 알아보기 위해서는 무엇을 알아야 할까요?

우대금리 혜택 조건 확인하기

'높은 금리'라고 말은 하지만 그만큼의 이자를 받기 위해서는 우대 조건을 모두 만족해야 합니다. 똑같은 적금상품이라 하더라도, 사람마다 적용받는 이자율이 달라요. 은행은 "여기 있는 조건을 만족하면 이자를 더 붙여서 줄게!"라고 합니다. 어떤 조건이냐면, 대표적으로 급여통장을 같은 은행에서 활용하고 있는지, 혹은 급여통장의 계좌 잔액을 일정 금액 남겨 두어야 하는지, 그리고 은행에서 활용하는 개인정보 활용 또는 마케팅 활용에 동의했는지, 게다가 '오픈 뱅킹까지 등록하면 0.1% 더 줄게' 이런 식이죠. 정말 심한 경우는 모 은행에서는 '행운적금'이라고 해서 행운 번호 추첨 이벤트를 통해 우대금리 연 10%를 주겠다고 했습니다. 마치 행운복권과 같죠? 어떻게 보면 소비자 기만 같기도 한데, 이렇게 소비자들에게 특정 조건을 거는 것들에 대해서 알아야 합니다.

그렇기 때문에 바로 이렇게 혜택을 주는 우대금리를 내가 적용할 수 있는가를 살펴보는 게 바로 적금 재테크의 첫 번째라고 할 수 있습니다.

예금과 적금은 이자율 계산 방식이 다르다

5% 금리의 정기예금과 5% 금리의 정기적금, 두 상품의 차이점을 아시나요? '음, 일단 금리가 똑같다는 건 알겠고….' 이렇게 생각이 들었다면 땡! 처음부터 함정에 빠져 버렸는데요. 5%라고 써 있지만, 사실 적용받는 금리는 엄연히 다르답니다. 왜냐하면 예금과 적금은 이자율 계산 방식이 서로 다르기 때문이에요. (한 가지 팁을 주자면 금리는 다 연 단위 기준입니다.)

예금과 적금의 가장 큰 차이점은 바로 돈을 납부하는 방식에 있습니다. 먼저 은행 예금을 볼까요. 예금은 내 목돈을 나눠서 맡기지 않고, 한 번에 맡기는 방법인데요. 이를 재테크 용어로 '거치식'이라고 합니다. 목돈을 한 번에 '거치한다'라고 생각하면 쉬워요. 예를 들어 새해가 돼서 1년 만기 정기예금에 가입했다고 해볼게요. 그러면 1월 1일에 내 돈을 한 번에 맡기고, 12월 31일이 되면 한 번에 찾아가는 방식인 거죠.

반면, 은행 적금은 돈을 정기적으로 차곡차곡 적립하는 방법입니다. 이를 '적립식'이라고 하고요. 예금과 다르게 1월 1일에 납입하고, 2월 1일에 납입하고…, 이렇게 12월 1일까지 12번을 납입한 뒤 12월 31일에 한 번에 찾아가는 방식입니다. 즉, 한 번에 목돈을 맡기는지, 아니면 1년에 12번 나눠서 맡기는지의 차이가 거치식과 적립식의 차이라 할 수 있습니다.

그런데 문제는 거치식과 적립식은 수령하는 이자가 달라요. 결론부터 말하면 금리 5%의 예금이 5%의 적금보다 이자를 더 많이 받습니다. 그 이유는 뭘까요? 바로 돈을 맡긴 기간이 다르기 때문이에요. 내 돈을 오랫동안 많이 보관할수록 더 많은 이자를 주는 게 핵심입니다.

예금이자율 계산하는 법

먼저 예금부터 볼게요. 5% 금리의 1년 만기 정기예금에 가입한다고 해볼게요. 여기에 120만 원을 맡기면 얼마의 이자를 받을 수 있을까요? 1월 1일에 120만 원을 납입하고 12월 31일까지 유지하면 원금의 5%인 이자 6만 원을 받게 됩니다. 120만 원의 5%를 받을 수 있는 이유는 거치기간이 365일 중 365일이기 때문입니다.

즉, '120만 원×5%×1(365일/365일)=6만 원'인 거지요.

적금 이자율 계산하는 법

이번에는 5% 금리의 1년 만기 정기적금을 가입한다고 해볼게요. 120만 원을 한 번에 맡기지 않고, 매월 10만 원씩 총 120만 원을 나눠서 맡기는 방식인데, 총 얼마의 이자를 받을까요?

먼저 1월 1일에 납입한 10만 원은 1월 1일부터 12월 31일까지 총 365일을 거치하게 됩니다. 그러면 10만 원의 5%인 5,000원의 이자가 발생하게 됩니다.

그런데 2월부터는 좀 다릅니다. 2월 1일에 납입한 10만 원은 거치기간이 총 365일이 아니기 때문이죠. 2월 1일부터 12월 31일은 총 11개월인데요. 1월에 거치한 금액과 비교하면 1개월이 부족합니다. 즉, 1개월만큼의 이자를 덜 받게 되는 겁니다.

3월 1일에 납입한 10만 원도 같은 원리겠죠. 3월 1일부터 12월 31일까지 총 10개월만 이자를 납입합니다. 1월에 거치한 금액보다 2개월만큼의 이자를 덜 받게 되겠죠. 이처럼 매달 1개월씩 거치기간이 줄어들게 되는데요. 마지막 12월을 볼까요? 12월 1일부터 12월31일까지 이자를 딱 1개월만 납입합니다. 따라서 마지막 달에 맡긴 10만 원에 대한 실제 이자는 10만 원의 5%×(1/12개월)인 417원이 됩니다.

이 원리대로 표로 계산하면 다음과 같습니다.

1년간 매월 10만원씩 5% 적금에 가입하면 (단위 : 원)

구분	납입금	공시 이자율	이자적용기간	실제 적용 이자율	이자
1월	100,000		1~12월, 12개월	5.0%	5,000
2월	100,000		2~12월, 11개월	4.6%	4,583
3월	100,000		3~12월, 10개월	4.2%	4,167
4월	100,000			3.8%	3,750
5월	100,000			3.3%	3,333
6월	100,000	5%		2.9%	2,917
7월	100,000		...	2.5%	2,500
8월	100,000			2.1%	2,083
9월	100,000			1.7%	1,667
10월	100,000			1.3%	1,250
11월	100,000		11~12월, 2개월	0.8%	833
12월	100,000		12월, 1개월	0.4%	417
총계	1,200,000			2.70%	32,500

이렇게 이자를 매월 10만 원씩 총 120만 원을 납입하게 되면 32,500원의 이자를 수령하게 됩니다. 그렇다면 32,500원을 총 납입금액인 120만 원으로 나누면 어떻게 될까요? 2.70%가 나오게 됩니다. 즉 5%라고 공시했던 적금 금리와는 다르게 더욱 줄어든 이자율이 나오게 되지요.

이쯤 되면 아시겠죠? 보통 은행에서 공시하는 적금 이자율은 1년 단위 기준입니다. 따라서 예금처럼 '맡긴 금액×금리'의 단순 계산 방식으로 접근하면 안 되는 것입니다. 예금이 총납입금액을 1월에 전부 거치하는 방식이라고 한다면, 적금은 총납입금액을 12등분하여 매월 거치하는 방식이라고 할 수 있겠네요. 이처럼 예금 금리 5%는 그대로 원금에 금리를 곱해서 계산해도 되지만, 적금 금리는 그렇지 않다는 것을 보여 드렸습니다. 그러나 여기서 끝이 아닙니다.

또다시, 세금

마지막으로, 적금상품에 가입하기 전에 고려해야 할 부분은 바로 '세금'입니다.

우리나라에서는 이자로 벌어들인 소득에 대하여 '이자소득세'라는 명목으로 15.4%를 부과합니다. 즉 앞서 보았던 [1년 만기/매월

10만 원 납입/금리 5%인 적금상품의 실제 이자율인 약 2.7%는 세금을 적용하기 전인 '세전 이자'이기 때문에, 여기에서 다시 '이자소득세' 15.4%를 공제해야 합니다. 그렇다면 실제로 수령하는 이자는 2.29%가 나오게 됩니다.

적금상품		실제 적용 이자율		실제 수령 이자율
1년 만기 매월 10만 원 납입 **금리 5%**	⇒ 12개월 적립식 납입	**2.7%**	⇒ 이자소득세 15.4% 공제	**2.29%**

즉, 적금 금리 5%는 적립식 계산으로 연 2.7%로 줄어들고, 이자소득세를 공제하여 최종 2.29%가 나오게 되는 것입니다. 1년 만기 매월 정기적금의 경우 금리의 45.8%임을 알 수 있습니다. 실제로 절반보다 조금 덜 받는 정도라고 생각하면 쉽겠습니다.

소중한 목돈을
방치하고 있다면

떵동! 기다리고 기다리던 성과급이 들어왔습니다. 지난 1년간 고생해서 일한 대가. 정말 소중하죠? 당장에야 버킷리스트를 열어 내가 사고 싶었던 목록을 훑으면서 플렉스하고 싶지만, 그래도 뭔가 통장에 찍혀 있는 0의 개수를 보면서 소비는 한번 참아봅니다. 돈은 모을 때 행복이 누적되니까요.

그런데 갑작스레 생긴 이 목돈, 어떻게 굴려야 할까요? '당장 투자를 하려니 마땅히 마음 가는 곳도 없고, 그렇다고 1년 이상 저축하기엔 돈을 묶어두는 부담도 있고, 그래도 물가상승을 감안한다면 단기적으로 이자는 어느 정도 받아야 하는데….' 머리가 복잡합니다.

이런 분들의 고민을 해결하기 위한 방법이 바로 입출금이 자유로운 금융상품입니다. 목돈을 그냥 시중 은행 통장에 모아 두고 계신 분들 많으신데요. 시중 은행에 돈을 보관하는 것은 가장 돈을 안전하게 보관하는 방법이긴 합니다. 다만, 그 안정성만큼 금리가 0.1~0.2% 수준으로 매우 낮습니다. 물가상승이 내 통장을 갉아 먹고 있다는 걸 배웠다면 나의 소중한 목돈을 그대로 방치할 순 없겠죠? 단기적으로 자금을 어떻게 운용할 수 있을지, 지금 바로 알아보도록 하겠습니다.

예금 금리보다 높은 물가상승률?

'예금금리 오르면 뭐하나'··· 실질금리 2년째 마이너스 행진

19일 한국은행 및 통계청에 따르면 8월 예금은행의 저축성 수신금리(신규취급액 기준 가중평균 금리)는 연 2.98%로 나타났다.
...
문제는 물가상승률이다. 지난 8월 소비자물가는 작년 말보다 4.4% 상승했다. 이에 따라 8월 기준 저축성 수신금리(2.98%)에서 물가상승률(4.4%)을 뺀 실질금리는 -1.42%로 집계됐다. 은행에 예·적금을 새로 들었다면 물가상승분만큼도 이자를 받지 못해 실질적으로 손해를 봤다는 의미다.

〈연합뉴스〉, 2022년 10월 19일

2022년 10월 기사예요. 당시 고금리 시기가 도래하며 은행 이자율이 많이 올랐어요. 특히 주식, 부동산 등 자산 가격이 하락하면서 갈 곳 잃은 돈들이 방황하자, 금리가 높은 CMA, 파킹통장 등에 많이 모였지요. 그런데 단순히 찍혀 있는 '숫자'만 보고 좋다고 생각하면 안 돼요. 왜냐하면 앞서 말했듯이 '구매력'을 봐야 하거든요. 은행 예금 금리가 2.8%라고 하면 적당한 이자를 받으면서 돈을 불려 나간다고 생각할 수 있지만 이 시기에 소비자 물가상승률은 4.4%를 기록했어요. 즉 물가상승률은 4.4%인데, 은행에서 받는 금리는 2.8%이니, 실질적으로 −1.42%만큼 잃은 것과 다름이 없어요. 눈에 보이는 금리라는 숫자가 중요한 게 아니라는 점, 항상 염두에 두어야 해요.

증권사에도 통장이 있다고? CMA

통장=은행. 저는 여러분이 알고 있는 좁은 우물을 깨고 싶어요. 우리에게 익숙한 시중 은행에서 벗어나면 더 넓은 금융 생활이 보이거든요. 은행 말고 증권사에서 활용할 수 있는 통장이 있습니다. 바로 CMA입니다.

CMA는 Cash Management Account의 약자입니다. '종합 자산관리 계좌'라고 불리는데, 한국말은 좀 어려우니 일반적으로 활용하는

'CMA'로 계속 부르자고요.

CMA 통장의 장점을 정리하면 아래와 같아요.

① CMA는 이자를 매일 지급해줍니다. 보통 은행 예적금은 만기가 도래해야 원금과 이자를 돌려주는데, 이와 비교하면 좀 더 돈을 융통성 있게 관리할 수 있습니다. 그래서 CMA 통장을 매일 확인해보면 잔액이 달라져 있습니다. 예를 들어, CMA 통장의 금리가 연 3%라고 한다면, 오늘 CMA 계좌에 있는 잔액의 3% 이자 중, 하루 분량의 이자가 계산되어 지급됩니다. 그래서 다음날엔 조금이나마 더 늘어있는 계좌 잔액을 확인하실 수 있을 거예요.

그리고 입출금이 자유롭습니다. 장기적인 저축 계획이 아닌 잠시 쉬어갈 수 있는 통장, 언제든 금융상품을 갈아탈 준비를 하는 목돈을 관리하기에 적합한 것이지요. 그리고 급여이체, 인터넷뱅킹 등 은행 업무도 가능합니다. CMA 통장도 여러분의 급여이체 통장으로 활용할 수도 있고, 공과금 납부, 자동이체 등 인터넷뱅킹까지 활용이 가능합니다. 아직은 생소해서 그렇지, 익숙해지면 은행 통장과 별반 다를 바가 없습니다. 근래는 카드사와도 제휴하여 CMA 통장을 결제계좌로 한 카드 발급까지 이루어지고 있으니 잘만 쓰면 카드 혜택까지 얻을 수 있어요.

② CMA 통장은 무엇보다 주식, 펀드 등 다양한 금융상품을 투자하

기 위한 증권사 통장이에요. 당장 투자하지 않더라도 기회를 봐서 언제든 투자하겠다고 생각하시는 분들은 CMA 계좌를 활용하기에 딱 좋겠죠? CMA에 돈을 예치해서 이자를 하루 단위로 받으면서, 바로 주식매수까지 할 수 있기 때문에 금융상품 투자에 관심이 있으신 분들이라면 꼭 하나는 있어야 하는 통장이라고 할 수 있습니다.

하지만 항상 장점만 있는 건 아니겠죠? CMA 역시 단점이 있는데요.

① 먼저 CMA는 예금자보호법 적용 대상이 아닙니다. 내가 CMA에 맡긴 돈을 관리하는 증권사가 망하거나 투자를 잘못해서 문제가 생긴다면? 전액을 돌려받을 수 없을 수도 있겠죠. 다만 이런 경우는 상상하기 쉽지 않은 일이긴 하지만요.

② 또한 일반 은행보다 이체 수수료가 좀 더 비싼 편이긴 합니다. 다만 금융사별로 요구하는 일정 조건을 달성하면 수수료도 면제가 되는 경우가 있습니다. 이 역시 증권사별로 내게 어떤 CMA가 유리한지 보고 가입할 수 있습니다.

단점을 최소화하는 방향으로 CMA 통장을 운용할 수 있습니다.

예를 들어, 목돈이 생겼을 때 보관하기 위해 CMA 통장에 예치를 하는 것이죠. 갈 곳 잃은 돈의 임시 거처로서, 이자를 받으며 언제든 자유롭게 입출금이 가능하도록 활용하는 것입니다. 무엇보다 CMA

통장이 돈 모으는 재미가 쏠쏠한 이유는, 일 단위로 지급되는 이자를 보면서 '내가 저축을 잘하고 있구나' 체감하기에도 좋다는 것입니다.

	시중 은행 통장	CMA 통장
입출금	자유로움	
인터넷뱅킹	가능	
금리	0.1~0.2%	1~3%
이자 지급	분기	일
예금자보호법	적용	미적용

CMA는 사실 투자상품이에요

CMA를 은행 통장처럼 활용할 수 있다고 하였는데, CMA는 그럼 어떻게 더 높은 금리를 제공할 수 있을까요? 항상 금융상품은 위험-수익 관계를 따져 봐야 한다고 했죠. CMA 통장은 사실 투자상품이에요. 그렇기 때문에 은행 예적금보다 높은 금리를 제공해줄 수 있는 거예요. 우리가 CMA 통장에 돈을 맡기면, 증권사는 이 돈을 빌려서 투자합니다. 여기서 발생한 수익을 사전에 공시한 금리로 지급해 줍니다. 즉, CMA는 은행 통장 기능을 하는 투자상품이라고 할 수 있습니다.

CMA는 운용 방법에 따라 RP형, MMF형, MMW형, MMDA형, 발행어음형 등 여러 유형으로 나뉘는데요. 벌써 머리가 아프기 시작하죠? 복잡할 것 없이, 처음 CMA 통장을 만들면 보통 RP형으로 만들어 줘요. 그래서 RP형으로 운용한다고 생각하면 돼요. 요새는 앱을 통해서도 CMA 통장을 쉽게 만들 수 있기 때문에 금방 만들 수 있어요.

RP에 대해서 간략히 설명해드릴게요. RP란, Repurchase Agreement의 약자로, 환매조건부 채권이라는 뜻이에요. 말이 어렵죠? 풀어서 설명하면, 증권사에서 고객에게 채권을 팔고, 나중에 채권수익률보다 더 높은 수익률로 채권을 되사주겠다고 하는 거예요. 고객 입장에서는 더 비싸게 되사주니까 좋고, 증권사 입장에서는 채권을 유동적으로 활용할 수 있게 돼서 좋아요. 서로의 니즈가 맞는 상품인 것이죠.

즉, CMA-RP형에 돈을 맡기면, 우리는 자연스럽게 국채나 지방채 등 안전한 채권에 투자하게 되는 거라고 생각하면 쉬워요. 그 대가로 증권사에서 높은 수익률을 주는 것이고요.

일단 여러분이 알아야 할 것은 CMA 통장은 증권사에서 만들 수 있다는 점, 그리고 이 CMA 통장은 단기 금융상품에 투자해서 얻는 수익을 돌려 준다는 점이에요. 이것만 알아도 충분하거든요. 그리고 나서 한 단계 더 알아보고 싶다면 RP형만큼 많이 활용하는 MMF형, RP형보다 이자를 더 많이 주는 발행어음형 등 다른 유형의 CMA도 활용해 볼 수도 있을 거예요.

항상 첫 단계가 중요해요. 일단 CMA 계좌를 만들고 활용해보는 게 우선이겠죠? 가장 보편적인 RP형 CMA 계좌를 만들고 직접 입출금도 해보고, 쌓여가는 이자도 보면서 적응을 해보는 게 스텝 1입니다. 이후, 좀 더 높은 금리를 계획한다면 MMF형이나 발행어음형 등 다양한 CMA 유형을 통해 목돈을 활용할 수 있을 거예요.

어떻게 활용할까?
· 상여금, 비상금 등 목돈이 생겼을 경우.
· 일정 기간 돈을 묶어두고 싶지 않을 경우.
· 마땅한 투자처가 없어서 잠시 고민 중인 경우.

돈을 잠시 주차하고 가세요! 저축은행 파킹통장

은행 예·적금 금리가 높아지면서 가장 흥행했던 금융상품이 있습니다. 바로 파킹통장입니다. 파킹통장이란, 주차장에 잠시 주차하듯이 머물다 간다는 의미로써 사용되는 용어인데요. 시장에 '갈 곳 잃은 돈'이 넘쳐나게 됐을 때, 잠시 넣어 두고 갈 수 있는 적합한 재테크 방법 중 하나입니다.

사실 CMA도 넓은 의미에서 파킹통장이라 불릴 수 있지만, 보통 파킹통장이라고 하면 저축은행의 수시 입출금 통장을 대부분 떠올립니다. 왜냐하면 저축은행 파킹통장이 금리를 많이 주는 편이거든요. 그래서 파킹통장 하면 저축은행이 하나의 고유명사가 된 데 기여한 몫이 큽니다. (그래서 한동안 파킹통장에 밀려 CMA가 인기가 좀 시들해졌어요.)

CMA와 파킹통장 비교하기

	CMA	파킹통장
금융기관	증권사	저축은행
금리	1~3%	3~5%
수시입출금	O	O
이자지급일	일	월/분기
예금자보호법 대상	X	O

저축은행, 안전한가요?

신한, KB, 우리, 하나. 우리에게 꽤 친숙한 브랜드죠? 이 네 곳의 시중 은행은 우리나라 국민 누구나 하나쯤은 은행 계좌를 갖고 계실 거예요. 그만큼 안정성과 신뢰가 두터운 은행인데요. 그에 비해 저축은행은 다소 생소하실 거예요. 살면서 처음 들어본 저축은행 이름도 많고, 가끔 저축은행이 위험하다는 뉴스도 몇 번 본 것 같기도 합니다. 그래서 저축은행 파킹통장에 돈을 맡기는 것이 부담스러운 분들도 꽤 계실 텐데요. 기본적으로 저축은행은 시중 은행에 비해 예·적금 금리가 높을뿐더러, 대출 금리도 높습니다. 즉, 돈을 맡겨도 더 많은 이자를 주고, 빌릴 때도 더 많은 이자를 내야 하는 것이죠. 왜 그럴까요? 바로 신용도에 차이가 있어요.

시중 은행은 자산규모도 큰 만큼 안정성이 보장된 은행이에요. 그래서 보통 신용도가 높은 사람들에게 돈을 낮은 금리로 대출해줍니다. 반면 시중 은행에서 돈을 빌리고 싶지만, 신용도가 낮은 사람들은 빌릴 수가 없는데요. 이때 대출 금리를 높게 쳐서라도 돈을 빌려주는 곳이 바로 저축은행입니다. 그래서 대출 금리가 높은 만큼 예금 금리도 높게 줄 수 있는 것이죠. 이 역시 수익-위험의 관계입니다. 시중 은행은 대출 금리가 낮은 만큼 예금 금리도 낮은 대신 안정적으로 돈을 맡길 수 있는 반면, 저축은행은 대출 금리가 높은 만큼 예금 금리도 높은 것이죠. 그래서 비교적 시중 은행보다 안정성이 떨어지는 것이고요.

만약에 저축은행이 시중 은행과 금리가 같다면 어디를 선택할까요? 모든 사람이 시중 은행을 선택하겠죠. 그렇기 때문에 높은 예·적금 금리를 줄 수밖에 없습니다.

저축은행이 망하면 어떡하죠? 실제로 2011년에 저축은행 영업정지 사태가 발생하기도 했어요. 일부 저축은행이 부동산에 불법 대출을 통해 문제가 발생한 적이 있거든요. 만약에 내가 저축은행에 돈을 맡기고 망하면 돈을 못 받는 것 아닌가요?

그렇지 않습니다. 저축은행이 망하더라도 이를 보증해줄 수 있는 제도, 예금자보호법이 있기 때문입니다. 예금자보호법이란, 은행, 보험사, 증권사 등 금융회사에 예금한 돈을 보호하기 위한 제도입니다. 우리가 만약을 대비해 보험에 가입하듯이, 은행이 불상사를 대비해 가입하는 보험회사가 바로 예금보험공사인데요. 평소에 금융사들로부터 보험료를 받아서 기금으로 적립해두는 것이죠. 만약에 A 저축은행에 돈을 맡겼는데, 은행이 영업정지나 파산으로 인해 돌려받지 못하는 상황이 발생한다면? 예금보험공사에서 원금과 이자를 합하여 5,000만 원 한도 내에서 이 돈을 보장해 줍니다.

단, 모든 은행이 해당하는 것은 아니에요. 이름만 보고 판단을 내리면 안 되니 꼭 확인해보고 안전하게 저축 플랜을 짜면 됩니다.

예금자 보호제도 대상	예금자 보호제도 제외
일반적인 원금보장형 상품들이 해당. · 일반 예·적금, 저축성보험 등	대부분의 원금손실형 금융투자상품들이 해당. · 주식, 채권, 펀드 등 · 주택청약종합저축, 증권사 CMA, 변액보험 등 · 새마을금고, 신용협동조합, 농·수협 지역조합, 산림조합, 우체국 예금·보험 등

보험회사는 예금자보호법 대상이지만, 변액보험 같은 일부 상품

은 예금자보호법이 적용되지 않습니다. 앞서 언급한 CMA 통장 역시 마찬가지로 예금자 보호 대상에서 제외이기도 하지요. 반면, 우체국 예금·보험은 예금자보호법 대상이 아니지만, 국가에서 보증하도록 법으로 규정되어 있기도 합니다. 이처럼 금융기관과 금융상품에 따라 예금자 보호 대상인지 아닌지 다릅니다. 즉, 내가 가입하는 금융 상품이 안전한가는 가입하기 전에 꼭 꼼꼼히 따져 봐야 한다는 점! 잊지 마세요.

위 예시는 가장 대표적인 예시만 적어둔 것이니, 더욱 구체적인 확인이 필요하다면 예금보험공사 홈페이지 〉 예금자보호제도 〉 보호대상 〉 금융회사/금융상품에서 찾을 수 있습니다.

1개월짜리 예금도 있다고?

일반적으로 은행의 정기예금 상품의 만기는 짧으면 1년, 길면 3년 까지라고 보통 생각합니다. 그래서 예금은 만기가 길어서 단기간 운용하기에 부담을 느끼실 수 있어요. 그런데 1년 미만의 기간으로도 예금을 운용할 수 있어요. 보통 6개월, 3개월, 짧으면 1개월 단위의 정기예금 상품도 있습니다.

저축은행이 생소하고 CMA에 돈을 넣어두는 것도 당기지 않는다? 그렇다면 1개월 예금도 알아볼 수 있습니다.

기본금리	(2023.02.18기준. 세금공제 전)
계약기간	기본금리
1개월 이상 3개월 미만	연 3.00%
3개월 이상 6개월 미만	연 3.20%
6개월 이상 12개월 미만	연 3.50%
12개월 이상 24개월 미만	연 4.00%
24개월 이상 36개월 미만	연 4.00%
36개월	연 4.00%

한 은행의 거치기간 별 금리 예시표예요. 12개월 이상 24개월 미만 기준으로 연 4%를 제공하고 있습니다. 그런데 1개월~3개월 금리는 3%죠? 오랫동안 은행에 내 돈을 맡길수록 더욱 높은 금리를 제공한다고 볼 수 있어요.

단, 보통 은행에서 공시하는 금리는 연 단위 기준입니다. 예를 들어 3% 금리를 주는 예금상품이 있다고 하면, 1년 동안 거치해야 3%를 적용하는 것이고, 1개월이라면 3%를 12로 나눈 0.25%를 제공하는 겁니다. 단기간이더라도 내 목돈을 어떻게 운용해서 물가상승으로부터 빼앗기는 돈을 막을 수 있을지 잘 고민해 보아야 합니다.

보험료,
아까워하지 마세요

 '보험' 하면 상당히 부정적으로 받아들이는 분들이 꽤 있어요. 아무래도 보험설계사들의 적극적인 영업 때문에 진저리가 난 사람들이 많은 것 같더라고요. 사실 저도 느낀 적이 많이 있어요. 회사생활을 처음 시작하면서 내 개인정보가 어디서 팔린 건지, 정말 여러 군데서 연락이 오더라고요. 그래서 자동 반사처럼 '거절'을 달고 살았어요. 그러나 보험도 재테크 방법 중 한 가지임을 깨닫고 난 후 '막연한 거절이 답이 아니었구나' 생각하게 되었어요.

 보험은 우리 삶에 있어 필수라고 생각해요. 위험은 내가 무엇을 하는지 모르는 데서 온다고 해요. 우리가 보험을 잘 모르는 상태에서 권유받고 가입해서 문제지, 잘 알고 내게 맞는 상품에 가입할 수 있다면 위험 대비, 그리고 노후 대비로도 안성맞춤인 것이 바로 보험입니다.

보장성보험: 언젠간 내게도 위기는 찾아온다

보험과 도박의 공통점이 있어요. 바로 '사행성'이라는 특성을 갖는다는 것입니다. 보험과 도박 모두 미래에 발생할 우연한 사건에 의해 이익이 발생하는데, 다만 도박은 위험을 '감수'하고 요행을 바라는 데 목적이 있다면 보험은 위험을 '회피'하기 위한 목적이죠.

여러분은 살면서 치명적인 사고나 질병으로부터 한평생 안전할 수 있다고 생각하시나요? '그렇다'라고 대답할 수 있는 사람은 없을 거예요. 왜냐하면 이러한 일들은 예고 없이 우연하게 찾아오기 때문이죠. 평생 담배를 한 번도 피우지 않았는데 폐암에 걸리는 사람이 있는 반면, 하루에 한 갑 이상 담배를 피우고도 장수하는 사람이 있기 마련이거든요. 계획에 없던 위험으로 인해 내 삶을 흔드는 위험, 그 위험을 대비하는 것이 바로 보험의 본질입니다.

이러한 위험은 한번 찾아오면 우리의 일상을 앗아가게 됩니다. 치명적인 사고나 질병이 무서운 이유는 단순히 목숨을 위협하는 것뿐만 아니라 재정 상황에도 큰 위협을 하기 때문입니다. 즉, 보험도 재테크 관점에서 바라볼 수 있어야 하는데, 예를 들어 우리나라에서 발병률이 가장 높다는 위암에 걸렸다고 가정해 볼게요. 생명의 위협을 느끼는데 당연히 치료를 해야겠죠. 그런데 치료를 하려면 현실적으로 돈이 필요합니다. 입원하고, 수술하고, 항암치료제까지, 심지어 당분간은 스트레스를 받으면 안 돼서 바로 일터로 나갈 수도 없죠. 생활비가 빠듯해 질 겁니다. 즉, 건강을 잃어가면서도 열심히 일해서 꼬박꼬박 모아놨던 돈을 모두 써야 하는 상황이 도래하는 거죠. 결국 위험관리 없이 열심히 돈만 모으면 위험에 맞닥뜨렸을 때 그 노력이 날아가 버리게 됩니다.

그런데 이런 위험에 대한 대비가 필요 없는 사람이 있을 수도 있어요. 굳이 보험이 아니어도 삶에 큰 질병이나 사고가 찾아와도 대비가 되는 사람도 있을 테니까요. 그래서 보험이 좋다 나쁘다 판단하는 게 중요한 게 아닙니다. 일정한 비용(보험료)을 지불하고 위험을 분산(보험금 수령)하는 것이 내게 이익인가 따져 보는 것이 핵심이라 할 수 있습니다.

보험료가 아깝다는 생각이 든다면?

보험료가 아깝다는 생각이 드는 분도 있을 거예요. 그런 생각이 드는 가장 첫 번째 이유가 바로, 아직 보험의 필요성을 느낄 나이가 아니라서 그런 것입니다. 보험의 필요성은 나이가 들수록 더 강하게 느낄 수밖에 없습니다. 왜냐하면 나이가 많을수록 질병에 걸리기 쉽고 어느 정도 죽음에 더 가까워지기 때문이기도 하지요. 특히, 나이가 들어서 소위 한 번쯤은 들어봤을 병에 걸리고 나면 그때야 보험을 찾게 돼요. 그때는 기왕증(살아오면서 질병, 사고로 인한 외상 등 현재에 이르기까지의 병력)으로 인해 보험료가 비싸질 뿐만 아니라, 내가 원하는 보장을 받기도 힘들게 됩니다. 심지어 보험 가입이 거절될 수도 있지요.

그런데 애석하게도 보험은 일찍 가입할수록 쌉니다. '애석하게도'라고 표현한 이유는 막상 몸 건강한 젊은 시절에는 보험 가입에 대해 깊게 생각하지 않기 때문이에요. '당장 쓸 돈도 없고, 무엇보다도 지금 이렇게나 건강한데?'라는 생각이 더 크죠. 그러나 나이가 한 살 한 살 들수록 몸이 점점 망가짐을 느낌과 동시에, 지켜야 할 가족이 생기게 되면 생각이 바뀔 수 있습니다. 그래서 미래의 나를 통찰하는 사람일수록 위험에 대한 대비가 더 잘 되는 것입니다.

보험료가 아깝다는 생각이 드는 이유 두 번째는 본인의 재정 상황에 비해 과도하게 보험료를 납부하고 있기 때문입니다. 1,000만 원의 월급을 받는 사람이 10만 원의 보험료를 아까워 할까요? 소득 대비 1%의 비중이라면 부담되지 않는 수준이겠죠. 그런데 월급이 300인데 40만 원의 보험료를 내고 있으면 어떨까요? 꽤 부담되는 비중이라고 많이들 생각하실 겁니다.

보험에 가입하기에 앞서 본인의 월 소득과 임금 상승률, 보험료 납부 기간 등 전반적인 재정 상황을 고려해야 합니다. 보통 보험료는 월급의 5~10% 정도가 적정하다고 이야기합니다. 이 역시 생애 소득을 고려하며 비중을 잘 조절할 필요가 있습니다. 지금 월급이랑 20년 뒤 월급은 2배 정도 차이가 날 테니까요.

내겐 어떤 보험이 필요할까?

앞서 세상에 나쁜 금융상품은 없다고 하였는데, 보험 역시 납입 금액, 기간, 보장 범위 등에 따라 달라집니다. 보험상품을 가입하기에 앞서, 여러분이 고려해야 할 만한 것들을 핵심만 알려 드릴게요.

하나, 실비보험 가입은 필수

실비보험이란 실손보험이라고도 불리는데요. 정확한 명칭은 실손 의료보험입니다. 편의상 실비보험이라고 칭하겠습니다. 병원에 가서 진료를 받아보신 적이 다들 한 번씩은 있으실 거예요. 진료비 영수증을 받고 자세히 살펴보면 급여/비급여 항목, 본인/공단 부담금 등 용어들이 있어요. 정말 쉽게 설명하면, 우리가 병원에서 진료를 받았을 때, 건강보험공단에서 일정 부분을 부담해 줘요. 그리고 나머지는 우리가 직접 병원비를 부담해야 합니다.

실비보험은 건강보험공단에서 내 주지 않는 항목까지도 보장해 주는 보험을 말해요. 실비보험의 캣치프레이즈는 한 마디로 '치료한 만큼 보장받는다'라고 할 수 있는데요. 실제 청구된 의료비를 보장해 주기 때문입니다. 특히 실비보험은 일상생활에서 발생하는 크고 작은 사고나 질병에 대해서 보장을 해주기 때문에, 그 어떤 보험보다도 생활밀착형 보험이라고 할 수 있어요. 다른 보장성 보험은 필요성에 따라 가입해야겠지만, 실비보험만큼은 꼭 가입해야 해요.

실비보험은 중복 적용되지 않아요. 치료한 만큼 보장을 받을 뿐이니까요. 그래서 의료비 보장받는 금액은 똑같아요. 따라서 본인이 가입한 보험증권을 꼭 살펴보고 혹시라도 중복으로 가입되어 있다면 하나만 남겨두도록 할 필요가 있습니다. 요새는 어느 금융사 앱을 활용해도 모든 보험증권을 다 불러올 수 있어서 손쉽게 내가 가진 보험을 한 번에 확인해 볼 수 있습니다.

둘, 어떤 보험에 어떻게 가입할까?

①보장 범위 설정하기

우리가 일상에서 필요성을 느끼지 못해서 그렇지 보험 또한 종류가 매우 많습니다. '유퀴즈' 방송 프로그램에 출연했던 분 중에 인상 깊었던 분이 있어요. 광고계에서 손만 출연하는 '손 모델'이었어요. 단골 질문이 바로 손에 보험을 들었냐는 질문이라고 하더라고요. 알아봤으나 증빙자료부터 조건이 까다로워 가입은 안 했다고 하지만요. 비단 사람뿐만 아닌 애완견 보험까지 있죠. 국민의 4분의 1이 애완동물을 키우는 반려인이라고 하는데, 시대에 안성맞춤인 보험인 것 같습니다. 심지어 최근엔 '층간소음보험'까지 나왔다고 하니, 보험으로 못 만들 상품이 있을까 싶습니다. 이처럼 보험은 위험을 회피하고자 하는 인간의 심리를 활용한 금융상품이라 할 수 있어요.

만약 이 세상의 모든 위험에 대비할 수 있다면 얼마나 좋을까요? 어떤 사고나 질병이 발생하더라도 보험으로 방어할 수 있게 말이죠. 그런데 그러려면 수백 수천만 원이 필요할 거예요. 만약에 월급이 300만 원대인 사람이 보험료로만 300만 원을 낸다면? 그만큼 터무니없는 일이 또 있을까 싶죠. 그래서 보험은 통계적으로 접근해야 합니다. 인간이 살면서 가장 많이 위험에 처하는 것들로부터 대비를 하는 것이 바로 그 시작이지요.

보험사 입장에서는 남성과 여성이 확률적으로 몇 세까지 사는지, 몇 세부터 5대 성인 질병에 걸릴 확률이 높은지 등 다양한 가능성을 고려합니다.

2021년에 조사한 한국인의 사망원인 순위를 보면 폐렴이 3위지만, 실제 국내 폐렴 사망자의 98%가 60세 이상인 걸 감안하면 3대 사망원인은 암, 뇌, 심장에서 기인한다고 할 수 있습니다. 그래서 보통 이 세 가지를 3대 질병이라고 하고 많은 사람이 보장 항목에 포함하고 있어요.

② 단계별로 보장받기

특정 질병에 걸렸다 해도 단계별로 보장이 달라요. 가장 먼저 진단금 보장입니다. 별다른 조건 없이 병원에서 암에 걸렸다고 진단만 받으면 바로 보험금을 받을 수 있는 보장입니다. 그런데 이러한 질병은 수술까지 동반할 수도 있어요. 1회로 끝날 수도 있지만 재발로 이어지기도 합니다. 이때 필요한 것이 바로 수술비 보장입니다. 또한 수술을 받게 되면 바로 퇴원하는 게 아니라 입원을 하기도 하죠. 이때 필요한 보장이 입원비 보장입니다. 그리고 마지막으로 퇴원하고 곧바로 일상으로 돌아가면 좋지만 누군가의 도움이 계속 필요할 수도 있어요. 이때 필요한 게 간병비 보장입니다.

즉 진단, 수술, 입원, 간병까지 단계별로도 보장을 어떻게 설계하느냐에 따라 달라져요.

③ 보장 정도 설정하기

단계별로 필요한 보장을 확인하였다면, 그다음은 보장별로 보험금을 얼마로 설정하는지가 중요해요. 예를 들어, 암에 대해서 진단비를 보장 항목에 넣었다고 해볼게요. 암을 진단받으면 1천만 원을 받을지, 3천만 원을 받을지에 따라 보험료가 달라지게 됩니다. 이 역시 개인마다 필요한 보험금이 다를 테고요.

[TIP]

갱신형 vs 비갱신형

보험상품을 보다 보면 20년 납 60세 만기, 이런 말을 한 번쯤은 들어보셨을 거예요. 말 그대로 20년 동안 보험료를 납부하면 60세까지 보장해 주겠다는 뜻입니다. 그런데 61세가 되면 어떻게 될까요? 또 다시 보장을 받기 위해서는 보험을 갱신해야 합니다. 반면 20년 납 100세 만기는 어떤가요? 100세 시대라 불리는 요즘, 죽을 때까지 보장받을 수 있겠지요. 이처럼 앞서 보험 갱신이 필요한 상품을 갱신형, 갱신이 필요하지 않은 상품을 비갱신형이라고 일컫습니다. 가격만 놓고 보면 갱신형이 더 저렴하지만, 갱신할 때마다 가격이 올라 훗날 비갱신형보다 더 비싸게 가입하게 될 수도 있어요. 그래서 납입한 보험료 총액이 비갱신이 더 저렴해질 수도 있어요. 그래서 안정적인 소득이 있는 젊은 직장인이라면 비갱신형을 기반으로 가입하되, 부족한 담보는 갱신형으로 가입하는 것이 좋습니다.

저축성보험, 보장 대신 저축

앞서 보장성보험과 저축성보험 두 가지로 나뉜다고 설명해 드렸죠. 지금까지 위험을 분산시키기 위한 보장성보험의 필요성에 대해 설명했어요. 이번 장에서는 저축성보험에 대해 알아보고자 합니다. 저축성보험은 크게 연금보험과 저축보험으로 나뉘어요. 목돈 마련을 하고자 한다면 저축보험을, 노후 대비를 위한 연금으로 활용하고자 한다면 연금보험이 적합해요. 본 파트에서는 연금보험을 중심으로 알아보도록 할게요.

연금보험

연금보험은 은퇴 후 미래를 대비하기 위한 금융상품입니다. 그래서 가입 기간이 길고 혜택을 보기까지 정말 오래 기다려야 하는 보험이에요.

연금보험은 크게 납입 〉 거치 〉 수령 3단계로 나눠서 볼 수 있어요. 보통 30세 기준으로 연금보험에 가입한다면, 10년 또는 20년 정도 납입합니다. 그리고 40~50세가 되었을 때 바로 수령하는 게 아니라 일정 기간 거치기간을 갖습니다. 앞서 은행 상품에서 '거치식' 기억하시죠? 돈을 일정 기간 거치하여 복리로 돈을 불리는 기간인 것이죠. 연금 수령 전까지가 바로 거치 단계라 할 수 있어요.

연금은 은퇴 후 근로소득을 대체하는 용도로 활용하게 됩니다. 그리고 납입한 금액에 따라 죽을 때까지 평생 수령할 수 있습니다. 이게 바로 연금보험의 핵심이라 할 수 있어요. 죽기 전까지 일정한 소득을 보장하기 위해 젊을 때 재원을 마련하는 것이죠. 따라서 연금보험 가입을 앞두고 있다면 정말 은퇴 후의 소득 수준을 미리 잘 설계해 볼 필요가 있습니다. 특히 본인이 수령하게 될 국민연금이나 다른 연금재원과 함께 월 소득을 얼마로 만들어 놓을지 고민하는 것이 필요하지요.

운용하는 방법에 따라 달라요

연금보험은 크게 두 가지로 구분할 수 있어요. 바로 금리형 연금보험(이하 '연금보험')과 투자형 연금보험(이하 '변액연금')입니다.

	연금보험	변액연금
가입 목적	은퇴 후 미래 대비	
특징	연금 개시 후 사망 시까지 연금 지급 (종신형)	
운용 방식	금리형	투자형
투자 성향	안정적	공격적
원금손실 가능성	없음	있음
예금자보호	적용	미적용

금리형 연금보험 즉, 연금보험은 말 그대로 금리에 따라 운용하는 방식인데요. 은행 적금이라 생각하면 쉬워요. 은행 적금도 시중 금리에 따라 이자율이 변동되죠? 보험사 금리인 공시이율에 따라 보험료를 적립하는 방식이에요. 보통 공시이율은 시중 금리보다 조금 더 높은 편이에요.

반면, 투자형 연금보험, 즉 변액연금은 적립금을 공시이율이 아닌, 주식이나 채권 등에 투자를 하는 상품이에요. 주식, 채권가격이 매일 변하듯이, 적립금 규모가 매일 변동합니다. 잘만 투자하면 큰 수익률을 기대할 수 있겠죠. 다만 반대로 투자 자산의 수익률이 안 좋으면 손실이 날 수도 있고요. 이처럼 적립금액이 변한다고 해서 변액연금이라고 합니다.

즉 보험사의 연금보험은 크게 공시이율에 따를지, 투자를 통한 수익을 기대하는지에 따라 연금보험과 변액연금으로 나뉘는 것이죠.

[TIP] 연금보험 가입 전, 꼭! 확인해야 할 내용

공시이율과 최저보증이율

은행 예·적금에 가입할 때 은행 시중 금리를 적용하듯이, 보험회사도 보험 금리가 있는데, 바로 공시이율이라고 합니다. 공시이율 보험개발원이란 곳에서 공표하고, 이를 기반으로 보험사가 보험상품에 적용한다고 보면 돼요. 은행 예·적금도 높은 금리를 주는 상품을 찾듯이, 연금보험 상품도 높은 공시이율을 반영한 상품을 찾는 것이 유리합니다. 물론 우리나라 기준금리가 오르내리면서 공시이율 역시 따라 변합니다.

그리고 또 하나, 최저보증이율이란 게 있어요. 기준금리가 아무리 내려가도 보험사에서 최소 이 정도의 금리는 보장해 주겠다고 정하는 게 바로 최저보증이율이에요. 예를 들어 한국은행에서 기준금리를 정하죠. 기준금리가 내려가면 공시이율도 그만큼 낮아져요. 만약에 내가 가입한 연금보험의 최저보증이율이 2%라면, 기준금리가 아무리 내려가도 그 이하로는 내려가지 않아요. 보험 금리의 안전장치인 셈이죠. 역시 최저보증이율이 높은 상품이 좋은 상품이겠죠.

8090년도 시중 금리가 10%가 넘나드는 고금리 시기에는 최저보증이율이 5%가 넘는 상품도 있었어요. 그걸 지금까지 유지하고 있었다면 정말 돈 나오는 요술 항아리일 거예요. 요새는 그만큼 주는 상품을 찾기 힘들지만요. 금융상품은 시기에 따라 상품구조가 다르기 때문에 연금보험 가입 전에 이런 최저보증이율을 꼭 확인해야 합니다.

사업비와 해지환급금

공시이율은 보통 은행 시중 금리보다 높게 책정이 되는데요. 그러면, 은행보다 보험사에서 저축하는 게 더 좋겠다고 단순히 생각하면 안 됩니다. 왜냐하면 보험상품은 상품을 운용하기 위해 드는 비용인 사업비라는 게 있기 때문이에요. 사업비는 악명이 높습니다. 왜냐하면 너무 많이 떼 가거든요. 보통 보험상품 특성상 가입 초반에 사업비를 많이 떼 가고, 그 이후부터는 매우 낮아집니다.

특히 보험상품의 가장 큰 한계점이 바로 해지환급금이 낮다는 점인데요. 해지환급금이란 보험 만기가 도래하기 전에 상품을 해지할 때 주는 돈을 말해요. 가입기간 초반에 해지할 경우 환급받는 금액이 원금보다 적을 수 있어요. 보통 연금보험은 1년 뒤에 해지할 경우 원금의 95% 수준을 돌려주고, 5년 차가 돼서야 보통 100%만큼 환급받을 수 있어요. (물론 상품에 따라 다를 수 있습니다.) 사실 5년 뒤 원금도 물가상승을 감안하면 손해라고 할 수 있지요. 따라서 보험은 중도에 해지하지 않아야 이익입니다. 그래서 보험 가입은 항상 신중히 가입해야 합니다.

연금 상품은 10년짜리 상품이 아니다

이따금 보험사 연금 상품에 잘못 가입했다고 불만을 내보이는 사람들을 마주하곤 합니다. 10년 정도 납입했는데 수익률이 처참하다는 겁니다. 그 기간에 차라리 펀드에 가입했다면 수익률이 더 나았을 거라는 것이죠. 그도 그럴 수밖에 없는 게, 보험사의 높은 사업비가 너무 극악하기 때문이에요. 그래서 실제로 변액연금에서 운용하는 상품에서 수익이 발생하더라도, 고객 입장에서는 사업비 차감 때문에 손실이 나는 결과가 발생하기도 합니다.

그러면 이런 상품에 왜 가입하나 싶으실 거예요. 제가 세상에 나쁜 금융상품은 없다고 했죠. 연금보험은 10년을 보고 가입하는 게 아닌,

은퇴 후 미래를 보고 가입하는 상품이에요. 연금보험은 말 그대로 연금이에요. 지금 당장 사용하는 게 목적이 아닌, 은퇴 후 미래에 사용할 재원으로 적립한다는 개념으로 접근해야 합니다. 그래서 10년 정도 됐는데 수익률이 낮다고 말하는 건, 사실 연금보험의 본질에서 벗어난 질문과도 같죠. 연금 상품은 10년 정도의 투자 기간으로는 절대 적합하지 않은 상품이기 때문입니다.

보험과 도박의 공통점이 바로 사행성이라고 했죠. 연금보험의 사행성은 바로 내가 얼마나 오래 사는가에 달려 있습니다. 왜냐하면 연금보험은 내가 오래 살면 살수록 이득이거든요. 연금보험의 가장 큰 장점은 내가 죽을 때까지 연금이 계속 나온다는 겁니다. 바로 이 특성이 당장 수익률은 좋지 않아도 연금보험에 가입하는 이유이기도 하고요. 100세를 기대하고 목돈을 마련하고 다 소진하더라도, 연금보험이 있으면 100세 이후 120세까지도 보장이 되는 겁니다.

연금보험은 보통 10년이 지나면 사업비 차감이 확 줄어듭니다. 이때부턴 사업비가 없으니 장기 복리 저축이 된다고 볼 수 있죠. 연금보험은 10년 이후부터가 시작이니, 장기적인 관점에서 미래를 대비하겠다는 마음으로 접근해야 합니다. 그렇기 때문에 너무 과도한 금액으로 시작해선 안 됩니다.

보험 가입 시 추가납입은 필수

보험상품에 가입하는 것을 보통 청약한다고 표현해요. 청약을 하면서 매월 꾸준하게 납부할 보험료를 정해야 하는데, 이를 기본보험료라고 합니다. 그런데 기본보험료에 더해 추가로 더 납입할 수 있어요. 이를 '추가납입'한다고 표현합니다. 말 그대로 기본보험료에 추가로 납부한다는 뜻이에요. 그런데 이 추가납입, 정말 중요한데요. 연금보험을 가입하는 분들이라면 꼭 추가납입을 활용해서 재테크 플랜을 짜야 합니다.

추가납입은 기본보험료의 2배까지 가능합니다. 예를 들어, 연금보험에 가입하면서 기본보험료를 30만 원으로 청약했다고 하면, 매월 꾸준하게 30만 원씩 납입해야 합니다. 그런데 만약에 추가납입을 활용하면 이렇게 납부할 수도 있어요. 기본보험료 10만 원+추가납입 20만 원. 즉, 30만 원의 연금보험 납부를 고려할 경우 납부 방법은 두 가지로 나누어 생각할 수 있는 거죠. 기본보험료로 30만 원을 납부하거나 기본보험료 10만 원과 추가납입 20만 원으로 나누어 납부하는 방법.

한 가지 의문이 들죠? 어차피 납부하는 금액은 30만 원으로 동일한데, 왜 군이 귀찮게 추가납입을 하는지. 왜냐하면, 그렇게 해야 여러분의 돈을 더욱 효과적으로 지킬 수 있거든요.

그 이유는, 기본보험료와 추가납입에 드는 사업비가 다르기 때문이에요. 추가납입하는 금액의 사업비가 기본보험료보다 더 적어요. 그러면 똑같은 30만 원을 납부하더라도 사업비를 덜 때 가는 추가납입을 최대한 활용한다면, 내 보험료 적립금을 더 많이 쌓을 수 있겠죠? 또한 중도 해지 시 환급받는 금액도 큰 차이가 발생합니다. 물론 보험상품 특성상 꾸준히 오랫동안 납부해야 하겠지만, 언제 어떻게 해지할지 모르잖아요. 사람 일은 항상 대비가 되어 있어야 하니까요.

두 번째 이유는 바로 정기 납입에 대한 부담이 줄어든다는 점입니다. 연금보험의 경우 짧으면 3년, 길면 20년까지 매월 꾸준히 납입해야 해요. 직장인같이 매월 꾸준한 소득이 보장되면 그나마 괜찮지만, 소득에 변동이 큰 자영업자 같은 분들이라면 보험금을 유지하기 어려울 수 있습니다. 혹은 일정 기간 큰 목돈이 필요한 일이 생겼을 때, 정기 납입 금액을 줄이고 싶은 마음이 들 수밖에 없겠죠. 이럴 때 추가납입이 큰 도움이 됩니다.

예를 들어, 매월 30만 원씩 연금보험을 납입하는데 기본보험료 30만 원을 낸다고 해볼게요. 보험료 납부를 당장은 조절하고 싶지만 어렵습니다. (보험료 납입 정지 등의 기능이 있지만 제한이 많기 때문이에요.) 그런데 만약 기본보험료 10만 원, 추가납입 20만 원을 내면 어떨까요? 매월 30만 원 내던 금액을 10만 원으로 줄일 수 있습니다. 왜냐하면 추가납입은 납입 의무가 없기 때문입니다. 즉, 추가납입을 통해 20만 원은 더욱 유연하게 활용할 수가 있게 되는 겁니다. 장기 납입은 처음의 의지와는 다르게, 유지하는 게 힘들어지는 경우가 많습니다. 보험은 아시다시피 장기상품이기 때문에 단기에 해지하면 손실이 크죠. 이를 보완해 주는 안전장치가 바로 추가납입이라 할 수 있습니다.

그래서 보험 청약 시 기본보험료 세팅이 매우 중요해요. 지금 소득 수준에서는 30만 원이 적당하다고 생각해서 기본보험료 10만 원에 추가납입 20만 원을 할 수도 있지만, 나중에 월급이 오르고 납입 여력이 증가했을 때 30만 원 이상 납입이 불가합니다. 그땐 새로운 연금보험을 가입해야 하는데, 애초에 기본보험료 30만 원을 납부했다면 추가납입 금액은 사업비를 덜 떼고 납입할 수 있으니까요. 생애 소득을 고려하며 이렇게 연금 설계도 추가납입을 통해 입체적으로 할 수 있다는 점, 잘 활용하시길 바라요.

주식은
패가망신의 지름길?

주식투자에 대한 부정적 인식

주식투자, 딱 이 말만 들었을 때 어떤 느낌을 받았나요? 아마 긍정적인 느낌보다 부정적인 느낌을 받은 분들이 더 많을 거예요. 왜냐구요? 우리나라에서는 주식투자에 대한 이미지가 좋지 않기 때문이죠. 실제로 주식투자를 잘못해서 패가망신했다는 말을 많이 들어보셨을 거예요. 특히 드라마나 예능에서도 주식투자에 실패했다는 소재가 종종 쓰이면서 주식투자를 일종의 금기시하는 문화 형성에 일조했다고 생각합니다.

그런데 사실 주식투자에 대한 부정적인 인식이 괜히 생긴 게 아니에요. 실제로 우리나라 사람들의 투자 행태를 보면 가히 무섭습니다.

여러분 혹시 가상자산에 투자해 보신 적 있나요? 지난 2017년 말에 가격이 급격하게 상승하며 광풍이 불었던 적이 있었죠. 당시 해외 투자자들과 우리나라 투자자들을 구분하는 용어 하나가 탄생하였는데, 바로 '김프'입니다.

김프란 김치 프리미엄의 준말로, 한국의 가상자산 거래소에서 거래되는 코인 가격이 해외 거래소에 비해 시세가 더 높은 현상을 나타내는 말입니다. 단지 거래되는 장소만 달랐을 뿐인데, 가격 차이가 50%나 발생했어요. 누구나 어디서든 사고팔 수 있는 코인인데, 단지 한국에서 거래하기 때문에 가격이 50%나 비싸다니, 투자 과열 현상이 엄청났다고 할 수 있죠.

혹시, 2021년도에 투자를 해보셨나요? 그렇지 않다면 뉴스로라도 많이 접해 보셨을 텐데요. 이때는 가상자산뿐만 아니라 주식이나 부동산 등 모든 자산 가격이 폭등했었어요. 아마 이 시기에는 투자를 안 해본 사람을 찾기 힘들 정도로 너도나도 투자 열풍이 불었는데, 이때 또 하나의 용어가 탄생합니다. 바로 '영끌족'입니다.

당시 초저금리 시기가 도래하면서 전 세계적으로 돈의 공급이 넘쳐나게 되었어요. 그러자 대출받기 쉬워지고 대출금리도 매우 낮았죠. 그러자 너도나도 대출을 받아 투자하기 시작하면서 주식, 부동산 등 자산 가격이 모두 오르기 시작했어요. 누구나 투자를 하면 돈을 벌던 시기였던 터라, 빚에 대한 무서움이 없었죠. 오히려 FOMOFear Of Missing Out(나만 이 기회를 놓치는 것 아닌가 하는 공포)현상이 만연하면서 투자를 안 하면 뒤처진다는 생각까지 다들 갖게 됐어요.

한마디로 투자 실패담이 없던 시기. 지금 와서 생각해 보면 말이 되나 싶어요. 결국 사람들은 소위 영혼까지 끌어모아 주식을 사고 부동산을 사고 가상자산에 투자하였습니다. 그런데 이러한 기쁨이 오래갔으면 얼마나 좋았을까요. 넘치는 돈 파티는 그리 오래가지 않았습니다. 채 1년도 되지 않아 자산 가격이 폭락하였고, 무리하게 대출을 받았던 영끌족은 사회 문제로까지 넘어가게 되었죠. 이제 투자 대신 '무지출 챌린지'같은 것들이 유행하며 투자 광풍은 사그라들게 되었습니다.

투자 광풍과 사회적 문제 등 주식투자는 해선 안 될 것처럼 얘기한 듯 보이나요? 주식으로 눈물 흘린 사람들만 생각하면 주식투자는 부정적으로 보일 수밖에 없어요. 앞에서도 말했지만 세상에 나쁜 금융 상품은 없다, 다만 나쁘게 투자하는 사람만 있을 뿐이라고 말할 수 있어요. 그럼에도 불구하고 투자는 계속되어야 합니다. 보통 주식이든 부동산이든, 상승과 하락이 반복된다고 하잖아요. 하락이 더 있을지, 아니면 이제 마지막인지 그 누구도 알 수 없지만 우리는 투자를 단기간에 돈 벌려고 하는 게 아니라 한평생 해나갈 것이기 때문에 개의치 않아야 해요. 그리고 여전히 이 시장에는 돈을 벌 수 있는 기회가 많기도 하고요. 투자의 꽃, 주식에 대해서 얘기해 볼게요.

주식투자는 전문가의 영역이다?

주식투자는 전문가의 영역이라 생각하는 분들이 있습니다. 내가 주식투자에서 돈을 잃는 이유는 전문가들보다 지식이 부족해서라고 생각하기 때문입니다. 그런데 재밌는 점은, 주식은 많이 안다고 해서 더 많은 수익률을 보장하지 않는다는 것입니다. 참 아이러니하죠? 소위 전문가라고 하는 사람들 보세요. 업계에 날고 긴다고 하는 사람들도 매번 예측이 빗나갑니다. 유명한 일화가 많죠.

예전에 월스트리트저널에서 투자 대회를 개최했는데, 원숭이 1마리와 펀드매니저 4명, 일반 투자자 4명이 참가했다고 해요. 누가 수익률이 가장 높았을까요? 상식적으로 펀드매니저가 1등일 것 같은데, 원숭이가 1등을 했다고 해요. 심지어 다트를 던져서 종목을 찍었다고 하니 이게 말이 되나 싶지만 참 투자시장이 그렇습니다. 노력과 비례하지 않는 가혹한 전쟁터입니다.

이런 일화를 보고, 투자할 땐 아무런 공부를 하지 않아도 된다고 생각하시는 건 아니죠? 앞에 든 예시는 그만큼 투자가 전문가의 예측대로 흘러가지 않음을 말해 줄 뿐입니다. 투자는 당연히 지식도 중요합니다. 그리고 또 뭐가 중요한가 생각해 보면 손실이 발생했을 때 이걸 감내할 수 있을 만한 마인드도 갖춰야 하고, 심지어 운도 매우 중요합니다. 모 영화에서 나오는 '운칠기삼'까진 아니어도 실제로 주가는 내 의지나 지식과는 관계없는 호재나 악재로 가격이 바뀌기 일쑤거든요. 이러다 사주까지 봐야 하는 거 아닌가 모르겠어요. 이 모든 걸 아울러야 비로소 돈을 벌 수 있는 투자는, 일종의 종합예술이라고 할 수 있겠어요.

주식이 뭔데?

주식투자를 하는데, 주식이 뭔지는 알고 가야겠죠? 주식은 쉽게 말해 회사에 대한 소유권을 말해요. 예를 들어, A 회사의 주식이 100주가 있다고 해볼게요. 그런데 만약 제가 1주를 갖고 있다면, 저는 이 기업을 분할해 1%만큼 갖고 있다는 뜻이에요. 즉, 내가 소유하고 있는 지분만큼 "내 회사야."라고 말할 수 있는 것이죠. 누군가는 이렇게 표현하더라고요. 주식을 산다는 건, 내가 가진 돈으로 회사에게 돈 벌어오라고 시킨 것이라고요. 그러니까 여러분도 직접 사업을 차리고 싶다면 창업을, 누군가에게 사업을 시키고 싶다면 주식을 사면 돼요.

주식으로 돈을 버는 방법은 크게 두 가지예요. 먼저 회사가 비즈니스를 잘 운영해서 돈을 벌어오는 거예요. 당연히 쓰는 돈보다 버는 돈이 많아야겠죠? 직원들 월급도 주고 사무실 임대료도 내고 거래처에 외상값도 갚아야 합니다. 그리고 남은 돈 중에서 일부는 다음 사업을 위해 재투자하거나 현금으로 남겨 두어야 하고요. 그러고 나서도 돈이 남는다? 바로 회사 주인에게 돌아가는데 이를 배당이라고 합니다. 배당은 아무나 받는 게 아니라 회사의 주인, 즉 주주만이 받을 수 있는 권리인 셈이죠.

일반적으로 배당은 회사의 지분만큼 받아요. 예를 들어, 회사가 100만 원을 배당하기로 결정했다고 해볼게요. 내가 5%의 회사 지분을 갖고 있다면 5만 원을 받는 셈이죠. 지분만큼 정직하죠? 그래서 민주주의가 '1인 1표'의 원칙이라고 한다면, 자본주의는 '1원 1표'의 원칙이라고 말하기도 해요. 그런데 보통 배당을 회사가 주주들에게 베푸는 거라 생각하는 사람들이 많은데, 그도 그럴만한 게, 우리나라 주식 배당률이 전 세계 주요 국가와 비교했을 때 낮기 때문이에요. 그래서 우리나라 회사들이 주주들을 무시한다며 불만이 많기도 해요. 다시 한번 강조하지만 회사의 주인은 주주고, 배당은 주주들의 당연한 권리입니다!

주식으로 돈을 버는 두 번째 방법은, 바로 시세차익이에요. 쉽게 말하면 주식을 싸게 사서 비싸게 팔기. 사실 시세차익을 내는 방법은 정말 다양해요. 1~2분 단위로 샀다 팔았다 하며 돈을 버는 사람도 있고, 과거 시세 그래프를 분석해서 앞으로는 이 방향으로 갈 것을 예측하며 투자하는 사람도 있어요. 투자는 참 결과론적이라, 누군가가 돈을 벌었다면 그 방법이 참 맞는다고 할 수밖에요. 잃으면 잘못된 방법이고요. 참 냉혹한 시장이죠?

그런데 진짜 장기적인 관점에서 본다면, 주식투자의 핵심은 저평가된 기업 혹은 성장 가능성이 유망한 기업을 찾는 거예요. 즉, 한마디로 가치투자라고 하죠. 지금 구글, 애플, 아마존, 테슬라 등을 모르는 사람은 없을 테지만 이 기업들이 처음 설립됐을 때부터 유망했을까요? 누구도 보장하지 못했죠. 실제로 수많은 스타트업이 대부분 망하니까요. 이 회사가 향후 엄청나게 성장할 거란 판단은 공부를 많이 한다고 되는 문제는 확실히 아닌 것 같아요. 그래서 투자가 어려운 거고요. 결국, 아무도 관심이 없을 때 주식을 사서, 많은 사람의 관심을 받을 때 파는 것, 이게 바로 주식투자의 핵심이라 할 수 있어요.

여러분도 다양한 주식투자의 방법론을 익힐 수 있겠지만 항상 투자의 기본은 가치투자라는 초점에 맞추길 바라요. 우리는 전업투자자가 아닌 직장인 투자자들이니까요.

나도 주식을 좀 사볼까?

꽃시장에서 꽃을 사듯 주식도 주식시장에서 살 수 있어요. 우리나라의 대표적인 주식시장이 바로 코스피KOSPI 시장이에요. 삼성, 현대, SK 등 대부분 사람이 알 만한 기업들이 상장한 증권시장이 바로 코스피예요. 사실 그 외에도 중소, 벤처기업들을 위한 코스닥KOSDAQ 시장, 코넥스KONEX 시장도 있고, 상장하지 못한 기업들의 주식이 거래되는 K-OTC 시장이 있어요. 그런데 사실 우리는 코스피 시장 하나만 알아도 충분해요. 왜냐하면 우리가 아는 대부분 기업은 코스피 시장에서 거래되거든요. 그 언젠가 여러분이 투자의 맛을 깨닫고 시장의 저변을 넓히고 싶다면 도전해 볼 다음 단계는 바로 코스닥 시장일 테지만요.

또한 우리나라만 주식시장이 있는 건 아니죠. 해외 주식시장에도 투자를 할 수 있어요. 요새는 기술이 발전해서 접근성이 더욱 용이해졌죠. 특히 대표적인 해외 주식시장은 바로 미국이에요. 실제로 주변에 미국 주식에 투자하는 사람이 많죠? 왜 그렇게 많은 사람이 미국 주식에 대한 관심이 많을까요? 바로 가장 규모가 큰 주식시장이기 때문이에요. 실제로 우리에게 친숙한 구글, 애플, 테슬라, 넷플릭스 등 다 미국 기업이기도 하죠. 이 기업들은 미국 주식시장 중 하나인 나스닥NASDAQ에 상장된 기업들이에요. 특히 나스닥은 뉴욕증권거래소와 함께 전 세계 증시의 약 50%를 차지해요. 두 증권시장 모두 미국에 있는데, 한 국가가 전 세계 증시의 절반을 차지하니 말 다했죠. 나스닥은 기술벤처 기업들로 유명하죠. 우리나라 코스닥 시장에도 역시 벤처기업들이 많이 있어요. 사실 이 나스닥을 벤치마킹해서 만들었어요.

이처럼 거대한 미국 주식시장에 비하면, 코스피 시장은 고작 전 세계 주식시장의 2%에 불과해요. 코스피 시장의 전체 시가총액이 약 2,300조 정도 되는데, 애플 기업 하나만 해도 시가총액이 3,000조에 육박해요. 미국 주식시장이 얼마나 큰지 실감이 나시죠? 큰물에서 놀아야 큰돈을 벌 수 있다고, 실제로 미국 주식은 전 세계 주식쟁이들이 모이는 만남의 광장과도 같아요. 모든 자본이 모이는 곳이죠!

그럼 어떤 주식을 사지?

주식도 종류에 따라 여러 이름이 있는데, 대표적으로 중요한 것들만 소개할게요.

보통주와 우선주

주식은 회사에 대한 지분이라고 했어요. 따라서 주주는 회사의 주인으로서 회사 경영에 참여할 수 있는데, 이를 '의결권'이라고 해요. 의결권이 있어야 주주들의 의사결정 기관인 주주총회에서 목소리를 낼 수 있거든요. 그런데 모든 주식이 다 똑같이 의결권이 있는 게 아니에요. 의결권이 있는 주식을 보통주, 의결권이 없는 주식을 우선주라고 해요. 예를 들어, 우리나라 대표기업인 삼성전자 주식은 '삼성전자'와 '삼성전자우'로 나뉘는데, '우'가 바로 우선주를 뜻해요.

그러면 의결권이 있는 보통주가 더 좋은 거 아닌가? 생각할 수도 있어요. 우선주는 의결권이 없는 대신 보통주를 가진 주주보다 배당을 더 많이 받을 수 있어요. 실제로 2022년 삼성전자 배당금이 1,444원, 삼성전자우 배당금이 1,445원이었어요. 배당금은 거의 같지만, 주식가격이 달라요. 2022년 말 기준으로 삼성전자가 약 5만 5,000원, 삼성전자우가 약 5만 원이었거든요. 배당금을 주식가격으로 나눈 것을 배당수익률이라 하는데요. 똑같은 '삼성전자'라도 '삼성전자우'의 배당수익률이 더 높죠? 의결권이 없는 대신 배당금을 더 많이 준 거예요. 그 외에도 우선주는 잔여재산을 먼저 받을 수 있는 권리, 즉 회사가 망해도 보통주보다 먼저 정산해서 받는 권리를 갖고 있기도 해요.

우량주

다른 기업보다 실적이 좋고 안정성이 높은 말 그대로 '우량한' 주식을 말합니다. 우리나라를 대표하는 우량주는 삼성전자, 현대자동차 등이 있죠. 국민 누구에게나 친숙하고 시가총액이 큰 기업이라 생각하면 돼요.

성장주

성장 잠재력이 높은 주식을 말합니다. 보통 전통적인 산업 구조와는 다르게 새로운 분야에서 성장하는 기업이 많습니다. 특히 가장 대표적으로 구글, 테슬라, 카카오 등이 있죠. 보통 IT나 반도체 등 기술주들이 주로 성장주로 평가받아요. 특히 성장주는 전통적인 산업보단 새로운 사업을 개척해 나가기 때문에 상대적으로 높은 위험을 감수해야 합니다. 위험을 감수하는 만큼 높은 수익률을 기대할 수 있겠죠.

가치주

가치주는 기업의 가치가 시장가격에 비해 저평가받는 기업을 말합니다. 예를 들어, 기업의 실적 등 종합적으로 봤을 때 주식 하나당 1만 원의 가치가 있는 기업이라 판단할 수 있는데, 실제론 9,000원이라고 판단해 투자하는 것이 가치주라고 할 수 있어요. (물론 가치판단은 상대적이겠지만요.) 앞선 성장주와는 반대되는 개념이라고 할 수 있는데, 성장주는 미래의 성장 가능성 때문에 기업가치가 시장가격에 비해 고평가를 받는 반면 가치주는 성장성은 비교적 낮지만 성숙기에 접어든 주식으로, 금융, 통신, 음식료 산업과 같이 꾸준히 안정적으로 성장한 기업들이 주를 이루고 있어요.

테마주

테마주는 특정한 주제에 영향을 받는 주식을 말합니다. 기술, 질병, 기후변화, 정책 등 분야를 가리지 않는데, 뉴스에서 어떤 이슈가 주목받고 있을 때 관련 산업 기업의 주가가 요동치면 바로 테마주라고 할 수 있어요. 특히 선거철이 되면 부상하는 주식이 바로 정치 테마주입니다. 기업의 실적과는 무관한 후보자들의 학연, 지연, 혈연에 따라 주가가 요동칩니다. 후보자와 같은 족보의 성씨라는 이유로, 대학교 동기라는 이유로 말이죠. 테마주는 보통 단기 변동성이 심하다 보니 보통 시가총액이 작은 기업들 위주로 많이 움직입니다. 특히 단기간에 급등락을 반복하는 경우가 많다 보니, 가짜 정보 때문에 피해를 입는 분들도 많아요. 항상 조급한 마음으로 주식투자를 하는 분들에겐 위험한 분야라 할 수 있어요.

배당주

배당주는 말 그대로 배당을 많이, 꾸준하게 주는 주식을 말해요. 기업이 이익이 나면 회사의 주인인 주주들에게 기업이 분배하는 것이에요. 보통 연 1회 기준으로 배당을 하는데, 미국에선 반기 분기, 심지어는 한 달 단위로 배당하는 경우도 있습니다. 배당주만 노리는 투자 전략도 있어요. 월 현금흐름을 꾸준하게 만드는 전략이죠.

포털에서 '네이버증권'을 검색 〉 상단 탭에서 국내증시 〉 배당을 클릭하면, 전체 주식 종목의 배당금을 확인할 수 있어요. 과거 3년 배당금까지 확인할 수 있으니 참고해 보세요.

주식이 어떤 이름으로 불리는지는 기업의 특성에 따라 달라요. 사실 기업별로 구분하기 위해 편의상 부르는 것이지 성장주에 투자할지 가치주에 투자할지 고민하기에 앞서, 기업에 대한 분석이 먼저 이루어져야 해요. 이 책에서는 주식 종목을 추천하진 않을 거예요. 시황에 따라 가치가 변하는 주식을 함부로 말할 수도 없을뿐더러, 저는 투자가 아닌 올바른 재테크에 대한 이야기를 하고자 하거든요. 단기간에 큰 수익을 낸다기 보단, 장기간에 안정적인 수익을 내는 법에 대해서 계속 이야기해 나갈 거예요.

주식도 장기투자가 답이다? NO

"좋은 기업의 주식을 모으고, 팔지 말고 오래 보유하라." 앞서 워런 버핏은 장기적으로 들고 갈 수 있는 기업만 투자하라고 했어요. 단타로 승부 볼 게 아니라면 너무나도 당연한 말이지요. 그런데 주식 개별 종목을 고르고 장기투자를 하는 것은 쉬운 일이 아닙니다. 내가 선택한 기업이 망하거나 상장 폐지된다면? 내 주식은 휴지 조각이 되어버리는 거죠. 그러지 않더라도 주가가 꾸준하게 하락세를 걷는다면, 과연 10여 년 이상 버틸 수 있을까요.

보통 사람들이 가장 만만하게 들여다보는 종목이 바로 시가총액 순위 상단에 있는 우량주들입니다. 삼성, LG, SK, 살면서 한 번씩은 들어본 국내 대표 브랜드들이지요. 이런 기업은 국내에서 오랫동안 살아남고 명실상부 대한민국을 대표하는 기업들이기 때문에 안전하게 투자를 할 수 있을 것 같아 보입니다. 그런데 과연 그럴까요?

아래의 표는 2002년 기준 국내 주식 시가총액 상위 10개의 기업 기준으로 비교한 현재 시가총액입니다. 삼성전자와 현대차를 개별 종목으로 골라 담을 수 있었다면 20년 동안 큰 수익을 낼 수 있었습니다. 그러나 모든 기업이 다 괄목할 만한 성장을 한 것은 아닙니다. 2002년도에 시가총액 10위권을 달성하던 기업 중 2022년에도 여전히

2003.09.13 기준 국내 주식시총 순위

순위	종목명	시가총액(02년)	시가총액(22년)	증감률
1	삼성전자	50조 6,258억	334조 3,078억	560%
2	SK텔레콤	21조 2,183억	11조 2,042억	-47%
3	국민은행	16조 4,874억	20조 2812억	23%
4	KT	16조 3,592억	9조 3,869억	-43%
5	한국전력	13조 1,220억	12조 4,220억	-5%
6	POSCO	10조 8,563억	19조 8,742억	83%
7	현대차	7조 3,394억	42조 3,063억	476%
8	LG전자	6조 2,264억	15조 555억	142%
9	KTF	5조 9,634억	9조 3,869억	57%
10	우리금융	4조 8,361억	8조 5,183억	76%

출처: 한국거래소 KRX(정보데이터시스템)

10위권을 달성하고 있는 기업은 삼성전자와 현대차뿐입니다. 나머지 기업들도 순위권에선 밀려났지만 나름 시가총액 규모가 커졌지만 사실 20년 동안 투자한 것으로 보면 기대치 이하라 생각할 수도 있을 것 같습니다. 즉, 여러분이 20년 전에 시가총액 상위 10개의 기업을 보고, '이 기업들이라면 안전하지'라고 생각했다면 실질적으로 큰 수익을 낼 수 있었던 기업은 단 두 개에 불과한 것이죠.

과연 한국만 그럴까요? 미국 역시 마찬가지입니다. 세상이 너무나 빠르게 변화하고 있어요. 심지어 우량한 기업이더라도 미래 성장성이 기대되지 않는다면 주가가 살아나기도 힘들죠. 그만큼 산업 트렌드가 급속하게 변화하고 있기 때문이에요. 무작정 시총이 높은 기업이 살아남는다고 장담할 수 없어요.

향후 20년 뒤엔 어떻게 변해 있을까요? 여전히 삼성전자가 견고한 1등을 유지하고 다른 기업들도 무난하게 성장해 나갈 수 있을까요? 솔직히 말하면 미래는 어떻게 될지 예측할 수 없습니다. 기업의 가치는 시대의 상황과 기술 발전, 트렌드 등에 의해 끊임없이 변하고 있죠. 당시 표에는 없지만 네이버와 카카오 같은 기업이 초기 유망한 스타트업에서 지금의 대기업까지 성장한 걸 보면, 또 다른 새로운 트렌드가 시가총액 상위를 차지하고 있을 수 있겠죠. 시대가 흐를수록 이런 변화는 점차 빨라질 겁니다. 그래서 한 기업에 대한 장기투자가 답이 아닐 수 있다는 것이죠. 그래서 끊임없이 공부해야 하는 이유이기도 하고요.

이런 분들께는 주식을 비추천해요

주식은 정말 야수들의 놀이터예요. 피와 땀을 흘려 모은 내 아까운 돈, 며칠 만에 손실이 발생하면 어떨까요? 멘탈이 약한 사람이라면 견디기 힘들 거예요. 심지어 일상생활도 힘들어하는 사람도 많이 봤고요. 클릭 단 한 번에 쉽게 사고팔 수 있기 때문에 비이성적인 투자자들에겐 오히려 독이 될 수도 있어요. 그리고 주식도 중독이 될 수 있어요. 이성적인 투자가 아닌, 습관적으로 매수, 매도를 하는 사람도 있어요.

그래서 만약에 주식을 한 번도 해보지 않은 분이라면, 뒤에서 설명할 펀드나 ETF로 가시면 돼요. 그래도 주식에 관심이 있는 분이라면, 이거 하나만 지키면 돼. 소액으로 적립식 투자하기. 시드머니의 폐해에 대해서 앞서 얘기했죠? '큰돈으로 한방에!' 마인드를 뒤로하고, 적립식으로 꾸준히, 적금을 하듯 주식도 한 주씩 모아 가는 거예요. 시작은 미미하지만 그 끝은 풍요로울 거예요. 주식으로 우리의 재테크가 흔들리지 않는 투자 습관을 만들어 갈 필요가 있어요. 또한 주식 한두 개에 몰빵하는 위험을 감수하지 말아야 해요. 포트폴리오를 다양하게 하는 투자, 잃지 않는 투자, 그게 월급쟁이 직장인들에게 필요한 재테크 방법입니다.

채권:
세상에서 가장 안전한 투자

대부분 사람이 은행은 안전하다고 생각합니다. 그래서 원금손실 걱정 없이 은행에서 예금과 적금에 가입하죠. 심지어 5,000만 원까지 예금자 보호도 되니 이만한 금고가 따로 없습니다. 그러면 혹시 채권은 어떤가요? 채권도 안전하다고 생각하시나요? 은행과 달리 채권 투자라고 하면 뭔가 안전하지 않은 것 같이 느껴집니다. 채권은 저축이 아니라 '투자'라는 용어가 붙어서 그럴지도 모르겠습니다.

그런데 채권이 안전하다고 느끼지 않는 건 단지 채권이 여러분에게 익숙하지 않아서예요. 우리가 가장 안전하다고 생각하는 시중 은행은 어떻게 자산을 관리하고 있을까요? 자산 구성을 보면 70% 정도를 채권으로 가지고 있어요. 은행이 망한다고 채권이 망하진 않지만 채권이 망하면 은행은 망할 수밖에 없죠. 한마디로, '안전한데 익숙하지 않은 채권!'이라 할 수 있겠습니다.

사실 채권 투자는 간략하게만 설명하려 해도 많은 시간이 필요할지도 몰라요. 왜냐하면 다른 투자에 비해서 많은 지식이 필요하기도 하고, 계산도 복잡하기 때문이에요. 그럼에도 불구하고 기본적으로라도 채권을 알고 가야 해요. 특히 채권은 주식과 혼합해서 투자를 많이 하기 때문이에요. 위험자산인 주식의 변동성을 대비하기 위해 안전자산인 채권에 투자하는 식이죠. 보통 주식과 채권은 가격이 반대로 움직이는 경향이 있어요. 주식 가격이 내려가면 채권가격은 오르고, 주식 가격이 올라가면 채권가격은 내려갑니다. 그래서 주식을 채권과 같이 투자함으로써 리스크를 줄이고, 장기투자의 관점에서 변동성을 줄일 수 있게 됩니다. 즉, 안정적인 투자와 자산 분배의 기능이 있고, 그리고 채권가격이 많이 떨어졌다고 생각되면 시세차익을 노릴 수 있는 투자까지 할 수 있어요! 먼저 채권이 무엇인지 알아볼게요.

채권은 차용증

채債는 빚을 의미하고 권權은 문서를 말해요. 즉 채권은 빚문서, '빌려준 돈'에 대한 증서를 말해요. 여러분이 만약 주변 친구에게 돈을 빌려준다고 가정해 볼게요. 그러면 돈을 빌려줬다는 증거를 남기기 위해 차용증이라는 것을 작성해야 해요. 이 차용증에는 빌려준 돈과 그 대가로 받게 될 이자, 그리고 언제까지 갚겠다는 만기일 등을 기재하겠죠.

반면 친구가 아니라 국가나 지자체 또는 회사에도 차용증을 작성하고 돈을 빌려줄 수도 있어요. 개인 간의 거래를 차용증이라 한다면, 국가나 회사와의 거래를 바로 채권이라고 불러요. 채권에 투자한다는 것은 곧 채권을 발행한 자에게 돈을 빌려준다는 뜻이에요. 만약에 국가에서 채권을 발행한다면, 국가는 채무자가 되어 채권자들에게 돈을 빌려 쓴다고 볼 수 있습니다. 즉, 채권은 돈을 빌려주고, 만기까지 이자를 받다가, 만기가 되면 빌려준 돈을 받는다고 이해하면 됩니다.

채권은 신용이 가장 중요해요

채권에서 가장 중요한 것은 바로 뭐니 뭐니해도 신용입니다. 돈을 빌려줬는데 못 받으면 안 되잖아요. 신용이 높은 사람한테 돈을 빌려주면 돈을 돌려받겠다는 약속을 믿을 수 있는 반면에 신용이 낮은 사람에게는 돈을 돌려받지 못할 확률이 높죠. 그래서 신용에 따라서 채권의 수익률이 달라져요. 신용이 낮은 사람은 보통 이자를 높게 쳐주는 이유기도 하죠.

그렇다면 세상에서 가장 안전한 채권은 무엇일까요? 가장 신용이 높은 곳, 바로 국가죠. 국가가 돈을 떼먹는다는 것은 결국 국가가 망한다는 소리인데, 그럴 확률은 희박하거든요. 특히 국가 중에서도 가장 신용도가 높은 곳은 바로 미국입니다. GDP 규모 1위의 막강한 경제력을 자랑하는 국가이자 명실상부 기축통화국으로서 전 세계를 주도하는 국가. 만약에 미국이 망해서 채권시장 자체가 무너진다? 그런 상황이 도래한다면 자본주의의 종말이 찾아오는 게 아닐까 싶어요. 그래서 미국채는 금과 함께 초안전 자산으로 분류되기도 합니다.

반면에, 가장 위험한 채권은 무엇일까요? 채권이 너무 위험해서 언제든지 돈을 빌린 차용증서가 휴지 조각이 될지 모르는 채권을 정크본드Junk bond라고 해요. 예를 들어 기업 실적이 악화하고 곧 부도가 날지 모르는 회사가 있다고 해볼게요. 회사가 여러분에게 "돈을 빌려주면 높은 이자를 쳐서 갚겠다."고 한다면 빌려주실 건가요? 이런 채권은 아무도 사고 싶지 않을 거예요. (물론 이런 채권을 활용해서 투자할 수도 있어요.)

채권은 신용이 중요하다고 했죠. 그런데 우리 같은 일반 사람들이나 심지어 정부나 대기업들도 채권의 신용에 대해서 잘 알지 못해요. 그래서 이런 채권의 신용도를 평가해 주는 기업들이 있고, 이들이 만든 신용평가표를 참고해서 채권을 살지 말지 의사결정을 내릴 수 있어요.

국내 신용평가사 신용등급표

구분	신용등급 정의	한국평가사 (18등급)	신용등급 정의 세부내용
투자 적격 등급	최상의 신용상태	AAA	원리금 지급확실성 최고 수준, 투자위험 극히 낮고 환경변화에도 안정적임
	신용상태 우수	AA+	원리금 지급확실성 매우 높지만 AAA등급에 비해 다소 열등한 소요가 있음
		AA	
		AA-	
	신용상태 양호	A+	원리금 지급확실성 높지만 장래 급격한 환경변화에 다소 영향 받을 가능성 있음
		A	
		A-	
	신용상태 적절	BBB+	원리금 지급확실성은 인정되지만 장래 환경변화로 지급확실성이 저하될 가능성이 있음
		BBB	
		BBB-	
투자 요주의 등급	투자시 요주의	BB+	원리금 지급확실성에 당면문제는 없으나 장래 안정성 면에선 투기적 요소가 내포되어 있음
		BB	
		BB-	
		B	원리금 지급확실성이 부족하여 투기적이며, 장래 안정성에 대해 현 시점에서 단언할 수 없음
		CCC	채무불이행 발생 가능성을 내포하고 있어 매우 투기적임
투자 부적격 등급	최악의 신용상태	CC	채무불이행 가능성이 극히 높고, 현단계에선 장래 회복될 가능성이 없을 것으로 판단됨
		C	원금 또는 이자 지급불능 상태에 있음
		D	

*AA부터 B까지는 동일 급급 내에서 세분해 구분할 필요가 있는 경우 '+' 또는 '-'의 기호를 부여할 수 있음.

BBB 이상을 투자등급, BB 이하를 투기등급이라고 분류해요. (읽을 때는 BBB는 트리플 비, BB는 더블 비, B는 싱글 비라고 해요) 보통은 안전하게 신용도가 A 이상인 채권을 사라고 많이들 말해요. 내가 진정한 채권투자의 왕이 아닌 이상, 신용도가 높은 채권을 선택하는 게 안정적인 재테크가 될 수 있겠죠.

성격에 따라 달라지는 채권의 이름

채권은 성격에 따라 여러 가지 이름으로 불려요. 채권의 여러 이름을 설명해 드릴게요.

	채권 종류
발행 주체에 따라	· 국채: 정부가 발행하는 채권 　국민주택 1종/2종, 외국환 평형기금 채권 등 · 지방채: 지방공공기관이 발행하는 채권 　도시철도채권, 지역개발채권 등 · 금융채: 한국은행, 산업은행 등이 발행하는 채권 　통화안정증권, 산업금융채권 등 · 회사채: 상법상 주식회사가 발행하는 채권
만기에 따라	· 단기채: 1년 이내 만기 · 중기채: 1~5년 사이 만기 · 장기채: 5년 이상 만기 　(보통 만기가 긴 채권일수록 수익률이 높다.)

이자 지급 방식에 따라	· 이표채: 보통 3개월 주기로 이자를 지급하는 채권 · 할인채: 이자를 지급하지 않고, 대신 원가 대비 할인된 가격으로 발행하는 채권 · 복리채: 이자를 복리로 재투자해서 만기에 원금과 이자를 동시에 지급하는 채권
모집 방법에 따라	· 공모채: 일반 투자자에게 모집하는 채권 · 사모채: 특정 투자자에게 모집하는 채권
보증 유무에 따라	· 보증채: 보증인이 존재하는 채권 채권 상환을 못하면 보증인이 채무를 대신 갚아줍니다. 국채와 은행채 등이 있습니다. · 무보증채: 보증인이 존재하지 않는 채권 채권 상환을 못하면 투자자는 손실을 볼 수밖에 없습니다. 일반적인 회사채와 지방채가 많습니다. 무보증채는 보증인이 없는 만큼 높은 보증채보다더 높은 이자율을 지급합니다.

금리가 하락하면 채권가격이 올라가요

금리에 따른 채권가격의 변동에 대해 이야기하려면 우선 채권의 기본 용어부터 설명해야 해요. 한 가지 예시를 들어볼게요.

여러분이 A에게 돈을 빌려주고 차용증을 작성했다고 해볼게요. 내용은 이렇습니다.

원금 100만 원, 이자 5%, 만기 10년

* 매년 5만 원을 이자로 지급하고, 10년 뒤 원금 100만 원을 돌려주겠다.

위 내용을 채권 용어로 해석하면, 100만 원은 액면가격, 5%는 액면이자율, 10년을 만기라고 해요. 먼저 딱 하나만 기억하면 돼요. 이 셋은 무슨 일이 있어도 변하지 않는 고정값이에요. 즉, 시장 금리가 오르든 내리든 매년 A는 여러분에게 액면가격 100만 원의 액면이자율 5%인 5만 원씩 10년간 지급하고, 10년째인 만기가 도래하면 원금 100만 원을 돌려주어야 하는 거예요. 즉, 여러분은 A가 발행한 이 채권을 소유하게 된 거예요.

그런데 이 채권을 채권시장에서 거래한다고 생각해 볼게요. 누구든 100만 원에 이 채권을 살 용의가 있는 상황이라면 쉽게 사고팔 수 있을 거예요. 100만 원만 투자하면 매년 5만 원씩 이자를 받을 수 있는 금융상품이니까요. 그런데 시장 상황이 바뀌었다고 해볼게요. 시장 금리가 점점 높아지더니, 이젠 은행에 예금만 해도 금리를 10%나 준다는 거예요.

자, 그러면 상황이 달라졌어요. A가 발행한 채권은 고작 5만 원을 주는데 은행에 100만 원을 맡기면 10만 원씩이나 주거든요. 그렇다면 대부분 사람은 이자를 더 많이 주는 은행 예금을 찾게 될 거예요. 은행이 이자를 더 많이 주니, 은행으로 돈이 몰리게 되는 것이지요.

그러면 여러분은 시장에서 이 채권을 100만 원에 팔 수 있을까요? 이제 이 채권은 인기가 없어요. 왜냐하면 이자 5만 원은 은행에 비해 너무 적거든요. 그러면 이 채권을 어떻게 시장에 팔 수 있을까요? 답은 하나죠. 채권가격을 100만 원이 아닌 더 낮은 가격에 팔면 돼요. 여기서 헷갈리면 안 돼요. 채권가격은 액면가격과 달라요. 액면가격은 계속 100만 원 고정이지만 시장에서 거래되는 채권가격은 시장원리에 따라 자유롭게 거래되거든요.

만약에 이 채권가격을 95만 원에 판다고 했을 때 아무도 사는 사람이 없다면? 그러면 94만 원에, 그래도 없으면 93만 원까지… 결국 90만 원까지 갔을 때 채권시장에서 누군가가 매수하겠다고 합니다. 결국 A의 채권을 90만 원의 가격에 매도할 수가 있게 되는 거죠. 이 채권을 새로 매수한 사람도 똑같이 액면가격인 100만 원과, 액면이자율 5%로, 이자 5만 원은 매년 받을 수 있어요. 그리고 만기에 100만 원을 받을 수 있고요. 사는 사람 입장에서는 채권을 낮은 가격에 살수록 수익률이 높아지는 겁니다.

액면가격과 액면이자율은 채권에 기재된 고정값이지만 채권가격과 채권수익률은 채권을 사고파는 사람들의 시장원리에 따라 변하는 금액이에요. 채권을 가장 어려워하는 이유가 바로 이 두 개념을 혼동하기 때문이기도 하고요. 즉, 시장의 기준금리가 올라가자, 채권가격이 떨어질 수밖에 없고, 채권가격이 떨어질수록, 채권수익률은 증가할 수밖에 없는 것이에요. 그래서 채권가격과 금리는 반비례한다고 하는 것입니다.

채권은 어떻게 투자하나요?

채권에 투자하는 방법은 크게 직접투자와 간접투자 두 가지로 나뉘어요. 직접투자는 말 그대로 사고 싶은 채권을 채권시장에서 직접 사는 것이에요. 증권사 모바일 앱을 통해서 간편하게 살 수 있습니다. 직접투자 방법은 장내시장과 장외시장으로 또 나뉘는데, 먼저 장내시장은 거래소 안에서 거래가 이루어진다는 의미예요. 한마디로 주식처럼 거래하는 방식이에요. 주식처럼 누군가는 매수가격을, 누군가는 매도가격 주문을 넣죠. 결국 매수가와 매도가가 일치하면 거래가 되는 방식이에요.

반면 장외시장은 말 그대로 거래소 밖에서 거래가 이루어진다는 의미예요. 증권사를 통해서 거래하는 걸 말해요. 증권사가 채권을 대량으로 가져와서 그걸 개인투자자에게 파는 방식이죠. 우리나라의 경우 80% 이상이 장외 거래를 통해 채권거래를 하고 있어요. 왜냐하면 장내시장은 만기나 쿠폰, 듀레이션 등 개념을 하나하나 정확히 이해하고 투자해야 하기 때문이에요. 그래서 일반 투자자들에게는 장외시장이 더욱 활발하다고 할 수 있어요. 다만 채권을 좀 공부한 분들이라면 장내에서 사는 게 유리할 수도 있어요. 장외채권을 살 때보다 좀 더 싸게 살 수 있기도 하거든요. 요컨대 장내채권은 당근마켓처럼 서로 가격을 밀당하는 방식이라면, 장외채권은 슈퍼마켓에 가서 정해진 가격에 사는 방식이라고 할 수 있습니다.

채권을 직접투자하지 않고 간접투자하는 방법도 있어요. 바로 여러 채권을 조합한 펀드, 특히 ETF 등을 통해 투자하는 거예요. 이미 펀드 포트폴리오에 채권이 적절하게 분배되어 있기 때문에 고르기도 쉽고, 안정적이에요. 이 부분은 뒤에 나오는 펀드와 ETF를 설명하는 것으로 갈음할게요. 즉 채권투자가 처음이라면? ①간접투자 ②장외채권 ③장내채권 순으로 순으로 배워가면 됩니다!

펀드:
한 바구니에 모든 계란을 담지 마세요

펀드란 무엇인가?

처음 재테크에 입문해서 투자를 하려는 사람에게, 주식투자는 용기가 나지 않을 거예요. 어느 주식이 좋은지, 또 얼마나 투자를 해야 할지 정하는 것이 쉽지 않기 때문이에요. 특히 유튜브나 뉴스 기사를 보면 전문가들이 나와서 이게 좋다 저게 좋다고 떠드는데, 사실 들어보면 다들 맞는 말 같아요. 무슨 리딩방이니 종토방이니, 심지어 급등하는 주식을 찍어 준다고까지 하죠. 진짜 그런 정보를 공유해 준다고? 순간 혹할 수도 있을 것 같아요. 특히 요새는 쉽게 투자정보를 접할 수 있는 세상이다 보니 잘못하다 사기꾼을 만나면 큰일이 날 수도 있고요.

그렇게 몇 가지 종목을 추천받아 돈을 벌면 몰라도, 몇 년간 고생해서 모은 돈을 한두 개 주식에 '몰빵'했다가 망하면 어쩌죠? 한순간에 모두 잃을 수밖에요. '투본선'이란 은어가 있어요. 투자는 본인의 선택이라고, 그 누구도 책임져 주지 않는다는 말이에요. 오히려 처음에 그렇게 잃어 보는 게 좋습니다. 초심자의 행운이라고, 처음에 돈을 벌면 그게 제 실력인 줄 알거든요. 그러면 점점 대담해져서 진짜 '몰빵'을 하고 무너질 수가 있어요. 그때는 후회해도 소용없어요.

점점 주식에 투자하기가 머뭇거려질 수도 있어요. 개별 주식은 하기 어렵고, 투자는 해야겠고, 이런 고민을 하는 사람들이 선택하는 것이 있습니다. 바로 펀드예요. 펀드 많이 들어보셨죠? 쉽게 설명하면 '모인 돈'을 말해요. 투자에 관심이 많은 사람이 투자를 하기 위해 모은 돈이요. 다만 사공이 많으면 배가 산으로 간다고, 그 돈을 투자자들이 다 같이 운용할 순 없겠죠? 펀드에 가입하면 투자자 대신 전문가인 펀드매니저가 그 돈을 대신 운용해 줘요. 어떤 주식에 투자할지, 얼마나 투자할지 매일 공부하는 사람들이에요. 일상에 바쁜 나 대신, 매일 주식이나 펀드 등 내 투자금과 관련된 시장을 주시하고 있으니, 이 정도면 믿고 맡길 수 있지 않을까요? (물론 전문성이 수익률을 보장하는 것은 아니지만요.) 요컨대 주식은 내가 회사 운영을 간접적으로 맡기는 거였다면, 펀드는 내 자산을 전문가에게 믿고 맡기는 거라고 할 수 있어요.

분산투자의 중요성

펀드의 장점, 전문가가 나 대신 투자금을 운용해 준다! 이 외에도 한 가지 장점이 더 있어요. 펀드의 핵심이라고도 할 수 있는데, 바로 분산투자가 가능하다는 점이에요. 어디선가 이런 말을 들어본 것 같아요. '계란을 한 바구니에 담지 마라.' 투자할 때 격언처럼 내려오는 말이에요. 계란을 한 바구니에 담았다가 넘어지면 계란이 전부 다 깨질 위험이 있어요. 그래서 여러 바구니에 나눠 담으면, 한두 번 넘어져도 몇 개의 계란은 지킬 수 있죠. 한 종목에 몰빵하지 말고, 나눠서 투자하라는 격언이라고 할 수 있습니다.

즉, 여러 바구니에 계란을 나눠 담는 투자 방법은, 넘어졌을 때를 대비하는 방법이라 할 수 있어요. 워런 버핏이 "돈을 벌려면 소수의 기업에 집중하라."라고 했는데요. 이번만큼은 우리 회장님의 말을 귓등으로 듣자고요. 왜냐하면 우리는 전문 투자자가 아니라 그저 일개 개미일 뿐이니까요. 전문 투자자들도 투자로 수익을 내기 어려운 게 주식시장인데, 하물며 거기서 좋은 기업을 찾는 일은 더더욱 어렵죠. 그래서 소수기업에 투자하는 것 말고, 다수의 기업에 투자를 하자고요.

개별 기업에 투자했다가 망하는 위험은, 분산투자를 통해 피할 수 있어요. 예를 들어, 앞으로 AI가 세상을 바꿀 것이라 생각해서 투자하겠다고 생각해 볼게요. 그러면 총 3가지 방향으로 투자를 할 수가 있어요. 바로 첫 번째, AI 업계에서 제일 유망한 기업에 투자하는 것. 두 번째, AI 분야에 있는 모든 기업에 투자하는 것. 그리고 세 번째, AI 성장이 기대되는 국가에 투자하는 것. 기업은 망할 확률이 높지만 또 그만큼 막대한 수익을 낼 가능성이 있어요. 반면 AI 기업에 모두 투자를 하는 방법은 몇몇 기업이 망하더라도 살아남은 기업이 성장한다면 수익을 낼 수 있겠죠. 반면 AI 성장이 가장 기대되는 국가에 투자한다면? 개별 기업의 성장 속도만큼 수익을 낼 순 없겠지만 앞선 두 방법에 비해서 안정적인 성장을 기대할 수 있을 거예요.

첫 번째 방법이 개별 주식에 투자하는 것이고, 두 번째 방법이 AI 펀드에 투자하는 것이에요. 그리고 마지막 세 번째는 그보다 넓은 시장지수 펀드에 투자하는 것이에요. 어떤 방법이든 정답은 없지만 불변의 진리는 있어요. 바로 고위험-고수익, 저위험-저수익이라는 점이요. 만약 AI 분야에 유망한 20개의 기업을 담고 있는 펀드에 투자했다고 해볼게요. 위 세 가지 경우와 비교해 보자면 중위험-중수익을 추구한다고 볼 수 있겠네요. 물론 펀드마다 똑같이 20개의 기업을 담고 있더라도, 비중이 조금씩 다를 수도 있겠죠. 예를 들어, 20개 기업을 5%씩 나눠 담는 게 아니라 정말 성장 가능성이 높다고 판단한 기업은 20% 비중까지 늘리고, 특정 기업은 2%까지 줄이듯이요. 이 과정에 정답은 없어요. 어떻게 포트폴리오를 짜는지는 정말 다양한 정보를 활용해서 만들어야 하는 거니까요. 이처럼 수많은 펀드회사가 수많은 펀드를 만들어 가는 과정이라고 할 수 있겠어요.

펀드도 저마다 이름이 있다!

펀드는 투자 목적과 방법, 운용방식 등에 따라 다양한 이름으로 불리는데, 대표적으로 몇 가지만 설명해 볼게요. 먼저 주식과 채권 중 어디에 투자할지에 따라 구분할 수 있어요. 투자금의 60% 이상을 주식에 투자하는 펀드를 주식형 펀드라고 해요. 주식의 경우 큰 수익을 낼 수 있는 만큼 많은 위험을 감수해야 하는 펀드이기 때문에 고위험-고수익 상품이라고 할 수 있어요. 반면 주식형 펀드보다는 좀 더 안전하게 운용하고 싶다면 투자금의 60% 이상을 채권에 투자하는 채권형 펀드가 있어요. 그리고 주식과 펀드를 적절히 섞은 혼합형 펀드가 있어요. 주식보단 덜 위험하면서 채권보단 높은 수익률을 추구하는 전략이죠. 즉, 주식과 채권의 비중을 어떻게 구성할 것인가에 대한 고민이라고 할 수 있겠습니다.

또한 운용방식에 따라서도 구분할 수 있어요. 액티브 펀드와 패시브 펀드가 있어요. 액티브 펀드는 펀드매니저가 직접 골라 담는 펀드라서, 펀드매니저의 투자 역량이 좋아야 해요. 우리가 알고 있는 펀드가 바로 이 액티브펀드죠. 반면 패시브 펀드는 특정 주가지수에 따라 운용하는 방법이에요. 예를 들어, 우리나라 시가총액 1위인 KODEX200이란 ETF가 있어요. 이 ETF는 우리나라 대표 증권시장인 KOSPI200이란 지수를 추종해요. 추종한다는 것은 시장지수를 그대로 따른다는 말이에요. 그래서 펀드매니저 재량이 아니라 KOSPI200 지수를 똑같이 복제하는 펀드라고 할 수 있어요. 액티브 펀드는 펀드매니저의 역량에 따르지만 패시브 펀드는 주가지수에 따라갈 뿐이죠.

그 외에도 다양한 펀드가 있어요. 앞서 주식과 채권에 따라 주식형 펀드, 채권형 펀드를 구분했지만 사실 부동산에 투자하는 부동산 펀드도 있고, 금, 원유, 원자재 등 실물자산에 투자하는 펀드도 있어요. 또한 펀드에 재투자하는 재간접펀드, 주식시장에 상장해서 거래하는 상장지수펀드(ETF) 등 수많은 형태의 펀드가 있습니다. 실제로 코스피 시장에 상장된 기업이 2천여 개쯤 되는데, 펀드는 2만여 개가 넘어요. 우리가 모든 주식을 다 알 수 없듯, 모든 펀드를 다 알 수도 없고 알 필요도 없어요. 중요한 건, '내가 어떤 분야에 이렇게 투자를 해보고 싶다.'라는 의사결정만 하면, 그에 맞는 펀드가 기다리고 있을 거예요.

그래서 어떤 펀드가 좋아요?

"내 유산의 90%는 S&P 500 인덱스 펀드에, 나머지 10%는 미국 국
채에 투자하라."
_2013년, 버크셔해서웨이 연례보고서에서 밝힌 워런 버핏 유언장 내용 중

워런 버핏의 자산은 무려 100조가 넘어요. 그러다 보니 사후에 이
자산이 어떻게 운용될지 많은 사람이 주목을 할 수밖에 없을 거예
요. 그런 워런 버핏은 본인의 유산 대부분을 S&P500 인덱스펀드에
투자하라는 말을 남겼어요. 무려 90%나 말이죠. S&P500 인덱스펀드
가 뭔데 그 많은 자산을 투자해? 여러분도 관심이 가지 않나요? 우선
S&P500 인덱스펀드가 무엇인지 설명해 볼게요.

먼저 S&P500이란 미국의 신용평가회사인 스탠더드 앤드 푸어스
Standard & Poor's에서 개발한 미국의 주가지수예요. 이 주가지수는 미국
주식시장에 상장된 500개의 기업으로 구성되어 있어요. 즉, 500개 기
업의 주가가 움직이는 대로, S&P500 지수도 연동해 움직이는 거예
요. 예를 들어, 500개의 모든 기업의 주가가 10%씩 올랐다면, S&P500
지수도 10%가 올라요. 그런데 모든 주가가 다 오를 순 없겠죠? 500개
의 기업 중 200개는 주가가 오르고 300개는 주가가 내려갈 수도 있을

거예요. 그렇다면 각 기업의 주가 변동을 모두 합산하면 S&P500지수가 얼마나 변동하는지 알 수 있을 거예요. S&P500 지수는 아무 기업이나 포함하는 게 아니라 미국을 대표하는 기업으로 구성되어 있어요. S&P500 지수가 미국 상장기업 시가총액의 80% 이상을 차지한다고 하니, S&P500가 곧 미국 증시를 대표하는 주가지수라고 봐도 무방하겠죠.

그다음은 인덱스펀드이에요. 먼저 인덱스란 '지수'를 의미해요. 즉 인덱스펀드는 지수펀드라고도 해요. 좀 더 풀어서 설명하면 지수를 '추종하는' 펀드. 추종한다는 의미는 지수를 따라간다는 의미예요. 결국 S&P500 인덱스펀드란 미국을 대표하는 500개의 기업에 분산투자를 해라! 그 기업들의 주가에 따라서 수익률이 결정될 것이다! 그런데 그 기업들이 대부분 미국을 대표하는 기업이네. 한 마디로 미국 시장에 투자하라고 해석할 수도 있어요.

미국에 투자한다는 것은 어떤 의미일까요? 미국의 일부 기업은 언제든 망할 수 있어요. 그런데 미국이 망하는 것을 상상하기란 쉽지 않습니다. 물론 먼 미래에 미국도 언젠가는 '지는 해'가 될 수도 있겠지만 당분간은 그마저도 우리 살아생전에 볼 수 있을까 싶어요. 워런 버핏은 그만큼 미국의 지속적인 성장을 점쳤던 거라 할 수 있어요.

'내가 선택한 주식이 시장지수를 이길 수 있을까?'

그렇다고 대답하는 사람이 있을 거예요. 왜냐하면 대체로 사람은 본인을 과대평가하는 경향이 있거든요. 그런데 실제로 시장지수를 이길 수 있는 사람은 극히 드뭅니다. 1~2년 단위가 아니라 수십 년을 놓고 봤을 때 말이에요. 실제로 앞서 설명한 미국의 S&P500 지수의 연평균 수익률은 20~30년간 약 8~10%가 돼요.

주변에 주식이나 가상자산 투자로 수십 배를 벌어 본 사람들과 비교하니 수익률이 낮아 보이나요? 그러나 연평균 8~10%는 매우 놀라운 수치예요. 왜냐하면 당장 이번 해만 해당하는 게 아니라 지난 20년 이상 평균을 냈더니 8% 이상의 수익을 냈다는 뜻이거든요. 단기간에 높은 수익률을 낸 사람은 많지만 오랜 기간 유지한 사람을 찾긴 어려울 거예요. 그랬으면 이미 성공적인 투자자로 이름을 남겼을 테니까요.

다시 첫 질문으로 돌아와서, 어떤 펀드가 좋냐고 묻는다면, 저는 이렇게 대답하려고 해요. '시장지수'에 투자하라! 이 시장지수는 무슨 의미냐면 바로 주식시장을 말해요. 즉, KOSPI는 한국 주식시장을 대표하고 S&P500은 미국 주식시장을 대표하죠. 이런 시장지수는 곧, 각 국가를 의미한다고 했어요. 왜냐하면 이런 지수들이 각 국가 기업들의 시가총액의 대부분을 차지하기 때문이에요. 그렇다면 이 지수에 투자하는 것은 곧 그 국가에 투자하는 것과 다름없다고 할 수 있죠.

어떻게 보면 누구나 쉽게 접근하고 투자할 수 있는 지수가 바로 이 시장지수이기도 해요. 시장지수 성장률은 보통 개별 주식투자보다는 수익률이 낮고 은행 예·적금보단 높은, 그 가운데쯤에 있어요. 2023년 3월 기준으로, 지난 20년간 KOSPI 시장과 S&P500의 연평균 수익률을 구해 볼 수 있어요. KOSPI는 약 5.5% 수익률을, S&P500의 경우 8.1% 수익률을 달성했어요. 우리나라보다 미국이 더 높죠? 그래서 미국 주식이 인기가 더 많기도 하고요. 이런 시장지수의 성장률은 저축이든 투자든, 모든 수익률의 기준이 되기도 해요.

물론 단기간에 큰 수익을 벌 수 있다면 얼마나 좋겠어요. 실제로 주변에서 투자를 열심히 공부하거나 혹은 요행으로 큰 수익을 낸 사람이 많이 있을 거예요. 그래서 누군가는 5~8% 정도의 연평균 수익률이 눈에 차지 않을 수도 있어요. 한 가지 드릴 수 있는 말은, 저는 투자 관점이 아닌 재테크 관점으로 여러분에게 계속해서 말씀드리고 있어요. 1장에서 재테크의 목적이 결국 노후 대비로 귀결된다고 했어요. 노후에 안정적인 소득을 최소한의 목표로 잡는다면, 시장지수를 추종하는 것만으로도 충분합니다. 물론 주식이나 가상자산 투자를 할 수도 있겠지만 언제나 안정적인 수익 추구가 중점이 되어야 한다는 점을 말씀드리고 싶어요.

특히 뒤에 나오는 ETF는 앞으로 계속해서 강조할 3가지 조합 중 하나예요.

시장지수(수익률)+ETF(금융상품)+연금저축&ISA(제도)

아직 다루지 않은 제도를 꼭꼭 숨기고 있다가 이제야 말하게 됐네요. 이 세 가지만 제대로 이해하면 이 책이 재테크 지침서로서 제값을 했다고 말할 수 있을 거예요. 요컨대 이렇게 말씀드릴 수 있을 것 같아요. 종목 추천은 투자 전문가에게, 재테크 준비는 이 책에서!

ETF:
펀드와 주식의 장점을 합치다

주식처럼 사고팔 수 있는 펀드, ETF

앞서 펀드에도 여러 종류가 있다고 설명해 드렸죠. 그중에 잠깐 스쳐 지나간 ETF예요. 수많은 이름의 펀드 중 하나로 그냥 넘어가는 듯 보였겠지만 사실 이 책에서, 아니 재테크에 있어서 가장 중요한 금융 상품 중 하나를 꼽으라면 바로 ETF를 말할 수 있을 거예요. 앞서 설명한 시장지수와 ETF의 조합이 왜 재테크 필수상품인지, 그전에 ETF가 무엇인지 알아보도록 할게요.

ETFExchange Traded Fund란 우리나라 말로 상장지수펀드라고 해요. 평소에 쓰지 않는 용어라 어렵지만 익숙한 단어 하나가 있어요. 맨 마지막의 'FUND'이에요. 용어에서 알 수 있듯이 ETF는 태생이 펀드입

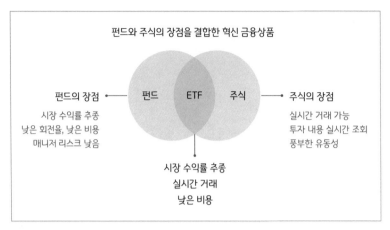

펀드와 주식의 장점을 결합한 혁신 금융상품

펀드의 장점 ← 펀드 ETF 주식 → 주식의 장점

시장 수익률 추종　　　　　　　　　　　　　실시간 거래 가능
낮은 회전율, 낮은 비용　　　　　　　　　　투자 내용 실시간 조회
매니저 리스크 낮음　　　　　　　　　　　　풍부한 유동성

시장 수익률 추종
실시간 거래
낮은 비용

주식처럼 쉽게 매매하고, 펀드처럼 여러 종목의 포트폴리오를 구성해요

니다. 여러 투자자로부터 돈을 모아서 수십 개 혹은 수백 개의 주식,
채권에 투자하는 금융상품이에요.

그럼 한 가지 궁금증이 생길 거예요. 펀드긴 펀드인데, 왜 하필
ETF라고 불릴까? ETF 너는 뭐길래? 당연히 일반 펀드와는 다른 점이
있기 때문이에요. ETF의 장점은 무엇인지 알아볼게요.

ETF의 장점

① 거래가 쉬워요

ETF의 가장 큰 장점은 주식시장에서 실시간으로 매매할 수 있다는 거예요. ETF는 펀드라면서요? 네, 맞아요. ETF 역시 다른 펀드들처럼 여러 주식이나 채권 등을 담은 금융상품이에요. 그런데 ETF는 좀 특별한 펀드라서, 다른 주식들과 같이 증권거래소에 상장이 되어 있어요. 그래서 다른 펀드처럼 일정한 절차를 통해 가입하는 게 아니라 거래소에서 클릭 한 번으로 쉽게 매매할 수 있어요. 펀드를 주식처럼 누구나 손쉽게 매매하는, 가히 혁명적인 금융상품이라 할 수 있어요. 그래서 ETF는 태생이 펀드지만, 주식의 성질을 모두 겸비한 금융상품이라 할 수 있습니다.

또한 일반 펀드는 가입하고 일정 기간이 지나기 전에 중도 해약을 하면(환매라고 해요) 환매수수료가 발생해요. 일종의 패널티인 셈이죠. 일반적으로 3개월 기준으로 수익금의 70%를 떼 가는 반면 ETF는 그런 게 없어요. 언제나 주식시장에서 거래가 된다고 했죠? 환매수수료 없이 언제든 손쉽게 사고팔 수 있어서 더욱 자유롭게 투자가 가능해요.

② 투자 비용이 적어요

보통 펀드에 가입하면 발생하는 투자 비용이 있어요. 크게 수수료와 보수로 나뉘어요. 수수료는 펀드를 사거나 팔 때 발생하는 비용이고, 보수는 펀드를 운용하는 데 발생하는 비용이에요.

그런데 ETF는 일반 펀드보다 운용보수가 저렴해요. 보통 인덱스펀드는 운용보수가 1~2% 정도고, 펀드매니저가 적극적으로 자산을 배분하는 액티브펀드의 경우 3%까지도 발생해요. 반면 ETF는 수수료가 연 1% 내예요. 앞서 예로 든 KODEX200의 경우 운용보수가 0.1% 수준으로 매우 저렴해요. 인덱스펀드와 ETF를 비교했을 때 당장 1~2% 차이가 커 보이지 않겠지만 단순 계산하더라도 1%가 20년이면 20%나 돼요. 장기간 운용한다고 했을 때, 이 투자 비용은 무시하지 못할 금액이 될 수 있어요. 그래서 장기투자로 시장지수를 추종한다면, 무조건 투자 비용이 저렴한 ETF를 추천하는 이유이기도 해요.

③ 투명하게 운용해요

ETF는 펀드와 달리 매일 보유한 종목을 공개해요. 펀드 운용사 홈페이지에 접속하면 투자구성종목(PDF)이라는 항목이 있어요. ETF의 모든 투자 종목과 비중을 일자별로 한눈에 볼 수가 있어요. 일반 펀드는 다소 폐쇄적이라 이렇게 확인할 수 없는 데에 반해, 이런 투명한 정보를 통해 ETF 가격이 왜 상승하고 하락하는지 매일 모니터링할 수 있습니다.

④ 레버리지/인버스 활용이 가능해요

ETF는 특정 지수를 추종한다고 했죠. 지수가 오르면 ETF 가격도 오르고, 지수가 내리면 ETF 가격도 내려가죠. 그런데 혹시 다른 상상해 볼 순 없을까요? 지수가 오를 때 ETF 가격이 내려간다거나 지수가 오른 것보다 ETF 가격이 두 배가 오른다거나. 그런데 단지 상상의 영역에서 끝나지 않고 실제로 이런 상상을 실현한 상품이 있어요. 바로 레버리지/인버스 ETF 상품이에요.

레버리지 ETF

레버리지는 '지렛대'를 의미하는데요. 지렛대를 이용하면 가진 힘보다 몇 배는 더 무거운 짐을 들 수 있죠. 이런 점에서 착안하여, 내가 보유한 투자금을 그 이상으로 활용할 수 있는 방법을 레버리지라고 합니다. 예를 들어, 레버리지x2 상품의 경우, 코스피 지수가 10% 오르면 상승률은 2배인 20%로, 10% 하락하면 하락률은 2배인 –20%를 적용하게 됩니다. 즉 투자금을 2배로 불려 활용하는 금융상품이라 할 수 있습니다.

그런데 한 가지 명심해야 할 것이 있어요. 바로 손실을 볼 확률이 더 크다는 점입니다. 예를 들어볼게요. 이론적으로, 원금 100만 원에서 지수가 25% 하락하면 손실은 그 두 배인 50%입니다. 즉 원금은 50만 원이 되는 것이죠. 그런데 다시 원금을 회복하려면 KOSPI가 50% 상승해야 합니다. 그래야 그 두 배인 100%가 상승해서 100만 원으로 돌아올 수 있기 때문이죠. 극단적으로 볼까요? 원금의 100%가 상승하면 2배가 오르지만 100% 하락하면 0원이 됩니다.

인버스(리버스) ETF

주가는 항상 오르지는 않습니다. 상승과 하락의 반복이죠. 그래서 누군가는 하락을 예측해서 돈을 벌기도 합니다. ETF로 활용하는 것이 바로 인버스 상품입니다. 인버스Inverse란 반대라는 의미이에요. ETF가 추종하는 지수와 반대로 움직여서 수익을 냅니다. KOSPI 인버스 상품은 지수가 10% 하락하면 오히려 10%의 수익을 얻는 것이죠. 위에서 소개한 레버리지랑 연계할 수 있어요. 인버스 레버리지x2의 경우 코스피 지수가 5% 하락할 때 10%의 수익을 달성할 수 있습니다.

사실 ETF로 다양한 투자 방법이 있다는 점 때문에 소개했지만 재테크 초보인 분들에게 레버리지나 인버스 상품은 추천하지 않습니다. 왜냐하면 확률적으로 대부분이 잃거든요. 제 주변에 레버리지, 인버스, 마진거래 등으로 돈을 번 사람이 없어요. 아예. 누군가 크게 벌었다고요? 그 끝은 항상 손실입니다. 그래서 저는 이런 레버리지/인버스 상품을 이용할 계획이 없습니다. 단순히 ETF로 시장지수만 추종해도 노후 대비하는 데 큰 지장이 없으니까요.

복잡한 상품명? 이름에도 공식이 있다

모든 금융상품은 그 이름에 답이 있다! ETF 역시 마찬가지이에요. 상품명에 주요 정보가 담겨있습니다. 국내나 해외 모든 ETF 상품은 ETF 상품 앞에 자산운용사의 대표 브랜드명을 붙여서 구분해요. 부동산을 예를 들면, 래미안, 힐스테이트, 자이, 푸르지오처럼 아파트 브랜드 명만 보고도 어느 건설사가 시공을 했는지 알 수 있듯이, ETF도 맨 앞에 붙는 이름으로 어느 자산운용사가 운용하는 ETF인지 알수 있어요. 몇 가지 대표적인 ETF를 예시로 설명해 볼게요.

우선 KODEX200을 살펴볼까요. KODEX200은 시가총액 1위에 있는 우리나라 대표 ETF 상품입니다. 먼저 'KODEX'는 삼성자산운용의 브랜드를 말해요. 앞으로 KODEX가 있으면 아, 삼성자산운용사에서 만든 상품이구나 생각하시면 됩니다. 그리고 '200'은 바로 KOSPI 200이라는 추종지수를 뜻합니다. 이는 KOSPI에 상장된 우리나라 대표기업 200개를 선정한 지수를 말해요. 즉 종합해 보면 KODEX200이란, 삼성자산운용사에서 만든 금융상품이고, KOSPI200 지수를 따라 200여 개의 종목을 추종하는 펀드임을 쉽게 알 수 있습니다.

이번엔 TIGER 미국 나스닥100이라는 상품을 살펴볼까요? 'TIGER'는 미래에셋자산운용의 상품을 말합니다. 그리고 '미국 나스닥100'은

직관적으로 감이 오죠? 미국 나스닥 시장에 있는 100개의 기업에 투자하겠다고 생각하시면 됩니다.

그 외에도 KB자산운용의 KBSTAR, 한화자산운용의 ARIRANG, 한국투자신탁운용의 KINDEX, 키움투자자산운용의 KOSEF 등 다양한 이름이 있습니다. 따라서 앞으로 ETF의 브랜드만 익숙해진다면, ETF가 그리 멀리 있게 느껴지지 않을 거예요.

TIP

주식시장에서는 '추종한다'라는 말을 많이 쓰는데요. ETF가 지수를 추종한다는 뜻은, ETF의 주가가 특정 지수의 움직임에 연동하도록 설계가 되었다는 뜻을 의미해요. 즉, KODEX200이 KOSPI200 지수를 추종한다는 뜻은, KOSPI200 지수가 올라가면 KODEX200도 따라서 올라가고, KOSPI200 지수가 내려가면 KODEX200도 따라 내려간다는 걸 의미합니다.

어떤 ETF에 투자할까요?

ETF는 정말 수많은 상품이 있어요. 궁금하다면 국내형 ETF 상품 목록을 손쉽게 확인할 수 있어요. 네이버 사이트에 접속해서 [네이버 증권 → 국내증시 → ETF]로 들어가면 현재 국내 주식시장에 상장된 ETF 투자 상품 목록 전체를 확인할 수 있습니다. ETF 종류별, 규모별로도 확인할 수 있으니 꼭 한번은 들어가서 훑어보시길 바라요.

수많은 주식과 채권, 그리고 그걸 수없이 포트폴리오로 만든 펀드까지. 정말 다양한 ETF가 있어요. 메타버스, 전기차, 반도체, 수소차, 배당주, 헬스케어, 5G, 건설을 비롯해 원자재, 환율, 부동산처럼 얼마든지 내가 투자하고 싶은 분야에 직접 투자할 수 있습니다. 그런데 제가 항상 강조하는 것, 장기적으로 안정적인 재테크 방법을 위해선 어디에 투자하면 좋을까요? 바로 시장지수에 투자하라! KOSPI 시장을 추종하는 지수, 혹은 미국 시장인 S&P500을 추종하는 지수에 투자하라는 거예요.

KOSPI 시장을 추종하는 대표적인 지수인 KOSPI200, 이와 관련된 ETF는 대표적으로 두 가지가 있어요. 바로 KODEX200과 TIGER200 앞서 간략히 설명해 드렸던 ETF 상품이에요. 둘 다 KOSPI200을 추종하는 ETF 중 시가총액 1위, 2위이고, 전체 ETF 시장에서는 각각 1위, 10위에 있는 상품이에요(2023년 4월 기준).

그리고 미국 시장을 대표하는 S&P500에 투자하는 방법이 있어요. 우리나라 주식시장에 상장된 시가총액이 가장 높은 상품 두 가지는 다음과 같아요. 우리나라에 상장된 ETF이지만, 미국 지수를 추종하는데, 국내 운용사에서 만들어서 국내 주식시장에서 거래되는 상품이라고 할 수 있어요.

(2023년 4월 19일 기준)

회사	종목명	거래대금	시가총액	순위	총보수·비용
미래에셋자산운용	TIGER 미국S&P500	153억	1.85조	11위	0.15%
한국투자신탁운용	ACE 미국S&P500	68억	0.57조	34위	0.14%

반대로 국내에서 상장한 ETF 말고, 미국 시장에서 상장한 ETF를 직접 투자할 수 있어요. 미국 주식시장에 상장된 S&P500 지수를 추종하는 ETF로는 SPY, IVV, VOO 등이 있어요. 갑자기 이게 무슨 용어인가 싶을 수 있겠어요. 미국 주식의 경우 증시에 등록된 기업 종목의 약어가 있어요. 예를 들어, 애플의 경우 AAPL이라고 표현하고 테슬라는 TSLA라고 표현해요. 주식 이름을 간편하게 표기하기 위해 이렇게 알파벳으로 요약해서 표현하는데 이를 티커라고 해요.

ETF도 마찬가지예요. SPDR이란 회사가 만든 S&P500 지수를 추종하는 ETF 상품의 종목명이 SPY이고요. BlackRock에서 만든 상품은 IVV, Vanguard에서 만든 상품은 VOO라고 해요. 즉, 실제로 미국 시장에서 직접 해당 ETF를 매매하고자 한다면, SPY를 검색해서 찾으면 돼요. 이 상품들은 모두 제일 잘나가는 ETF답게, 운용 규모만 100조 단위가 넘어요. 어마어마한 규모죠.

요컨대 재테크의 첫 시작이라면 무조건 알고 가야 할 ETF, 특히 어떤 ETF에 먼저 투자해야 할까 고민이라면 바로 KOSPI나 S&P500 시장지수를 추종하는 ETF를 사라! 시장 수익률을 추구하는 투자는 재테크적 관점에서 실패하지 않는 투자다! 이렇게 정리할 수 있겠습니다.

좋은 ETF를 고르는 방법

똑같은 주식이나 채권을 담은 ETF더라도, 운용사마다 차이가 있을 수 있어요. 투자 자산의 포트폴리오도 조금씩 차이가 있고, 심지어 투자 비용도 다르죠. 큰 차이가 없으니까 똑같겠지, 하고 넘어갈 수 있지만 이 미세한 차이가 장기간에 걸쳐 누적되다 보면 큰 차이를 만들곤 합니다. 그래서 좋은 ETF를 고르려면 어떻게 해야 하는지 알아보려 합니다.

① ETF의 규모
제일 먼저 확인할 것은 ETF의 규모예요. 시가총액, 거래량, 거래대금을 보는 것이지요. 이걸 왜 봐야 하냐면, ETF도 결국 주식처럼 거래하기 때문이에요. 주식처럼 ETF를 사려는 사람은 매수가를 지정하고, 팔려고 하는 사람이 매도가를 지정하죠. 이런 가격을 호가라고 하는데, 매수 호가와 매도 호가가 일치하면 거래가 성사돼요. 그런데 만약 ETF 규모가 작다면? 호가창이 텅텅 비겠죠. 즉, 내가 원하는 가격에 사고팔기 힘들 수 있어요. 그래서 사람들이 거래량이 많은 곳으로 모이는 이유이기도 하죠. 실제로 거래 규모가 작아서 상장 폐지되는 ETF도 있어서, 재테크 초보자 입장에선 규모가 큰 ETF 중심으로 보는 게 좋습니다.

② 투자 비용

ETF를 운용하는 자산운용사도 비용이 드는데요. 이를 총보수라고 해요. 당연히 고객 입장에선 총보수가 낮은 상품이 좋은 상품이라고 할 수 있어요. 그런데 이따금 ETF 운용사에서 '총보수가 가장 낮은 상품이다!'라고 광고하는 경우가 있는데, 이를 그대로 믿어서는 안 됩니다. 왜냐하면 총보수 외에도 드는 비용이 있거든요. 이를 투자 비용이라고 해요. 이는 자산운용사 홈페이지를 들어가면 확인할 수 있어요. TIGER200 ETF의 경우 홈페이지에 이렇게 나와 있어요.

총보수: 연 0.05% (운용: 0.029%, 지정참가: 0.001%, 신탁: 0.01%, 일반사무: 0.01%)

그런데 해당 상품의 간이 투자설명서를 다운로드받아 읽어 보면 총보수는 0.05%이지만 판매 수수료 등 그 외 부가적인 비용까지 합친 총보수·비용이 0.07%라고 나와 있습니다. 1,000만 원 투자 시 투자자가 부담하는 총비용까지 친절하게 설명해 주고 있죠. 1,000만 원 투자 시 1년에 7,000원이라고요.

이를 KODEX200과 비교해 보면, KODEX200의 총보수·비용은 0.151%이에요. 예시처럼, 1,000만 원을 투자할 경우 연간 총비용은 1만 5,100원인데요. 두 ETF의 총비용이 8,100원의 차이가 발생하게 되고, 10년이 지나면 8만 7,000원까지 차이가 발생합니다. ETF에 투자금이 더욱 크거나, 수수료율 차이가 더욱 크다면 이 차이가 점점 불어나겠죠?

③ 추적오차와 괴리율

이론적으로 KOSPI200을 추종하는 ETF는 KOSPI200 지수를 완벽하게 따라가야 합니다. 예를 들어 지수가 10% 오르면, ETF도 정확히 10%만큼 올라야 하죠. 그런데 현실적으로 그러기 쉽지 않습니다. 그 이유를 두 가지로 나눠서 보면 추적오차와 괴리율이 발생하기 때문이라 할 수 있어요. 추적오차란 펀드매니저가 KOSPI200 지수에 따라 ETF 포트폴리오를 맞추는 과정에서 발생하는 오차를 말해요. 반면 추적오차를 아무리 최소화하더라도 발생하는 문제가 괴리율이에요. ETF도 주식시장에서 거래되기 때문이죠. KOSPI200이 오른 만큼 시장가가 형성되어야 하는데, 누군가는 더 매수하거나 덜 매도하면 지수 변동만큼 가격이 설정되지 않을 수도 있어요. 그래서 이런 괴리율을 조정하기 위해 유동성 공급자(LP)라는 주체가 인위적으로 ETF 가격을 맞추려고 노력하고 있죠.

만약에 이런 추적오차와 괴리율이 큰 상품이라면, 내가 추종하는 시장지수에 따라 투자하는 데 차질이 있을 수 있어요. 그래서 규모가 큰 ETF가 안정적일 수밖에 없어요. 규모가 클수록 이런 추적오차나 괴리율이 발생할 확률이 낮습니다.

ETF로 발생하는 세금은?

소득이 있는 곳에 언제나 세금이 있다고 했죠. 그래서 ETF로 어떻게 돈을 벌게 되는지를 먼저 알아봐야 해요. ETF로 돈을 버는 방법은 두 가지, 바로 매매차익과 분배금이에요.

① 매매차익

매매차익은 싸게 사서 비싸게 파는 것을 말해요. 예를 들어, ETF 10주를 100만 원어치 매수했는데, 30%의 수익률을 달성했다고 해볼게요. 그러면 ETF 10주의 가치는 100만 원에서 130만 원이 되겠죠?

만약 이때 ETF 10주를 바로 매도한다면? 30만 원의 수익이 발생하는데, 이를 매매차익이라고 해요. 100만 원에 매수한 걸 130만 원에 매도해서 발생한 차익이죠.

② 분배금

주식을 보유하고 있으면 주주에게 배당금을 준다고 했죠. ETF를 보유한 사람들에게 주는 배당금 성격의 돈을 분배금이라고 해요. 예를 들어, KODEX200에는 200개 기업의 주식이 있다고 했는데요. 이 기업들로부터 발생하는 배당금을 합산해서 주는 게 바로 분배금이라 할 수 있어요. (물론, 분배금은 이러한 배당금 외에도 다른 수익원도 있다는 점만 알아 두고 넘어갈게요.)

보통 분배금은 1년에 네 번에서 많으면 다섯 번까지 지급해 주는데, 1월, 4월, 7월, 10월, 그리고 1년의 마지막 영업일에 지급해 줘요. 보통 4월에 분배금을 가장 많이 지급해 줍니다. ETF마다 주는 분배금이 다르겠지만 ETF 1주당 받는 분배금을 연평균으로 합산하면 대략 2% 내외라고 생각하면 돼요. 2022년 기준, KODEX200의 경우 총 4번의 분배금을 지급해 주었어요. 총 735원이에요. 2022년 월초에 ETF를 매수했다면 3만 9,020원 대비 735원으로 1.88%의 수익을 분배받았다고 할 수 있어요.

국내 주식형 ETF VS 그 외 ETF

이처럼 ETF를 매매해서 발생한 매매 차익과 분배금에 대해서도 세금을 내야 해요. 그런데 모든 ETF에 똑같은 세금을 부과하는 게 아니에요. 어떤 ETF에 투자했느냐에 따라서 세금이 달라져요. 국내 주식형 ETF에 투자한 경우와 그 외의 ETF에 투자한 경우에 따라 달라요. 먼저 표로 보여 드릴게요.

	국내주식형 ETF	그 외 ETF
투자자산	국내 주식	해외 주식, 채권, 레버리지/인버스 등
예시	KODEX200	TIGER S&P500
매매차익	비과세	양도소득세 15.4%
분배금	배당소득세 15.4%	

국내 주식형 ETF는 말 그대로 국내에 상장된 주식으로 구성된 ETF를 말해요. 대표적으로 시가총액 1위인 KODEX200이 있죠. 반면 국내 주식형 ETF가 아닌 그 외 ETF에는 매매 차익에 대해서 15.4%의 세금이 부과돼요. 예를 들어 주식이 아닌 채권으로 구성된 채권형 ETF도 포함되고, 국내 주식이 아닌 해외 주식으로 구성된 ETF도 포함이 돼요. 그리고 국내 주식으로 구성된 ETF더라도 시장지수의 2배 혹은 반대 방향을 추종하는 레버리지나 인버스도 그 외 ETF로 분류해요. 한마디로, 순수하게 국내 주식으로만 구성된 ETF만 매매차익에 대해

서 비과세를 해준다고 생각하면 됩니다.

즉 세금 계산을 하면 이렇게 볼 수 있어요. (2022년에 KODEX200의 분배금 수익률은 2.06%이었어요. 여기서는 투자금 1,000만 원에 대한 수익률로 가정할게요.)

KODEX200에 1,000만 원을 투자하고 1년 뒤 1,100만 원일 때 매도할 경우.
· 매매 차익 과세: 0원
· 분배금 과세: 1,000만 원×2.06%×15.4%=3만 1,724원

반면 해외주식으로 구성된 TIGER S&P500을 예로 들어볼까요. 그 외 ETF의 경우 매매 차익에 대해 세금을 내야 합니다.

TIGER S&P500에 1,000만 원을 투자하고 1년 뒤 1,100만 원일 때 매도할 경우.
· 매매 차익 과세: 100만 원×15.4%=15만 4,000원
· 분배금 과세: 1,000만 원×2.06%×15.4%=3만 1,724원

국내에 상장한 해외 주식 ETF VS 해외에 상장한 해외 주식 ETF

국내 주식형 ETF와 그 외 ETF에 대해서 정리해 보았어요. 이 둘의 공통점은 바로 국내 주식시장에서 투자를 했다는 거예요. 그런데 요새 금융환경이 너무 좋아졌잖아요. 이제는 누구나 쉽게 국내 주식시장 말고 해외 주식시장에서도 투자를 할 수 있어요. 해외 주식에 투

자하는 방법은 크게 두 가지예요.

첫 번째는 앞서 설명한 TIGER S&P500. 바로 국내 주식시장에 상장한 ETF인데, 해외주식에 투자하는 거죠. 두 번째는 바로 해외 주식시장에서 직접 ETF에 투자하는 방법이에요. 우리나라에서 주식시장에 투자하는 방법이 KODEX200 ETF를 매매하는 것이라고 하였죠? 이처럼 미국 주식시장에 투자하는 방법은 미국 주식을 담은 ETF에 투자하는 방법이 있어요. 미국 시장을 대표하는 S&P500에 투자하는 ETF, 예를 들어 SPY가 있어요. 미국 주식 ETF 중 운용 규모가 1등인 ETF예요. 그 외에도 IVV, VOO 등 다양한 상품이 있습니다.

즉 국내에 상장한 TIGER S&P500에 투자하거나, 미국에 상장한 SPY에 직접 투자하거나. 공통점은 S&P500이라는 지수를 추종한다는 것이고, 차이점은? 이 역시 바로 세금에 있어요.

해외 ETF 세금을 정리하면 다음과 같아요.
- 연 250만 원까지의 매매 차익에 대해서는 비과세
- 250만 원 이상부터 매매 차익에 대해서 22%의 양도소득세 부과
- 분배금은 당연히 배당소득세가 적용되어 15.4%로 원천징수 후 계좌로 입금

예를 들어, 미국 주식시장에서 SPY를 1,000만 원에 매수해서 2,000

만 원에 매도했다면, 총 1천만 원의 매매 차익이 발생하는데요. 여기에 250만 원은 비과세라 750만 원에 대해서만 세금이 부과돼요. 그래서 750만 원× 22% = 165만 원을 양도소득세로 납부하게 됩니다.

ETF 말고도 뭐가 많던데

지금까지 ETF에 대해서 알아봤어요. 그런데 조금만 더 공부하다 보면 ETF 말고도 ELS(주가연계증권), ELD(주가연계예금), DLS(파생결합증권) 등 다양한 금융상품을 접할 수 있을 거예요. ETF 하나만 알아도 벅찬데, 비슷한 용어가 뭐 이리 많아? 각종 금융 용어들이 범람하니까 벌써 투자는 공부할 게 너무 많고 어렵다고 생각하실 수도 있어요. 그런데 저는 단언컨대 말씀드릴 수 있어요. 재테크를 처음 입문하는 사람은 ETF 하나만 알아도 충분하고, 심지어는 ETF로 한평생 투자해도 부족하지 않다는 점을요.

제가 앞서 강조한 월급쟁이 투자 원칙, 기억하시나요? 꾸준한 현금 흐름으로 적립식 투자를 해라, 복리 효과를 누리기 위한 장기투자를 해라, 그리고 위험을 분산할 수 있는 분산투자를 해라. 이 모든 걸 ETF 하나로 다 할 수 있어요. ETF는 애초에 다양한 주식이나 채권을 담고 있기 때문에 태생이 분산투자예요. 1만 원 수준으로도 언제나 쉽게 매매할 수도 있죠. 그리고 ETF를 매수하고 나서 오랫동안 갖고 있으면 장기투자까지 가능합니다. 일반 펀드보다 투자 비용도 저렴하기도 하고요. 이게 ETF 하나만 알아도 충분하다고 하는 이유예요.

　계속 강조하지만 제가 신입사원 때 알았으면 좋았을 재테크 방법에 대한 고민의 결과가 바로 이 책이에요. 말 그대로 재테크 입문자들을 위해 필요한 내용만 딱 넣었으니까, 제가 소개하는 것만 충분히 공부해도 충분하다는 점! 저만 믿고 따라와 주세요!

연금계좌:
미래의 나를 위한 필수 상품!

지금까지 금융상품을 종류별로 알아봤다면, 이제부터는 금융 제도에 대해서 알아볼 거예요. 금융 제도라고 하니 뭔가 따분한 것이 나올 것 같은데, 가장 핵심적인 세 가지만 알면 돼요. 연금저축, 퇴직연금 그리고 ISA. 이 세 개를 모르고 재테크를 한다? 반쪽짜리 재테크밖에 되지 않는다고 할 수 있어요.

금융 제도의 핵심은 뭐냐면요. 국가가 여러분의 목돈 마련과 풍족한 노후를 위해 혜택을 준다고 할 수 있어요. 제가 앞서 재테크를 요리사에 비유했었죠. 금융상품이 여러분의 맛있는 음식과도 같았다면, 금융 제도는 레스토랑 분위기, 식기 도구 등과 같다고나 할까? 비싼 오마카세를 먹으러 가서 양푼 그릇에 담아 먹으면 어울리지 않듯이, 금융상품과 금융 제도를 최대한 잘 활용할 수 있어야 해요.

먼저, 국가에서 여러분의 노후를 대비하라고 연금계좌를 만들어 줬어요. 연금계좌는 이름 그대로 나중에 연금으로 쓰라고 있는 계좌예요. 그런데 이를 이용하는 방법은 두 가지, 바로 연금저축과 퇴직연금(IRP)이에요. 이 둘은 서로 쌍둥이 같은 계좌이에요. 둘은 혜택이 비슷하면서도 조금은 다르거든요. 연금저축이 무엇인지 알면 IRP도 쉽게 알 수 있어요.

연말정산의 수호천사, 연금저축

어두운 밤, 공원 벤치에 한 남성이 앉아 있습니다. 여유롭게 노래를 듣던 도중 갑자기 남성 위에 UFO가 나타납니다. 납치라도 하려나 싶은 순간! 갑자기 하늘에서 52만 원이 뚝 떨어집니다. 그러고는 물어봅니다. "당연히 가지실 거죠?" 웬 생뚱맞은 소린가 싶으실 텐데요. 모 금융회사에서 제작한 연금저축 광고입니다. 연말정산 세액공제로 환급받는 52만 원에 대해서 '공돈'이 생긴다고 표현한 광고라 할 수 있겠습니다. 연금저축이 뭐길래 갑자기 하늘에서 돈이 뚝 떨어질까요?

먼저, 연금저축은 이름 그대로 '연금'을 위한 '저축'이에요. 연금은 우리가 은퇴하고 받는 소득이죠. 그래서 연금저축은 여러분의 노후 대비를 위한 전용 계좌라고 할 수 있어요. 노후 대비 전용 계좌? 그래서 장점이 뭔데? 바로 돈을 장기적으로 운용하는 데 특화가 된 계좌예요. 직장인들이라면 일하고 버는 돈에 대한 세금을 내야 하는데, 이를 연말정산이라고 해요. 많이 들어보셨죠? 올 한해 회사에서 일하고 받은 돈에 대해서, 12월에 최종적으로 납부해야 할 세금을 정산하는 과정이에요. 이미 해보신 분들이라면 알겠지만 연말정산이 끝난 이듬해 2월, 돈을 더 뱉어내거나 혹은 돈을 돌려받은 경험이 있을 거예요. 만약에 뱉어내는 돈이 더 많다면? 이 연금계좌를 만들면 돼요. 왜냐하면 연금저축에 돈을 넣으면 연말정산에 세금을 환급받을 수 있거든요. 이를 '세액공제 혜택'이라고 해요.

그렇다면 얼마나 돌려받을 수 있을까요? 다음 표에서 보듯이 여러분의 연봉과 납입금액에 따라 달라져요.

연금저축 세액공제 혜택

총급여액 (종합소득금액)	세액공제 납입한도 (A)	세액공제율 (B)	최대 환급금액 (A×B)
5,500만 원 이하 (4,500만 원 이하)	600만 원	16.5%	**99만 원**
5,500만 원 초과 (4,500만 원 초과)		13.2%	**79만 2,000원**

먼저, 연금저축의 세액공제 혜택은 납입금액과 세액공제율을 곱한 금액만큼 받을 수 있어요. 납입금액이란 내가 연금저축에 납입한 돈을 말해요. 예를 들어, 연금저축에 매월 30만 원씩 납입하면, 1년 동안 총 납입 금액은 360만 원이 되죠.

그리고 세액공제율이란 세금을 공제해 주는 걸 말해요. 공제한다는 것은 무언가를 뺀다는 의미잖아요. 세금을 뺀다? 즉, 내야 할 세금을 덜어 준다고 할 수 있어요. 이 세금을 어떻게 덜어 주냐면, 여러분이 월급을 받을 때 국가에선 세금을 미리 떼가거든요. 즉, 이미 거뒀던 세금을 연말정산 후에 되돌려주는데, 이를 환급을 해준다고 표현해요. 이게 바로 세액공제 혜택이고요.

위 표와 같이, 세액공제율은 총급여액에 따라 달라져요. 총급여액은 여러분의 연봉이라고 생각하시면 돼요. 만약, 총급여액이 5,500만 원을 초과하면 세액공제율은 13.2%, 총급여액이 5,500만 원 이하면 세액공제율 16.5%를 적용해요. 어떤가요? 총급여액이 낮은 사람이 세액공제율이 높죠? 즉, 연봉이 낮은 사람에게는 좀 더 많은 세금 혜택을 준다고 생각하면 돼요. 이게 바로 세금으로 낼 돈을 줄이는 세테크라고 하는 거고요.

만약 연봉이 5,000만 원인 사람이 연금저축에 월 30만 원씩 납입을 하면 얼마나 세금 환급을 받을 수 있을까요? 먼저, 연간 총납입금액이 360만 원이고 연봉이 5,000만 원일 경우, 위 표에서처럼 세액공제율이 16.5%입니다. 이 둘을 곱하면 돼요. 납입금액 360만 원 × 세액공제율 16.5%. 그러면 59만 4,000원이 나오게 돼요. 정리하자면, 연금저축에 매월 30만 원씩 납입하면, 12월에 연말정산을 하고 이듬해 2월에 59만 4,000원을 돌려받아요. 세액공제 혜택으로 받 는 환급액을 '저축으로 받는 이자'라고 생각하면 더 와닿을 거예요. 연 360만 원짜리 정기예금에 가입했는데, 이자율이 무려 16.5%인 거죠.

다만 세액공제 납입한도는 최대 600만 원까지예요. 월 50만 원씩 납입하였을 경우엔 연간 총 600만 원 수준이에요. 만약에 납입금액이 600만 원을 넘어서 700만 원, 800만 원이 되어도 납입금액은 600만 원으로 곱해서 계산해요. 그래서 600만 원에 세액공제율 16.5%로 곱한 99만 원이 최대 환급금액이 되는 거죠.

연금저축의 2가지 유형

연금저축에 돈을 납입하면 세액공제 혜택으로 돈을 환급받는다! 납입 단계까지 이해했다면, 그다음이 중요한데, 바로 납입한 돈을 굴리는 운용 단계입니다. 연금저축에 납입한 돈을 어떻게 운용할 수 있을까요? 저축으로? 투자로? 이는 연금저축을 운용하는 금융회사에 따라 연금저축신탁·연금저축펀드·연금저축보험 3가지 유형으로 나뉘어요.

	연금저축신탁	연금저축펀드	연금저축보험
운용사	은행	증권사	보험사
납입방식	자유적립	자유적립	정기납입
기대수익률	낮음	높음	낮음
투자자산	채권 등	펀드, ETF 등	공시이율 적용
예금자보호	보호	비보호	보호

먼저 연금저축신탁은 은행에서 판매하는 상품이에요. 납입금액을 가장 보수적으로 운용하기 때문에 안정적이라 할 수 있어요. 다만 원금보장이 되지만 그만큼 기대하는 수익률이 낮을 수밖에 없어요. 얼마나 낮았냐면, 사람마다 다르겠지만 20년을 운용하고도 수익률 10%인 사람도 있다고 하니, 원성이 높았겠죠? 그래서 연금저축신탁은 2018년부터 신규 판매가 중단되었어요. 따라서 현재는 연금저축보험과 연금저축펀드 중 하나만 선택할 수 있습니다.

연금저축펀드는 증권사에서 판매하는 상품이에요. 주로 펀드나 ETF 등에 투자하기 때문에 높은 수익률을 기대할 수 있어요. 다만 투자형 상품이기 때문에 원금손실의 우려가 있을 수 있죠.

마지막으로, 연금저축보험은 보험사에서 운용하는 상품이에요. 보험은 앞서 보장성 보험과 저축성 보험으로 나뉜다고 했죠. 연금저축보험은 저축성 상품이에요. 연금저축펀드에 비해 기대하는 수익률이 다소 낮지만 원금을 잃을 걱정 없이 안정적으로 차곡차곡 모아갈 수 있는 상품이죠.

간혹 '연금저축보험'과 '연금보험'을 헷갈리시는 분들이 있어요. 연금저축보험은 세제적격 상품이라고 해서, 연말정산마다 세액공제 혜택을 받는 반면에 연금보험은 세제비적격 상품이라고 해서 세액공제 혜택은 없어요. 하지만 연금을 수령할 때 비과세인 상품이에요. '연금저축보험'과 '연금보험'은 아예 다르니 이 두 개의 용어를 구분해서 기억해야 해요.

그렇다면 연금저축펀드와 연금저축보험, 무엇을 선택할까?

각기 보험과 펀드의 장단점을 갖고 있어요. 연금저축보험은 원금 손실 걱정 안 하고 정직하게 안전하게 돈을 모으고 싶은 사람에게 적합합니다. 다만 보험상품의 특성상 매월 정기적으로 납입해야 한다는 강제성이 있습니다. 반면 높은 수익률을 장기적으로 기대한다면 연금저축펀드를 선택하면 됩니다. 물론, 원금손실을 감내할 수 있어야 오랫동안 유지할 수 있겠죠. 결국 핵심은 여러분의 투자 성향에 달려 있다고 할 수 있어요.

만약 연금저축보험에 가입했는데, 다시 생각해 보니 연금저축펀드가 더 좋은 것 같다면 어떡하죠? 다시 새로 연금저축에 가입해야 할까요? 그러지 않아도 돼요. 왜냐하면 연금저축 계좌는 서로 이전이

가능하거든요. 연금저축보험에서 연금저축펀드로 바꿀 수 있고, 그 반대도 가능합니다. 단순한 계좌 이전은 여러분에게 아무런 불이익도 없고, 심지어 1인당 2개 이상 계좌를 만들 수도 있기 때문에 자유롭게 운용할 수 있어요.

연금저축은 어떻게 운용할까?

연금저축보험을 가입하신 분이라면, 원금 손실 걱정 없이 안정적인 저축을 운용하고자 하는 분들일 거예요. 보통 어느 정도냐면, 10년 정도 납입을 하고, 30년 후 연금 개시를 하면 원금 대비 2배 정도의 금액이 마련되어 있을 거예요. 물론 보험 상품마다 차이가 있을 순 있겠지만요.

반면 어느 정도 투자 성과의 열매를 맛보고 싶은 분들이라면 연금저축펀드를 고민하실 텐데요. 각종 펀드나 ETF를 운용할 수 있습니다. 앞서 소개한 ETF(분산투자)+S&P500(시장지수)+연금저축펀드(장기투자)의 삼박자가 바로 연금저축으로 그려질 수 있는 거예요.

그렇다면 연금저축펀드에서 시장지수를 따라가면 수익률 얼마를 기대할 수 있을까요? 자, 여러분이 30세부터 매월 30만 원씩 연금저축펀드에 납입했다고 가정해 볼게요. 그렇다면 연간 360만 원을 적립할 수 있어요. 이 연금저축으로 연평균수익률이 9%인 S&P500 ETF에 30년간 투자한다면, 약 5억 원에 가까운 금액으로 불어나 있을 거예요.

1년 차에 납입한 360만 원을 연평균수익률 9%로 30년간 유지한다고 가정했을 때 누적 적립금은 약 4,776만 원[360×(1+9%)^30=4,776]이에요. 또 2년 차에 납입한 360만 원에서 발생한 수익이 29년간 누적되면 약 4,382만 원이 되고요. 이렇게 30년간 매년 360만 원을 납입해 발생하는 적립금을 다 합치면 약 5억 원이 됩니다.

그런데 단순히 5억이 아니죠. 여기에 더할 금액이 있습니다. 연간 360만 원으로 세액공제율 13.2%를 계산하면, 360만 원×13.2%인 47.5만 원이 됩니다. 매년 연말정산을 하고 난 후 47.5만 원을 환급받는 것이죠. 그런데 이를 30년간 꾸준히 수령한다면 1,426만 원이 됩니다. 30년간 똑같은 금융상품에 투자하더라도, 누구는 연금저축을 통해서, 일반 계좌로 했을 때보다 1,426만 원 더 받는 것이죠. 만약에 1,426만 원도 그대로 연금저축펀드에 재투자를 하게 된다면, 점점 불어나는 납입금액의 복리 효과가 더더욱 커지겠죠.

받는 연금도 세금을 깎아 줘요

연금저축에 돈을 납입하고 운용까지 잘해 왔다면, 마지막은 수령 단계입니다. 바로 연금을 수령하는 단계에서 연금저축의 장점이 또 하나 드러나요. 소득이 있다면 세금이 있다고 하였죠? 연금을 수령하면 연금소득세를 납부해야 하는데, 저율과세 해줍니다. 저율과세란 저율 즉, 낮은 비율로 과세를 한다는 의미예요. 예를 들어, 은행에 예금을 하고 이자를 받으면 이자소득세 15.4%를 납부해야 해요. 그리고 증권사 계좌에서 주식으로 배당금을 받으면 15.4%의 배당소득세를 납부해야 하고요. (우리가 보통 납부하는 세금은 15.4%가 많아요.)

그러면 연금저축은 어떨까요? 연금저축에 있는 돈을 연금으로 받으면 연금소득세를 부과하는데, 5.5%밖에 되지 않아요. 15.4%를 기준으로 봤을 때, 거의 3분의 1 수준의 낮은 세금, 즉 저율과세를 해주는 거죠. 그런데 이마저도 70세가 넘어서 연금을 수령하면 4.4%로, 80세 이상은 3.3%로 더 낮춰줘요. 즉, 나이가 들수록 세금 혜택이 더더욱 커지게 되는 것이죠.

연금저축이 아니었다면 젊었을 때 15.4%의 세금을 부과했을 거예요. 연금저축을 통해서 노후에 5.5%의 낮은 세금을 부과해 주는 저율과세 혜택이 있다고 할 수 있어요.

연금저축을 중도에 해지하면?

이제까지 연금저축의 장점에 대해서 이야기했는데, 연금저축에도 단점이 있겠죠? 바로 장기 저축을 해야 한다는 점이에요. 즉, 연금저축에 돈을 납입하면, 지금 당장 꺼내쓸 수 있는 게 아니라 55세 이후부터 가능해요. 예를 들어, 30세에 연금저축을 만들었다면, 최소 25년을 기다려야 하죠. 연금저축은 노후를 대비하는 계좌라고 했어요. '오늘의 나'가 희생해서 '미래의 나'에게 주는 용돈과도 같아요.

그렇다면 55세까지 기다리지 못하고, 중간에 연금저축에 있는 돈을 쓸 수는 없을까요? 중간에 돈을 빼서 쓰는 걸, '중도 인출'이라고 하는데요. 가능합니다. 다만 그에 따른 패널티가 있어요. 바로 16.5%의 기타소득세가 부과된다는 점이에요. 연금저축에 가입할 때 했던 약속을 잘 지키면 5.5%의 저율과세인데, 약속을 못 지키면 그보다 높은 16.5%의 고율과세를 한다고 할 수 있어요. 근데 16.5% 어디서 많이 본 숫자네요. 세액공제율 16.5%. 즉, 연금저축을 중간에 빼 쓰려면, 세액공제 혜택을 받은 금액을 고대로 다시 반납해야 한다고 볼 수 있어요. 세액공제율 13.2%를 적용받은 사람에게도 16.5%의 기타소득세가 부과되니 손해라고 할 수 있고요.

일정한 조건에 충족하는 사람이라면 중도 인출을 해도 저율과세를 해주는 경우가 있어요. 다만 3개월 이상 요양을 해야 하는 의료비에 지출한다거나, 개인회생·파산선고를 하거나 천재지변 같은 일이 발생하는 등 정말 특정한 조건에만 가능하기 때문에, 사실상 불가능하다고 보는 게 맞겠죠.

그래서 연금저축엔 처음부터 큰돈을 넣어두면 안 돼요. 본연의 목적에 따라 55세 이후 수령할 계획을 갖고, 차근차근 한 걸음씩 나아가는 저축이기 때문이죠. 월급이 오를수록 그에 맞는 비중만큼 조금씩 납입금액을 올리는 게 가장 적합한 운용 방법이라 할 수 있습니다.

퇴직자라면 한 번씩은 거쳐 가는 IRP 퇴직연금

IRP는 개인형 퇴직연금Individual Retirement Pension이라고 해요. 이름 그대로 IRP는 퇴직금과 관련된 연금계좌예요. 이제 막 회사에 들어온 사회초년생에게 퇴직금은 먼 미래의 일 같이 느껴질 수 있어요. 그러나 퇴직금은 회사에 처음 입사하자마자 꼭 먼저 시작해야 하는 재테크 중 하나이기도 해요.

먼저 퇴직금은 크게 두 가지로 나뉘어요. 바로 퇴직금 제도와 퇴직연금 제도. 퇴직금 제도에서는 기본적으로 근로자가 퇴사할 때 퇴직급여를 한꺼번에, 즉 일시금으로 받아요. 그런데 퇴직금을 일시금으로 받다 보니 이를 노후 대비 전에 소진하는 문제가 발생하게 됐어요. 그리고 내가 다니던 회사가 망하면? 퇴직금을 못 받는 일도 생기기도 했고요. 그러다 보니 국가에서 보고만 있을 수 없겠죠? 그래서 2005년 퇴직연금 제도라는 걸 만들어서, 연금으로 운용하도록 했어요. 퇴직연금 제도에서는 퇴직금을 연금으로 받아요. 그리고 이 연금을 바로 지금 소개하는 IRP 계좌를 통해서만 받을 수 있는 것이고요.

IRP는 퇴직연금 제도를 도입한 회사에서 일하는 직장인이라면, 살면서 무조건 한 번씩은 만드는 계좌입니다. "난 아직 IRP 계좌 없는데? 그리고 만들 계획이 없는데?" 그렇지 않습니다. 왜냐하면 직장인이 이직하거나 퇴사할 때 이유 불문하고 무조건 IRP 계좌로 퇴직금을 받아야 하기 때문이에요. 물론 회사를 퇴사하면서 IRP로 받은 퇴직금을 일시금으로 수령할 수도 있어요. 그렇지만 본연의 목적에 맞게 연금으로 수령하면 다양한 세금 혜택을 주고 있어서, 퇴직금을 수령할 때 발생하는 세금을 줄일 수 있는 세테크 방법이기도 합니다.

IRP는 퇴직금과 관련된 계좌라고 했지만 재테크용 연금계좌로도 활용이 가능해요. 앞서 연금계좌는 연금저축과 IRP 두 가지로 나뉜다고 하였죠? IRP는 연금저축과 비슷하면서도 또 다른데요. 마치 이란성 쌍둥이 같은 계좌라고나 할까요. 그러면 IRP로 어떻게 재테크를 할 수 있는지 알아볼게요.

연금저축과 IRP는 마치 쌍둥이 같아요

IRP도 연금저축과 마찬가지로 연말정산 세액공제 혜택을 받을 수 있다는 점에서 둘은 닮았어요. 다만 IRP가 연금저축보다 조금 더 많은 세액공제 혜택을 받을 수 있어요. 연금저축이 세액공제 한도가 600만 원이었던 반면에 IRP는 최대 900만 원까지 가능해요. 납입한도가 다른 반면 세액공제율은 같아서, 만약 IRP로 세액공제 혜택을 받는다면, 900만 원×16.5%인 최대 148만 5,000원까지 환급을 받을 수 있어요.

다만 연금저축과 IRP의 세액공제 한도는 통합 900만 원까지예요. 예를 들어, 연금저축 계좌에서 월 50만 원씩, 연간 600만 원을 납입하고 있는 상태에서, 추가로 IRP 계좌를 만들어도 세액공제 추가 한도는 900만 원이 아닌 300만 원이에요. 반대로, 이미 IRP에 연간 900만 원을 납입해서 세액공제 혜택을 받고 있다면, 연금저축을 만들어도 추가한도는 0원이죠. 즉 세액공제를 최대한 받을 계획이라면, 납입금

연소득 (종합소득)	세액공제율	세액공제한도		
		연금저축	IRP	합계
5,500만 원 이하 (4,500만 원 이하)	16.5%	600만 원	900만 원	900만 원
5,500만 원 초과 (4,500만 원 초과)	13.2%			

액과 연금계좌에 따라 달라진다는 점을 알아야 합니다. 연금저축과 IRP는 소득기준과 세액공제율은 같으나, 세액공제 한도가 달라요

연금저축과 IRP의 차이점은?

기본적으로 IRP는 퇴직금을 운용하는 계좌라고 하였죠. 그래서 연금저축보다 사실 조금 더 보수적으로 운용할 수밖에 없도록 조건을 만들어 놨어요. 바로 투자 가능한 상품과 투자금액의 한도가 다르다는 점이에요.

투자 가능 상품과 한도

IRP와 연금저축은 다음과 같이 투자할 수 있는 금융상품 종류가 달라요.

- 연금저축 : 국내형 ETF, 선물파생형 ETF, 펀드, ELS 등
- IRP : 국내형 ETF, 펀드, ELS, 예금, 리츠 등
- 투자 불가 : 레버리지/인버스, 국내외 주식, 해외ETF

IRP의 경우 적립금의 30% 이상은 안전자산에 투자해야 하는 의무

가 있어요. 안전자산은 예·적금, 단기채권 등 원금손실 위험이 없는 투자자산을 이야기해요. 즉, 주식형 펀드나 ETF 등 위험자산에 대한 투자는 70%로 제한이 됩니다. 그래서 이미 70%의 위험자산 비중이 꽉 찼다면, 예금 같은 안전자산 비중을 높여야 추가로 위험자산에 대한 투자가 가능해집니다.

반면 연금저축의 경우 이러한 제한이 없어요. 투자자의 입맛대로 자유롭게 포트폴리오를 구성할 수 있지요. 즉, 만약에 연금저축으로 나는 ETF만 운용하고 싶다? 그러면 연금저축 계좌를 이용해야 해요. 그래야 납입금 전부를 ETF에 투자할 수 있기 때문이죠. IRP는 은퇴한 사람들이 주로 운용하는 계좌다 보니, 비교적 안전하게 목돈을 운용하도록 유도하려는 목적이라 생각하면 돼요. 젊었을 때는 무너져도 다시 일어설 기회가 있지만 은퇴 후 무너지면 정말 끝이거든요.

회사를 다니면서 퇴직금을 운용할 수 있을까?

회사를 다니면 회사에서 받는 월급 외에 퇴직금도 알게 모르게 쌓이고 있어요. 보통 1년을 근무하면 한 달 치 월급이 적립돼요. 연봉 6,000만 원의 직장인이 3년 일하고 퇴직하면 약 1,500만 원을 받아요. (직전 3개월 평균임금 500만 원 × 3년) 사실 퇴직할 때나 돼서야 퇴직금에 대해

내 돈이라고 생각을 하지 그전에는 내 자산이란 생각을 잘 못 해요.

그런데 쌓여 가는 퇴직금도 우리가 운용을 할 수가 있어요. 특히, 대부분 직장인이 놓치는 부분이기도 한데요. 퇴직하고 나서 퇴직금을 수령할 때 만드는 계좌가 IRP라고 하였죠. 반면 퇴직하기 전에 퇴직금을 굴리는 계좌가 있어요. 바로 DB형과 DC형입니다.

DB형은 확정급여형이라고 해요. 근로자가 급여를 '확정'해서 받는다고 해석하면 돼요. 내 퇴직금을 회사에서 운용하고 회사가 모든 위험을 책임지는 유형이에요. 만약에 퇴직금을 운용해서 수익이 발생했다면? 회사가 가져가고요. 손실이 난다면? 그 역시 회사에서 책임을 져요. 수익이 나든 손실이 나든, 근로자는 오로지 1년 치 일하고 받는 한 달 치의 월급을 확정된 금액으로 퇴직금을 쌓아 가는 겁니다.

반면 DC형은 확정기여형이라고 해요. 기여한 만큼 가져간다고 해석하면 돼요. DB형과 다르게 퇴직금을 회사가 운용하는 게 아니라 근로자 본인이 직접 부담해서 운용해요. 수익이 발생하면 내 몫, 손실이 나도 내 책임인 셈이죠. 매년 회사에서 내 DC형 계좌에 퇴직금을 납입하면 본인이 직접 투자 방식을 결정하고 운용해서 굴리는 거예요. 이렇게 내 퇴직금을 DB형 또는 DC형으로 운용했다가, 퇴사를 하게 되면 퇴직금을 IRP 계좌로 이전해서 관리하는 거라고 할 수 있어요.

DB DC IRP형의 차이점

구분	확정 급여형 (DB)	확정 기여형 (DC)	개인형 퇴직연금제도 (IRP)
퇴직급여 적립 위치	회사 외부 (금융 기관)		
수령 가능 시기	만 55세 이상		
수령 형태	일시금 혹은 연금 (자율 선택 가능)		
퇴직급여 운용 주체	회사	개인	개인
추가 납입 가능 여부	불가능	가능 (세액공제 혜택)	가능 (세액공제 혜택)
급여 수준	퇴직 시 평균 월급×근속연수	매년 지급되는 퇴직급여 합산 + 개인의 운용 손익	퇴직 시 평균 월급×근속연수 + 개인의 운용 손익
중간 정산	불가능	조건부 가능	조건부 가능

회사를 다니면서 나의 퇴직연금 형태가 DB인지, DC인지도 모르는 분들이 많아요. '그냥 회사에서 알아서 해주겠지'라고 쉽게 생각할 수도 있겠지만 본인에게 적합한 형태의 퇴직연금이 무엇인지 파악하고 이를 관리할 수 있어야 합니다.

DB or DC, 당신의 선택은?

퇴직금만큼은 안정적으로 굴리고 싶다면 DB형을, 위험을 좀 더 감수해서라도 퇴직금을 늘려보고 싶다면 DC형을 선택하면 됩니다. 즉, 제일 중요한 건 본인의 투자 성향에 달려 있다고 할 수 있어요. 그 외에도 몇 가지를 살펴볼게요.

먼저 임금 상승률이 높은 회사라면 DB형이 유리할 수 있어요. 퇴직금은 퇴직 전 3개월간 평균임금에 근속연수를 곱해서 산정한다고 하였는데요. 먼저 임금 상승률과 투자수익률을 비교해 보는 거예요. 나의 지난 수익률이 회사 임금 상승률을 못 따라가겠다면 DB형이 적합한 것이죠. 특히, 승진해서 연봉이 크게 오른다면 DB형이 더욱 유리할 수 있어요. 평균임금 300만 원인 근속연수 10년 차 대리와, 평균임금 400만 원인 근속연수 10년 차 과장을 비교하면 무려 1천만 원의 차이가 발생하거든요. 이처럼 회사 연봉체계와 승진구조 등을 고려해서 연봉 상승의 우상향을 기대할 수 있다면 DB형이 유리할 수 있어요. 그리고 직접 퇴직금을 관리하는 데 자신이 없거나 관심이 없다면 DB형이 편해요. 회사가 알아서 퇴직금을 운용해 주니까요. 예상 가능한 퇴직금을 받으니 속 편한 DB형이 적합할 수 있어요.

반면 회사의 임금이 꾸준히 오르는 것을 기대할 수 없거나 이직이 잦은 분들에겐 DC형이 유리할 수 있습니다. 또한 투자를 본인의 재량껏 운용하고 싶다면, 무엇보다 임금 상승률보다 높은 수익률을 기대하고자 한다면 DC형을 통해 자산을 불려 나갈 수 있고요. 지금 사회초년생 입장에선 관심 없는 얘기겠지만 임금피크제를 앞두고 있는 DB형 가입자는 DC형으로 전환해야 해요. 임금피크제로 임금이 감소하면 평균임금이 줄어들어서 퇴직금 자체가 줄어들기 때문이죠.

실제로 DB형 DC형이 어떻게 운용되고 있나요?

투자에 관심이 많은 사람이 DC형을 선택한다고 했지만 실제 현실에서는 그렇지 않아요. 대부분의 DC형을 선택한 사람들의 계좌를 보면, 퇴직연금 운용을 방치하고 있기 때문이에요. DC형 운용은 고사하고 정기예금 같은 안정적인 상품에만 투자하다 보니 DB형보다 못한 상황이 되어 버리는 것이죠.

그래서 대안으로 등장한 게 바로 디폴트 옵션이에요. DC형이나 IRP를 운용하는 가입자가 별도의 운용 지시가 없을 경우 사전에 지정한 상품으로 자동 운용하도록 하는 제도예요. 즉, DC형을 선택했다면, 본연의 목적에 맞게 투자금을 굴릴 수 있도록 자동 세팅을 도와주는 것이죠. DC형을 선택하고 싶은데, 관리하기가 힘들었다면 이 제도가 보완해 줄 수 있을 거예요.

제가 왜 회사에 입사해서 처음부터 퇴직금을 봐야 한다고 한지 아시겠죠? 먼저 본인의 회사가 퇴직금 제도인지 퇴직연금제도인지 확인하고, 퇴직연금 제도라면 현재 DB형인지, DC형인지 확인하면 돼요. 만약에 모르겠다면 인사팀에 직접 문의해 보세요. 혹은 인사팀에 문의하지 않더라도 금융감독원 연금 포털 시스템에서 회원가입 후 조회가 가능하다고 하니 바로 확인할 수 있어요.

ISA:
당신에게 목돈을 만들어줄 비과세 통장

연금계좌와 함께 재테크 필수 3종 세트의 세 번째, 바로 ISA입니다. 연금계좌는 55세 이후부터 돈을 꺼내 쓸 수 있기 때문에 노후 대비에 적합하다면, ISA는 목돈 마련에 적합하다고 할 수 있어요. 왜냐하면 가입하고 3년만 충족하면 되거든요. 세테크에 최적화된 ISA 계좌, 어떻게 운용하면 좋은지 한번 알아볼게요.

만약 여러분이 지금 ISA 계좌가 없다면 둘 중 하나입니다. 재테크 준비가 아직은 안 됐거나, 아니면 돈이 너무 많거나. 왜냐하면 ISA는 은행 이자나 주식 배당으로 연간 2,000만 원 이상 받은 사람은 가입이 불가능하거든요(전문용어로 금융소득종합과세자라고 해요). 연간 2,000만 원이 어느 정도냐면, 4억을 금리 5%인 은행 예금에 맡기면 받을 수 있는 금액이에요.

통장에 4억이 있다면 얼마나 좋을까요. 우리 모두 금융소득 종합과세자가 되는 것을 목표를 갖고, ISA로 열심히 목돈을 모아 보자고요.

ISA 계좌가 뭔데?

먼저 용어의 개념부터 알아볼게요. ISAIndividual Savings Account는 개인종합자산관리계좌라고 해요. 은행 예금, 주식, 채권, 펀드 등 다양한 금융상품을 종합적으로 관리할 수 있다고 해서 지어진 이름이에요. 키워드로 말해 볼까요. '연금저축' 하면 자동으로 떠오르는 말이 '세액공제'이듯이, 'ISA' 하면 자동으로 붙는 말이 바로 '비과세 통장'이에요.

ISA 계좌에서 발생한 수익에 대해서 세금을 부과하지 않겠다! 이게 바로 비과세 혜택이에요. 물론 모든 수익에 대해서 적용하는 건 아니고, 크게 일반형과 서민형 기준에 따라 비과세 한도가 달라져요. 일반 직장인의 경우 총급여액 5,000만 원이 기준이 되는데요. 총급여액이 5,000만 원 이하일 경우 비과세 한도가 400만 원까지, 총급여액이 5,000만 원을 초과할 경우 비과세 한도는 200만 원까지예요. 이 역시, 연봉이 낮은 사람에게 세금 혜택을 더 주고 있습니다.

ISA 가입 기준과 비과세 한도

	가입 기준	비과세 한도
일반형	19세 이상 국내 거주자 또는 근로소득이 있는 15~19세 미만 국내 거주자	200만 원
서민형	일반형 요건 & 총급여액 5,000만 원이하(또는 종합소득금액 3,800만 원 이하) 또는 종합소득금액 3,800만 원 이하인 농어민	400만 원

예를 들어볼까요. 연봉이 4,000만 원인 직장인이 ISA 계좌에서 300만 원의 수익을 냈다면? 비과세 한도가 400만 원까지이기 때문에 300만 원 전액을 그대로 수령할 수 있어요. 만약에 ISA 계좌가 아닌 은행이나 증권사의 일반 계좌였다면 15.4%인 46만 2,000원을 세금으로 냈어야 하는 금액이죠.

비과세 혜택에 분리과세 혜택까지

그러면 금액을 올려서 생각해 볼까요. 300만 원이 아닌 600만 원 수익을 냈다면 어떻게 될까요? 비과세 한도인 400만 원은 세금을 부과하지 않아요. 다만 400만 원을 초과한 200만 원에 대해서 세금을 부과하게 됩니다.

그런데 ISA 계좌는 이 200만 원에 대해서도 세금 혜택을 제공합니다. 일반적인 15.4%의 이자·배당소득세와 '분리'해서 별도로 9.9%만 세금을 부과하는데요. 이를 '분리과세'라고 해요. 이 분리과세는 한도가 없어요. ISA 계좌를 해지하기 전까지 발생하는 모든 수익에 대해서 적용하는 것이죠. 왜 ISA 계좌가 비과세 통장인지 알겠죠?

ISA 계좌에서도 정기예금 상품에 가입할 수 있는데요. 이때 납부하는 세금과, 은행에서 가입한 정기예금의 세금이 달라요. 금융상품마다 다르지만, 세금만 놓고 보면 ISA의 세금 혜택이 더 크다는 것을 알 수 있어요.

의무가입기간 3년

비과세 혜택과 분리과세 혜택. 이만한 세테크 통장이 없어요. 그런데 연금저축이 55세 이후부터 꺼내쓸 수 있는 것처럼, ISA도 나름 제약 조건이 있는데요. 바로 의무 납입 기간 3년입니다. ISA 계좌를 만들고 최소 3년 이상 유지한 뒤 계좌를 깨야 세금 혜택을 준다는 겁니다. 그나마 연금저축과 비교하면 한시름 놓이죠? 그래서 연금저축이 노후 대비, ISA가 목돈 마련에 적합하다고 한 이유기도 해요.

물론 ISA도 가입하고 나서 중도 인출할 수 있어요. 다만 납입한 금액에 대해서만 가능합니다. 예를 들어 ISA 계좌로 1,500만 원을 납입하여 현재 1,800만 원이 돼도, 처음 납입한 1,500만 원만 인출이 가능합니다. 그러면 중간에 ISA 계좌를 해지하면 어떻게 되나요? 이때 패널티는 다행히 없어요. 단지, 비과세 혜택을 포기하고 금융상품에 따른 이자소득세, 배당소득세 등이 과세될 뿐이에요. (한번 시작하면 끝까지 가자!)

ISA 계좌는 의무납입 기간이 3년, 만기는 보통 5년이고, 연장도 가능해서 10년까지도 가능해요. 만기 설정이 자유롭죠. 만약에 3년 만에 400만 원 비과세 한도를 모두 소진했다면? 바로 ISA 계좌를 해지하면 됩니다. 왜냐하면 바로 다시 ISA 계좌에 재가입하면 되거든요. 그럼 ISA 계좌를 가장 효율적으로 운용하는 방안인 셈이죠. 3년 단위의 목돈 마련 계획을 세우는 거예요. 3년 단위로 30년간 총 10번씩 ISA 계좌를 운용하는 재테크 계획! (물론 향후 제도가 언제, 어떻게 변경될지는 모르지만요.)

이론적인 이야기긴 하지만, 3년 동안 400만 원 비과세 혜택, 30년이면? 무려 4,000만 원의 비과세 혜택을 받는 겁니다. 이 4,000만 원은 투자수익이 아니라 단지 비과세 혜택만 이야기했을 때입니다. 물론 초과 수익에 대해선 분리과세 혜택까지 더할 수 있겠죠. 현실적으로 한도를 꽉꽉 채워서 혜택을 받기 어렵겠지만, 어떻게 활용해야 할지, 머리를 굴려 보는 거예요.

ISA 계좌의 3가지 유형

연금저축이 은행, 증권사, 보험사에 따라 신탁, 펀드, 보험으로 운용될 수 있듯이, ISA도 운용방식에 따라 중개형, 일임형, 신탁형 3가지로 구분되는데요. 이 역시 여러분의 투자성향에 따라 선택 결과가 달라져요.

① 나는 예금도 운용할래: 신탁형 ISA

ISA 계좌로 예금상품을 운용할 수 있습니다. 만약 여러분이 난 곧 죽어도 '저축쟁이' 스타일이라면 신탁형으로 가입하시면 됩니다. 왜냐하면 예금상품을 취급하는 유형은 신탁형밖에 없기 때문이에요. 안정적으로 ISA 계좌를 운용하고 싶은 분들을 위한 유형이라고 할 수 있습니다.

② 나는 주식으로 운용할래: 중개형 ISA

반면, ISA 계좌로 주식을 매수하고 싶다면 중개형으로 가입하셔야 합니다. 주식거래는 중개형만 가능하기 때문이지요. 다만 ISA 계좌에서는 국내 주식만 거래가 가능하고 해외 주식은 불가능합니다. 다만, 국내에 상장된 해외 ETF는 매매할 수 있어요.

③ 나는 전문가에게 맡길래: 일임형 ISA

앞선 신탁형과 중개형은 본인이 직접 금융상품을 선정하여 운용하는 유형인데요. 나는 투자를 잘 모르겠으니 전문가에게 일임하고 싶다고 생각하시는 분들이라면 일임형을 선택하시면 됩니다. 일임형은 금융회사에서 고객의 투자금을 운용해 주는 유형인데요. 직접 투자에 관심이 없거나 자신 없는 분들이라면 일임형으로 맘 편하게 투자를 할 수 있습니다. 다만 일임형의 경우 본인이 직접 운용하는 신탁형에 비해 수수료가 좀 더 비싸다는 단점이 있습니다. 자산을 운용해 주는 수고로움과 전문성에 대한 비용이라고 생각하면 맘 편하겠죠?

보통 청년층에서는 공격적으로 자산 운용이 가능한 중개형이 많고, 중장년층은 신탁형과 일임형이 많습니다. 아무래도 젊을수록 좀 더 과감한(?) 성향이 반영되죠. 그리고 여성이 신탁형과 일임형이 많고, 남성이 중개형이 많아요. 다만, 통계상 그런 것일뿐, 본인의 투자 성향에 따라 잘 선택하면 됩니다. 더욱 자세한 내용은 금융투자협회 전자공시서비스에 들어가면 ISA 다모아에서 확인할 수 있습니다.

ISA 계좌를 미리 만들어야 하는 이유

ISA 계좌에는 납입한도가 있어요. 연간 2,000만 원씩 한도가 주어져서, 5년간 1억까지 가능해요. ISA는 1인 1계좌만 가능해서, 비과세를 제외한 9.9%의 분리과세 혜택도 1억까지만 가능한 것이죠.

그런데 ISA 계좌의 납입한도는 좀 특이한 게, 올해 못 다 채운 한도가 내년으로 이월이 가능해요. 예를 들어, ISA 가입 첫해에 1,500만 원만 납입했다면, 남은 500만 원 한도는 내년도로 넘어가서, 두 번째 해에는 납입한도가 총 2,500만 원이 돼요. 결국 얼마씩이든 다 이월이 되니, 5년 차에 누적이 되어 총 1억 원이 한도가 되는 셈이죠.

그래서 지금 당장 ISA 계좌를 활용할 계획이 없더라도 미리 만들어 둘 필요가 있습니다. 세 가지 이유인데요. 첫 번째는 의무 납입기간을 미리 채워 놓기. 의무 납입기간이 지났고, 비과세 혜택을 받을 수 있다면, ISA 계좌를 해지하고 다시 재가입하면 다시 비과세 한도가 살아나는 것과 같으니까요. 미리미리 만들어 놓으면 좋은 이유죠. 두 번째는 3년 차에 시작하면 6,000만 원의 한도로 시작할 수 있어서 납입한도가 이월되니 더 많은 투자금을 한 번에 운용할 수 있어요. 그리고 세 번째, 무엇보다 정부 정책은 언제든 바뀔 수 있어요. 앞으로 이보다 더 혜택이 줄어들 수도 있는 경우를 대비하는 것이죠. 그래서 ISA 혜택을 누릴 수 있을 때 재깍재깍 활용해야 합니다.

연금계좌로 이월하면 세액공제 혜택을 추가로 받아요

의무 납입기간 3년 이후 만기가 도래하면 ISA 계좌를 해지해야 해요. 그런데 계좌에 있는 돈을 모두 수령하는 방법도 있지만, 이를 연금계좌로 납입할 수도 있어요. 굳이 55세 이후에 수령 가능한 계좌에 왜 납입을 해? 왜냐하면 ISA 만기 후 남은 돈을 연금저축에 납입하면 이 연금계좌 추가 납입액의 10%(최대 300만 원 한도)만큼 세액공제 한도를 추가로 더 받을 수 있거든요.

즉, ISA 계좌에서 3,000만 원을 연금계좌로 이월하게 되면 10%인 300만 원을 추가 한도로 받을 수가 있습니다. 연금저축 600만 원, IRP 900만 원 기억하시죠? IRP 계좌에 3,000만 원을 이전하면, 세액공제 한도가 1,200만 원까지 늘어나는 거예요. 이렇게 혜택을 주는 이유는, 국가에서는 언제나 여러분의 장기 저축을 장려하기 때문이랍니다. 장기 저축을 통해 국민이 노후에 안정적으로 살도록 돕는 이런 혜택! 무시하지 않고 저축계획을 잘 세워 보자고요.

[TIP] 재테크 필수 3종 제도, 비교 분석하기

연금저축, IRP, ISA까지 다양한 용어 속에서 혼돈이 올까 봐 한방에 비교정리해 드릴게요.

구분	일반계좌	연금저축	IRP	ISA
납입한도	없음	연간 1,800만 원		연간 2,000만 원 (5년간 1억)
비과세	없음	없음		최대 400만 원
세액공제	없음	최대 16.5% 연간 600만 원 한도	최대 16.5% 연간 900만 원 한도	만기 후 연금저축 이전 시 최대 300만 원 세액공제
저율과세	없음	연금 수령 시 연금소득세 3.3%~5.5%		분리과세 9.9%
중도인출	자유로움	세액공제 받은 납입금: 기타소득세(16.5%) 세액공제 받지 않은 납입금: 자유롭게 가능 투자 수익금 : 기타소득세(16.5%)		납입 원금에 대해 자유롭게 가능
의무 가입기간	없음	55세 이후 연금 수령		3년
손익통산	없음	가능		

일반계좌는 세금 혜택이나 의무가입기간이 없는 은행의 수시입출금 통장이나 증권사 CMA 통장 등을 말해요. 누구나 하나씩은 갖고 있는 계좌인데요. 일반 계좌 운용도 즉시 현금이 필요한 경우나 비상금 등을 대비해서 어느 정도 마련해둘 필요가 있어요. 무엇보다 의무가입기간이나 세금 혜택과 납입금의 규모 등 종합적인 재테크 계획을 세울 필요가 있어요.

손익통산으로 추가 절세 혜택까지!

아무래도 ISA 기능 중 가장 어려운 게 바로 손익통산일 거예요. 그래서 마지막에 설명을 하는데요. 손익통산이란 '손해와 이익을 통합해서 합산한다'는 의미입니다. 먼저 손익통산 기능이 없는 일반 증권 계좌를 예를 들어볼게요. A ETF에서 300만 원 수익이 났고, B ETF에서 300만 원 손실이 난 경우, 내야 하는 세금이 얼마인가요? ETF 매매차익에 대해서 15.4%의 배당소득세를 내야 하죠. A ETF의 300만 원 수익에 대한 15.4%인 46.2만 원의 세금을 내게 됩니다. B ETF는 손실이기 때문에 별도로 세금을 내지 않습니다.

반면, 손익통산 기능이 있는 ISA 계좌로 볼까요. ISA 계좌로 똑같이 A ETF로 300만 원 수익과 B ETF로 300만 원 손실이 났을 경우, 계산 방법이 조금 다릅니다. 손익통산, 즉 모든 수익과 손실을 합한 금액에 대해서 세금을 부과하게 돼요. 그래서 ISA 계좌의 300만 원 수익과 300만 원 손실을 합한 0원에 대해서 세금을 부과하게 됩니다. 손익통산 0원에 대해서 세금은? 당연히 0원입니다. 납부할 세금이 없습니다.

즉, 일반계좌나 ISA 계좌나 똑같은 종목을 운용해서 발생한 수익과 손실은 같은데, 손익통산 기능이 있는지 없는지에 따라서 수익이 달라지는 것이 핵심입니다. 결론적으로, ISA 계좌는 손익통산을 통해 손실분을 반영하게 되고, 이에 따라 수익금이 적어지니 그만큼 납부할 세금이 줄어들게 되는 겁니다. 즉, 손익통산 기능이 있는 ISA가 세금을 고려했을 때 더 이익이 되는 것이죠.

투자를 직접 해본 분들이라면 아시겠지만, 모든 종목에서 수익을 내기란 쉽지 않습니다. 게다가 만약, 한 종목에서 큰 손실이 발생한다면 실제로 버는 것 없이 세금만 내는, 배보다 배꼽이 더 큰 상황이 발생하기 마련이기도 하고요. 단지 ISA 계좌로 투자하기만 해도, 손익통산 효과로 또 하나의 절세 혜택을 받으며 손실에 대한 위험을 분산시킬 수 있는 것입니다.

ISA 계좌를 설명하며 손익통산 기능을 설명했는데요. 사실 연금저축과 IRP 모두 손익통산 기능이 있습니다. 연금저축도 결국 한 계좌 안에서 이익이 나든 손해가 나든, 중도에 인출하지 않고 나중에 연금으로 수령할 때 납부를 하게 되죠. 이때 인출하는 금액에 대해서 세금을 부과하기 때문에 일반계좌와 차이가 있는 것입니다.

비과세, 분리과세에 연말정산 세액공제, 손익통산까지, 혜택이 정말 한두 가지가 아니죠? 이 모든 걸 잘만 활용하면, 정말 동기들과 똑같이 저축해도 왜 퇴직할 때 수천만 원, 많게는 1억 이상 차이가 나는지 알 수 있으실 거예요. 그렇기 때문에 재테크 필수 3종 세트는 꼭 놓치지 않고 장기적으로 운용해야 하는 제도예요.

2022년 말 기준 ISA 가입자 수가 약 460만 명인데요. 우리나라 ISA 가입 대상 인구랑 비교하면 실질 가입률은 약 10% 수준에 불과해요. 즉, 우리나라 인구의 90%가 아직도 재테크를 제대로 하고 있지 않다고 볼 수 있어요. 이번 기회에 상위 10%의 길로 가보시는 건 어떨까요!

오직 당신만을 위한
청년맞춤형 정책

연금계좌와 ISA가 국민 모두를 위한 제도였다면, 오로지 청년만을 위한 정책도 있습니다. 아무래도 청년들이 중장년에 비해 모아 둔 자산이 없잖아요. 시작조차 버거운 청년들의 자산 형성을 돕는 혜택이 쏠쏠한 청년 맞춤형 금융상품들이 출시되곤 합니다.

가장 대표적인 것이 바로 청년희망적금이에요. 2022년 2월에 출시하였는데요. 2년 동안 월 50만 원씩 납입하면 최대 10% 수준의 이자로 돌려주는 적금형 금융상품입니다. 은행 적금상품과 비교하면 무조건 이득일 수밖에 없는데요. 그래서 처음 정부가 예상한 가입자 수 38만 명 대비 290만 명이나 가입했다고 하니 흥행 성공이었죠. 다만 한계점도 있었어요. 총급여가 3,600만 원 이하인 청년만 대상이라, 혜택을 못 본 청년도 많았어요.

그래서 2022년 하반기에 청년희망적금을 재출시한다고 했는데,

결국 중단되었어요. 정부 정책은 어떻게 될지 몰라서 예의 주시하고 있어야 할 이유기도 하죠. 그렇지만 아쉬워할 필요 없습니다. 왜냐하면 청년희망적금의 새로운 버전 '청년도약계좌'가 출시되거든요. 가입 대상과 혜택이 더욱 커져서 돌아왔습니다.

청년의 자산 형성을 위한, 청년도약계좌

'매월 70만 원씩 5년간 저축하면 5,000만 원!' 청년도약계좌를 한 줄로 요약하면 이렇습니다. 진정한 재테커가 되려면 바로 계산을 해야겠죠? 70만 원×12개월×5년=4,200만 원. 즉, 4,200만 원을 납입하면 정부에서 최대 800만 원을 지원해 주어서 5,000만 원을 만들어 준다는, 정부의 청년 자산 형성 프로젝트입니다. 2023년 6월 중 출시가 예정돼 있고, 만 19세에서 34세 사이, 연 소득 7,500만 원 이하(가구소득 중위 180% 이하)의 청년을 대상으로 은행에서 가입할 수 있습니다. 가구소득 중위 180%라는 것은, 2023년 기준 약 월 373만 원입니다. 연봉으로 계산하면 약 4,500만 원 정도가 되겠네요. 2인 가구일 경우 월 622만 원 정도라, 가족 구성원이 어떻게 되는지에 따라 소득 확인이 필요합니다.

청년도약계좌는 5년 만기 상품이라, 상품을 중도 해지하지 않고 유지할 수 있어야 합니다. 매 월 70만 원까지 납입이 가능하다곤 하나, 70만 원 한도 내에서 자유롭게 납입할 수 있고요. 실제로 70만 원을 꽉 채워서 납입할 수 있는 여력이 있는 분도 많이 없을 거예요.

기존에 앞서 설명해 드린 연금저축이나 ISA 등을 활용한다고 하면 우선순위에서 좀 밀릴 수도 있어요. 특히 저축성 보험이나 적립식 투자 계획을 세웠다면 더더욱 여력이 없을 테니까요. 다만 청년도약계좌를 운용하고 만기에 수령한 금액을 기존에 운용하고 있던 연금계좌나 금융상품에 납입하는 것도 좋은 방법이 될 수 있습니다.

청년희망적금을 가입한 분들은 중복으로 가입이 불가능하다고 해요. 아무래도 유사한 사업 목적을 지닌 두 제도라 하나만 선택이 가능하다고 볼 수 있겠습니다. 다만, 청년희망적금을 중도에 해지하거나 만기가 도래했다면 청년도약계좌 신청이 가능하니, 만기 일정을 잘 체크해서 가입 계획을 세워볼 필요가 있을 것 같습니다.

중소기업에 다니는 청년을 위한, 청년내일채움공제

청년들의 중소기업 입사를 장려하기 위한 제도인데요. 중소기업에 취업한 청년이 2년간 400만 원을 적립하면, 정부가 400만 원, 기업이 400만 원을 공동 적립하여 만기에 1,200만 원의 목돈을 마련해 줌니다. 400만 원으로 1,200만 원을 만든다, 200%의 수익률을 제공하는 아주 파격적인 혜택입니다. 중소기업에 재직하거나 취업을 고려하고 있는 분이라면 꼭 활용해야 하는 제도 중 하나입니다.

지원 대상은 다음과 같은데요.

청년	연령: 만 15세 이상 34세 이하 · 군 경력자는 복무기간에 비례하여 참여제한 연령을 연동하여 적용(최고 만 39세로 한정) 고용보험 이력: 정규직 취업일 현재 고용보험 이력이 없거나 최종학교 졸업 후 고용보험 총 가입기간이 12개월 이하인 자 · 단, 3개월 이하 단기 가입이력은 총 가입기간에서 제외 · 방송·통신·방송통신·사이버(원격대학), 학점은행제, 야간대학, 대학원은 제외 학력: 제한은 없으나, 정규직 취업일 현재 고등학교 또는 대학 재학, 휴학 중인 자는 제외(졸업예정자 가능)
기업	공제 가입 대상 청년의 정규직 채용일 기준, 직전 3월간 평균 고용보험 피보험자수 5인~50인 미만×을 고용하고 있는 건설업·제조업 중소기업. · 사업주 단위로 판단하되, 피보험자수 산정 시 사업주, 일용근로자, 특수고용형태종사자, 노무제공자, 예술인은 제외하고 산정. · [중소기업기본법] 제2조 및 같은 법 시행령 제3조, 업종 확인은 고용보험시스템 상 사업주(본사)에 해당하는 업종으로 확인하되, 사업장별로 업종이 다를 경우 청년이 소속한 사업자의 업종 기준.

더욱 자세한 내용은 청년내일채움공제 홈페이지에서 확인할 수 있습니다. (www.work.go.kr/youngtomorrow)

저소득층 청년을 위한, 청년내일저축계좌

'매월 10만 원씩 저축하면 3년 뒤 720만 원!' 청년내일저축계좌는 저소득 청년들의 자산 형성 지원을 위해 저축을 하면 최대 3배까지 지원해 주는 제도입니다. 소득에 따라 지원금을 달리 주고 있어요. 의무가입기간은 3년인데요. 3년만 채우면 저축액의 2배에서 3배를 수령할 수 있으니 단기자금을 잘 운용해서라도 혜택을 누려야 할 금융상품이라 할 수 있습니다.

다만, 2023년 청년내일저축계좌 신청 기간은 5월 1일부터 26일까지로 이미 종료되었어요. 자격 대상으로 이미 가입했다면 다행이지만, 지금이라도 알았다면 내년에는 놓치지 말고 꼭 가입할 수 있도록 해요. 세부 혜택은 다음과 같습니다.

만 19세~만 34세의 차상위 초과자(기준 중위소득 50% 초과~100% 이하)에게는 3년 동안 매달 10만 원을 저축하면 정부에서 10만 원씩 더 적립을 해줍니다. 즉 납입금 360만 원에 지원금 360만 원을 더하면 3년 후 총 720만 원을 수령할 수 있어요. 반면, 만 15세 이상부터 만 39세 이하의 차상위 이하자(기준 중위소득 50% 이하)에게는 3년 동안 매달 10만 원씩 저축하면 정부에서 30만 원씩 더 적립을 해줍니다. 즉, 납입금 360만 원에 지원금 1,080만 원을 더하면 3년 후 총 1,440만 원을 수령할 수 있어요.

저축은 매달 10만 원에서 50만 원까지 가능한데, 저축 금액에 따른 지원금 차이는 없습니다. 그러니 10만 원만 납입하는 것이 가장 효율적이겠죠. 또한, 납입이 누락되면 그만큼 지원금이 적립되지 않으니 최대한 꾸준히 납입할 수 있어야 합니다.

중요한 건, 이러한 정부 정책은 언제 또 어떤 형태로 등장할지 모릅니다. 그러니 항상 재테크에 관심을 갖고 자세히 알아봐야 합니다. 이러한 정부의 청년정책을 놓치지 말자고요!

포기하지 말자,
내 집 마련의 꿈

    우리나라 사람들의 부동산 사랑은 남다릅니다. 재테크의 궁극적 목표가 '내 집 마련'에 있는 분들이 많죠. 우리 부모님 세대만 하더라도, 집은 '노력하면 가질 수 있는 것'이라는 희망이 있었습니다. 아늑한 보금자리에서 가족들이 오순도순 함께 사는 것이 이상적인 그림이었죠. 그런데 오늘날 이러한 희망은 옛일이 되어 버렸어요. 집값이 너무 올라서 '노력해도 가질 수 없는 것'이 되어 버렸거든요.

    특히 제가 회사를 다닐 때만 해도 '부동산은 막차다!'라는 이야기가 많았어요. 왜냐하면 부동산 가격은 계속해서 우상향으로 올라갔거든요. 그래서 '부동산을 가장 싸게 사는 법은 지금 사는 거다'라고들 말하곤 했죠. 그런데 재밌는 건, 이 말은 지난 10여 년간 꾸준히 있었다는 거예요. 실제로 예전부터 '막차'에 위기감을 느끼고 재빠르게 투자한 사람들은 큰 수익을 봤어요. 제가 아는 회사 선배 중에는 가진 돈은 없지만 대출을 끼고 집을 사서, 부동산만 세 번 갈아타더니 10억짜리 아파트를 하나 마련했다는 사람도 있었고요. 아무 생각 없이 경복궁 근처에 브랜드 아파트를 매매했는데, 거기가 또 그렇게 올랐대요. 이런 사람들을 주변에서 한두 명씩은 찾을 수 있을 거예요. 이렇게 부동산 전설이 하나둘 생겨나기 시작한 거죠.

그러면 우리는 생각을 해봐야겠죠. 지금이라도 부동산에 투자를 할까? 가진 돈이 적어도, 보통 부동산은 대출을 끼고 많이 사니까, 도전은 해볼 수 있을 것 같아요. 앞으로도 가격이 계속 오른다면 지금 빨리 투자해야 하지 않을까? 그런데 지금 부동산 가격을 보면 높은 수준인가 낮은 수준인가를 보게 돼요. 경기는 사이클을 타고 상승과 하락이 반복된다고 하던데, 그렇다면 지금 부동산 가격은 상승기에 있나요? 아니면 하락기에 있나요?

부동산 가격은 앞으로 어떻게 될까?

우리나라 투자자산 1위인 만큼, 부동산 가격 전망과 관련해 논쟁이 아주 쟁쟁해요. '부동산은 이제 끝이다!'라고 외치는 사람이 있는 반면, '사이클 상 부동산 하락기일 뿐 다시 상승할 것이다!'라고 보는 사람도 있어요.

앞으로 부동산 가격은 어떻게 될까요? 사실 저도 궁금해요. 가격이 어떻게 될지 확실하게 말할 수 있는 사람은 없으니까요. 예측은 할 수 없더라도 부동산 시장이 앞으로 어떻게 흘러갈지는, 부동산 시장에서 발생하는 여러 변수를 보고 판단해볼 수 있을 것 같아요.

- 저출산, 고령화: 부동산 수요를 뒷받침해 줄 사람이 줄어든다.
- 지방 도시 소멸: 지방 부동산 인구가 줄어 지방 부동산은 수요가 없어질 것이다.
- 수도권 집중화: 반면, 서울 및 수도권에 인구가 꾸준히 유입되면 수요는 늘어날 것이다.
- 부의 양극화: 집값이 너무 높아서 부동산 구매 여력이 없다.
- 1인 가구 증가: 1인 가구 맞춤형 주택 수요는 증가할 것이다.
- 입지: 결국 오를 곳은 오른다. (한남, 압구정, 청담…?)
- 정책, 제도: 부동산 대출을 풀어 주면 수요가 증가할 것이다.

부동산은 수익률이 높다?

부동산 수익률이 높다고 생각하시는 분들이 많은데요. 코스피 주식시장과 전국 주택, 그리고 정기예금의 수익률을 비교하면 뭐가 가장 높을까요? 2006년부터 2021년까지 15년간, 가격 상승률을 비교해봤더니, 코스피 시장이 4.6%로 가장 높았습니다. 그다음이 전국 주택 3.4%인데, 특히 악명(?) 높은 서울 아파트만 보면 4.0%로 더 높고요.

다만 부동산은 다른 자산과는 좀 다른 특징을 갖고 있죠. 주식은 보고 만질 수 없는, 그냥 데이터 조각 같은 느낌인데 집은 내가 실제로 이용할 수 있죠, 보통 대출을 끼고 집을 사서 30년간 나눠 갚는 사람들이 많잖아요. 보금자리를 갖는다고 생각하지만 재테크 관점에서 보면 장기투자를 하고 있는 거나 다름없어요. 즉, 사실 부동산은 수익률이 좋은 게 아니라, '안정감'이 다른 자산보다 크다고 할 수 있어요. 이게 바로 부동산 인기에 한몫하지 않나 생각합니다.

새집 마련의 꿈, 청약통장

나만의 보금자리를 마련하는 방법은 여러 가지가 있어요. 이미 지어진 집을 사거나 경매를 할 수도 있죠. 물론 가족이 물려주는 집이 있다면 최고지만요. 그중에서도 새로 짓고 있는 집을 살 수도 있는데요. 이를 '분양'한다고 합니다. 보통 정부나 민간 건설사가 아파트를 지어서 팔겠다, 즉 분양하겠다고 공고를 내면, 사람들이 몰려와 청약을 접수해요. 보통 주택 수보다 수요자들이 더 많아서 여러 조건으로 우선순위를 선정하거나 추첨으로 뽑기도 하죠.

주택청약 열기를 주변 사람이나 뉴스를 통해 많이 봤죠? 왜 이렇게 인기가 많을까요? 일단 새집이라는 장점이 있고, 무엇보다 청약에 당첨되면 주택 가격이 보통 분양가보다 시세가 오르는 경우가 많기 때문이에요. 그래서 쌀 때 사서 비쌀 때 판다고, 시세차익을 노리고 청약을 하는 경우가 많아요. 분양 후에 시세가 폭등하는 '로또 분양'을 노리고 청약하는 사람이 많기도 해요. 그렇다고 모든 사람이 매번 청약하게 둘 순 없어요. 주택을 분양받기 위해서는 일정한 조건이 필요한데, 그중에서도 가장 핵심이 바로 청약통장입니다.

청약통장이 뭔데?

청약통장은 '주택청약종합저축'의 준말이에요. 주택을 분양받으려면 청약해야 하고, 주택 청약은 바로 이 청약통장을 갖고 있는 사람만 할 수 있어요. 이런 청약제도는 전 세계에서 우리나라에만 유일하게 있는 방식이라고 해요. 어쨌든 청약통장을 만들고 꾸준하게 일정 금액 이상을 납입하고 유지한 사람에게 주택을 청약할 기회를 주는 것이죠. 그런데 같은 청약통장이라도 오랫동안 가입한 사람이 청약 당첨에 더 유리하기 때문에, 어릴 때부터 만드는 통장이 청약통장이기도 하고요.

청약통장은 원래 목적에 따라 종류가 세 가지나 됐어요. 그런데 2009년 이후 주택청약종합저축이란 이름으로 일원화되어 오늘날의 청약통장이 된 거죠. 즉, 청약통장은 주택 분양을 받기 위한 필수 준비물이기도 하고, 납입한 금액에 대해 소득공제 혜택까지 주고 있어서 주택 마련이나 절세를 위해 활용하기 좋은 상품이라고 할 수 있어요.

주택 청약은 연령 제한 없이 누구나 가입할 수 있어요. 은행에서 가입할 수 있고, 한 사람당 한 계좌만 가능해요. 그래서 여러 계좌를 만드는 건 불가능해요. 또한 매월 2만 원에서 50만 원 범위 안에서 자유롭게 납입이 가능해요.

청약 당첨 조건에 해당하기 위해 청약통장을 관리하는 방법부터, 내가 청약을 할 수 있는 지역, 세대 구성원 등 많은 내용을 알아야 하고 심지어 복잡하기도 하죠. 그래서 사회초년생으로서 미리 준비할 수 있는 것을 위주로 알아볼게요. 좀 더 자세한 내용은 청약홈 홈페이지(static.applyhome.co.kr/)에서 알아볼 수 있어요.

주택 유형에 따라 달라지는 청약

청약하고 싶은 주택에 따라 국민주택과 민영주택으로 나뉘어요. 국민주택은 국가나 지자체, SH, LH 등 공공에서 분양하는 주택을 말하고, 민영주택은 민간 건설사가 공급하는 주택을 말해요. 푸르지오, 아이파크 등 아파트 브랜드 이름 들어보셨죠? 보통 민영주택 아파트가 '이름값'을 하는 만큼 분양가가 국민주택보다 비싼데요. 비싼 만큼 아파트도 세련됐고 인프라도 좋고요. 다만, 국민주택은 이런 점은 상대적으로 미흡한 대신, 분양가가 저렴한 것을 장점이라고 할 수 있어요.

국민주택이나 민영주택에 청약할 경우 조건에 따라 1순위와 2순위로 나뉘어요. 다음 표는 국민주택과 민영주택의 1순위 요건인데요. 청약 당첨을 노린다면 무조건 1순위 조건은 채워야 해요.

국민주택과 민영주택 모두 가입 기간이 중요해요. 최소 2년 이상은 지나야 하는데요. 차이점이라고 한다면, 국민주택의 경우 청약통장에 납입 횟수를 중요하게 보는 반면, 민영주택은 예치금이 기준에 맞게 들어있는지를 봐요. 사실 말이 1순위이지, 1순위 조건이 까다롭지 않아서 필수조건이라고 해도 무방해요.

국민주택 1순위 자격 요건	민영주택 1순위 자격 요건
· 저축 가입 기간 2년 · 저축 납입 횟수 24회 · 무주택 세대주 또는 무주택 세대 구성원 · 해당 지역 1년 이상 거주	· 저축 가입 기간 2년 · 예치금(면적별로 다름) · 무주택 세대주 또는 무주택 세대 구성원 · 해당 지역 1년 이상 거주

그렇다면 청약통장에 얼마씩 납입해야 할까요?

만약 민영주택에 청약할 예정이라면 매달 최소 납입금액인 2만 원씩만 해도 문제가 없어요. 왜냐하면 민영주택의 경우 저축 가입 기간 2년과 함께 고려해야 할 것이 바로 예치금이기 때문인데요. 기준치 이상의 예치금이 입금되어 있기만 하면 됩니다. 청약이 복잡하다고 했죠? 내가 청약을 넣는 지역 또는 아파트 면적에 따라 예치금 기준이 달라져요. 예치금은 최소 200만 원부터 최대 1,500만 원까지이고, 회차에 상관없이 한 번에 납입해도 돼요. 그래서 매달 2만 원씩 납입을 하다가 부족한 금액을 한 번에 납입하거나, 미리 10만 원 이상씩 목돈을 모아가는 것도 방법입니다.

반면, 국민주택에 청약할 예정이라면 좀 다릅니다. 왜냐하면 국민주택은 예치금을 보는 게 아니라 납입 횟수를 보기 때문이에요. 그런데 납입 횟수가 24회라 누구나 2년만 꾸준히 납입하면 1순위가 될 수 있어요. 1순위 대상자가 너무 많겠죠? 그래서 저축 총액이 많은 사람을 우선 선발하는데, 단순히 돈이 많은 사람이 아니라, 1회차에 최대 10만 원까지 납입금을 인정하는 방식이에요. 그 이상 넣어도 10만 원으로 인정되는 것이죠. 예를 들어, 매달 10만 원씩 24개월 납입한 사람과 매달 20만 원씩 납입한 사람을 비교하면, 240만 원 대 480만 원으로 납입액의 차이가 있어요. 그러나 둘 다 240만 원의 납입금액만 인정받아 동일한 조건이 됩니다.

그래서 청약저축 납입금액을 10만 원으로 하라는 이유가 바로 여기에 있는 거죠. 민영주택 분양을 생각한다면 2만 원씩, 그러나 공영주택 분양까지 생각한다면 10만 원씩 청약통장을 유지해야 하는 것이죠.

그 외에도 주택 공급 방법에 따라 우선공급, 특별공급, 일반공급으로 구분하기도 하고요. 선정 방식에 따라 가점제, 추첨제, 순번제로 나누기도 해요. 또한 모든 지역이 다 동일한 청약 조건이 아니라 투기과열지구인지 아닌지, 아파트 면적은 어느 정도인지에 따라 달라집니다. 그리고 내가 원하는 아파트가 언제 청약이 생길지도 모르고요. 따라서 청약은 장기간 부동산 시장을 바라보고 계획하는 게 필요해요.

그런데 앞으로 부동산 시장이 위축될 거라고 보는 사람들은 청약통장을 선호하지 않기도 해요. 주택에 대한 수요가 줄어들어서, 이전과 같은 시세차익 효과가 크지 않을 거라고 보는 거죠. 이미 주택 공급은 넘쳐나는데 새집에 대한 욕구가 이전과 같을까 보는 것이죠. 투자에 정답은 없다고 했죠? 새집 마련의 꿈과 실천의 계획을 갖고 있다면 청약을 미리 만들고, 이미 갖고 있다면 잘 유지하는 것이 중요합니다. 여전히 청약통장이 없는 분들이라면 하나쯤은 새로 만들 수 있는 여력이 있는지 보시고요. 나중에 결혼을 한다면 부부 둘 중 한 명만 있어도 되겠죠.

청약통장의 소득공제 혜택

청약통장에 돈을 납입하면, 연간 240만 원까지 40%의 소득공제 혜택을 받을 수 있습니다. 연간 최대 96만 원을 소득공제 받을 수 있고 만약 매월 10만 원씩 납입할 경우는 그 절반인 48만 원을 소득공제 받을 수 있습니다. 1년 동안 납부된 금액을 기준으로 하기 때문에 매달 납입하지 않고 한 번에 240만 원을 납부해도 효과는 동일합니다. 다만 소득공제를 받기 위한 조건이 있는데요. 총급여액이 7,000만 원 이하이고, 무주택 세대주여야 해요. 만약 부모님과 함께 살고 있다면 불가능하겠죠?

반면, 연소득이 3,600만 원 이하인 경우엔 '청년우대 청약통장'에 가입할 수 있는데요. 이 역시 청년 맞춤형 정책 중 하나인 제도입니다. 일반 주택청약보다 금리도 상대적으로 높고(저축 기간이 2년 이상 10년 이내일 경우 일반 주택청약 이율에 1.5%p 추가), 2년 이상 납입할 경우 이자소득 500만 원에 대해서 비과세 혜택도 누릴 수 있습니다. 저소득층 청년 이라면 재테크 용도로서도 고민해 볼 수 있습니다.

연말정산,
아직도 모르겠나요?

"시영아, 너 이번에 뱉니, 받니?"

"저 이번에 ○○만 원 뱉어 내야 돼요"

"아니 왜?"

"모르겠는데요⋯."

솔직히 부끄러운 이야기인데요. 저는 회사 생활하면서 제 연말정산을 제대로 해본 적이 한 번도 없었어요. 1년 차에는 그럴 수 있다 쳐도, 2년 차, 3년 차에도⋯ 클릭, 클릭, 클릭, 끝. 연말정산 관련 책도 사 보고 그랬는데, 복잡한 용어와 절차가 제 머릿속에 들어오지 않더라고요. 게다가 연말에 딱 한 번만 하고 넘어가니, 기억이 안 날 수밖에요.

요새는 연말정산 시스템이 간소화되어서 절차상의 복잡함은 많이 줄어들었어요. 그런데 그러면 뭐 하나요. 내가 지금 무얼 하고 있는 가에 대한 의문이 해결이 안 됐을 텐데요. 그래서 저는 이 책에서 연말정산 파트를 제일 세심하게, 그것도 가장 쉽게 쓰려고 노력했어요. 앞으로 30번은 더 연말 정산해야 하잖아요. 지금 아니면 다음에는 없는 거, 아시죠? 그럼 시작할게요.

연말정산이 뭔데?

월급을 받는 직장인 근로자라면 누구나 겪는 12월 이벤트가 있죠. 바로 연말정산입니다. 연말정산이란 말 그대로 연말에 정산한다는 의미예요. 그럼 무엇을 정산하느냐? 바로 세금이에요. 소득이 발생하면 꼭 세금이 있다고 했죠? 여러분이 회사에서 받는 월급과 그 외 모든 소득, 한마디로 회사가 내 통장에 쏴 주는 모든 돈에 대해서 세금을 내야 하는데, 이를 근로소득세라고 합니다. 근로한 대가로 받는 소득에 부과하는 세금. 돈 안 받고 일하는 직장인은 없죠? 그래서 직장인이라면 누구나 연말정산을 해야 합니다.

그런데 소득이 발생할 때마다 깔끔하게 세금을 한방에 딱! 걷으면 좋지만, 현실적으로 그러기 쉽지 않습니다. 왜냐하면 국가에서는, 세금을 공평하게 걷기 위해서 저마다 다른 세금 혜택을 주는데, 이게 사람마다 상황이 제각기 다를 수밖에 없거든요.

예를 들어, 소비를 많이 한 사람에게 세금을 좀 더 깎아 주기도 하고요. 만약에 부양하는 가족이 많으면 부담이 더 크잖아요. 이때도 세금을 더 깎아 주기도 해요. 또, 앞서 말한 연금저축같이 노후 대비를 하는 사람에게도 세금 깎아 주는데, 이것도 납입금에 따라 혜택이 달라지죠. 이러한 모든 상황을 매달 국가가 일일이 파악하기 쉽지 않아요. 그래서 국가에서는 근로자들에게 '일단은 세금을 먼저 걷고 나중에 정산하자'라고 하는데요. 이를 원천징수라고 해요. 사전적으로는 '소득자가 직접 세금을 납부하지 않고, 국가에서 세금을 미리 떼가는 제도'라고 합니다. 정확히는 아니지만 어느 정도 소득에 맞는 정도의 세금을요. 그래서 여러분 세전 월급이 얼마고, 세후 월급이 얼마인지 묻잖아요. 국가에서 세금을 떼기 전인 '세전'과 세금을 다 떼고 받는 '세후'가 여기서 나온 개념이죠.

그런데 매달 정확히 떼어 갈 순 없잖아요. 내 월급에서 미리 원천징수한 세금에 대해서 연말에 정산을 하는 거예요. 내가 내야 할 세금이 100만 원인데, 원천징수로 120만 원을 냈으면? 제가 손해잖아요. 그러면 20만 원을 돌려받아야죠. 그래서 실제로 납부해야 할 세금을 산출해서 최종적으로 정산을 하는 거예요. 그 결과, 누군가는 원천징수보다 세금을 더 냈을 수도 있고, 누군가는 덜 냈을 수도 있을 거예요. 이때 차액에 대해서 납부하거나 돌려받는 것이 바로 연말정산 과정이라 할 수 있어요.

즉, 내가 한 해 동안 원천징수로 납부한 세금이 실제로 내야 할 세금보다 많았다? 그렇다면 세금을 환급받게 되는데, 그러면 참 좋겠죠? 이 환급금을 '13월의 월급'이라고 하기도 해요. 반면, 원천징수로 납부한 세금이 실제로 내야 할 세금보다 적다? 그러면 추가로 세금을 더 토해 내야 하는데, 참 암울해집니다. 월급을 뺏기는 기분이 들거든요.

연말정산은 한두 번 하고 끝나는 행사가 아닌 연례행사에요. 그래서 매년 어떻게 하면 세금을 돌려받을지, 혹은 덜 뱉어낼지 철저하게 준비를 할 필요가 있어요. 연말정산을 잘 활용해서 세금을 최대한 아끼는 세테크를 배우면, 연말정산이 더 이상 '월급 도둑'이 아닌 13월의 월급이 될 수 있으니 잘 준비해 볼 필요가 있어요.

12월 31일까지는 연말정산 일정이나 안내문 같은 것들을 통해 연말정산을 대비하는 기간이라면, 1월 15일부터는 홈택스에서 연말정산 간소화 서비스가 오픈됩니다. 나의 연간소득이나 세액공제 증명서류 등을 확인할 수 있어요. 또한, 간소화 서비스에는 내 모든 공제 받을 수 있는 항목이 나와 있지 않아요. 그래서 2월 28일까지 간소화

2023년 연말정산 주요 일정

구분	일정
연말정산 소득공제·세액공제 증명자료 확인	2023년 1월 15일~2월 15일
소득 및 세액 공제 신청서 및 증명자료 제출	2023년 1월 20일~2월 28일
세액 계산 및 원천징수영수증 발급	2023년 1월 20일~2월 28일
근로소득 지급 명세서 제출	~2023년 3월 10일
연말정산 추징 및 환급	2023년 3월~

서비스에 제공되지 않는 소득·세액공제 신청서 및 증명자료를 제출해서 반영해야 합니다. 이렇게 회사는 근로자의 제출 서류를 검토하고 원천징수 영수증을 발급해 주는데요. 원천징수 영수증에는 연간 소득 및 이미 냈던 세금과 추가로 내야 할 세금 등을 확인할 수 있습니다.

소득공제와 세액공제로 세금을 줄이다

2003년경, TTL(SK텔레콤)에서 방송했던 광고 멘트가 있습니다. "비트박스를 잘하려면 두 가지만 기억하세요. 북치기, 박치기." 이후 현란한 비트박스가 개인기를 보여 주며 한때 유행하는 밈Meme이 되기도 했었는데요. 여러분이 연말정산을 잘하려면 딱 두 가지만 기억하시면 됩니다. "소득공제, 세액공제."

　근로소득세를 어떻게 하면 덜 낼 수 있을까요? 소득에 따라 세금을 부과하기 때문에, 소득을 최대한 낮게 신고해야 하고, 내야 할 세금에서 더 많은 공제항목을 신고해야 합니다. 바로 소득공제와 세액공제, 이 두 가지 공제를 최대한 혜택을 활용하여 세금을 적게 내는 겁니다. 이미 앞서 몇 번 들어본 용어들이라 그래도 너무 낯설진 않으시죠? 사실 연말정산 과정이 복잡해 보이지만, 한마디로 정리하자면 소득공제를 최대한 받고, 세액공제를 최대한 받으면 끝! 이렇게 생각하면 돼요. 직장생활 다니면서 매년 하는 연말정산 과정을 이번 기회에 제대로 알아보고 가자고요.

근로소득세를 납부하는 과정

　어차피 매번 연말 되면 까먹을 테니 그때마다 이 책을 펼쳐 주세요. 이 과정이 어려우면 소득공제와 세액공제 혜택이 무엇인지만 봐도 좋습니다.

낯선 용어와 복잡해 보이는 절차…. 벌써부터 머리가 아프기 시작하는데요. 우리가 지금 보는 연말정산 과정은 회사에서 받은 모든 소득에서 최종적으로 납부할 세금을 알아보는 과정이에요. 그렇다면 그 시작은 바로 회사에서 받은 모든 소득이겠죠? 이를 근로소득이라고 하고, 현실에선 '세전연봉'이라고 해요.

흔히 직장인은 투명지갑이라고 하는데요. 지갑이 투명하면 돈이 다 보이잖아요. 회사에서 받는 모든 돈이 다 투명하게 공개될 수밖에 없어요. 상여금과 보너스까지 그리고 회사에서 받는 복지 혜택까지 모두 다요. 이 모든 것들에 대해서 세금을 내야 하는 것이죠.

그런데 이 중에서도 국가가 '이건 특별히 세금에서 제외해 줄게!'라고 한 게 있어요. 그래서 근로소득에서 제외해 주는데요. 이를 비과세소득이라고 해요. 우리 입장에선 소득을 깎아 주면 당연히 좋겠죠? 소득이 적을수록 세금도 적을 테니까요. 그래서 내 세전연봉에서 비과세소득을 제외하는데요. 이 금액을 총급여액이라고 해요. 연말정산의 시작은 바로 총급여액을 도출하는 것부터 시작한다고 할 수 있어요.

또 앞서 말한 것 중 '비과세소득'이 무엇인지 알기 위해서는 보다 자세한 설명이 필요할 것 같아요. 비과세소득은 가장 대표적으로 식대가 있어요. 바로 밥값이요. 우리가 회사생활을 하면서 밥은 어쩔 수 없이 먹게 되잖아요. 그런데 여기에 세금을? 밥 먹는 돈은 일한 대가가 아닌데, 여기에 세금을 부과하는 건 좀 불공평할 수 있죠. 그래서 세금에서 제외해 주는 거죠. 식대는 원래 10만 원이었는데 2023년부터 20만 원으로 올랐어요. 근로자 입장에서는? '땡큐…'입니다. 세금 부담이 조금은 덜어지니까요.

그 외에도 자가운전보조금, 육아휴직수당, 기자들의 취재수당 등이 있어요. 그런데 그냥 참고 정도로만 알아두시면 됩니다. 왜냐하면 우리는 절세를 하려고 지금 연말정산 과정을 알아보는 거잖아요. 근로자 입장에서 비과세항목에 개입할 여지가 없어요. 비과세소득은 회사별로 항목이 다르거든요. 그래서 비과세소득은 내 연말정산 과정에 자동 세팅되는 부분으로 생각하고 넘어가도 돼요.

① 근로소득−비과세소득=총급여액

총급여액, 어디선가 본 적 있지 않나요? 바로 연금저축이요. 총급여액 5,500만 원을 넘는지 안 넘는지에 따라, 세액공제율이 달라지거든요. 총급여액을 그냥 연봉이라 생각하고 넘어가자고 했었는데, 비과세소득을 설명하고 있을 순 없어서 넘어갔어요. 연금저축 외에도 앞부분을 다시 보면 총급여액 기준이 많이 등장해요. 앞으로 총급여액이 등장하면, 비과세소득을 제외한 내 연봉이구나 하고 생각할 수 있겠죠?

월급이 400만 원이고, 연말 보너스로 200만 원을 받는다면? 연봉이 5,000만 원이죠. (400만 원×12개월+200만 원) 그런데 월급명세서에 식대 10만 원이 있다면? 연간 120만 원이 비과세소득이므로, 연봉은 5,000만 원, 총급여액은 4,880만 원이 됩니다. 똑같은 월급이더라도 비과세소득이 많을수록 총급여가 줄어들게 되는데요. 결국 인정되는 소득이 줄어드니 궁극적으로 납부할 세금도 줄어든다고 볼 수 있습니다.

② 총급여액−근로소득공제=근로소득금액

총급여액을 도출하였으면 이제 본격적으로 세금을 공제해 주는 작업을 하는데요. 바로 근로소득공제입니다. 직장인이 아닌 사업자의 경우에는 사업으로 수익을 발생시키는 과정에서 꼭 필요한 지출이 발생할 거예요. 이때 발생하는 비용을 '필요경비'라고 해요. 필요경비로 인정되는 지출에 대해서는 세금을 공제해 줘요.

그런데 직장인은요. 이런 필요경비를 하나하나 따지기가 힘들어요. 사업자와 달리 쉽지 않죠. 그래서 사업자의 필요경비처럼, 법에서 정한 금액으로 세금을 공제를 해주는데요. 이를 근로소득공제라고 합니다. 즉, 근로소득을 만들기 위해 발생하는 비용을 소득에서 빼 준다는 개념이죠. 이렇게 총급여액에서 근로소득공제을 뺀 것을 근로소득금액이라고 하고요. 근로소득공제는 직장인마다 다르지 않고, 일괄적으로 공제해 주는데요. 총급여액이 얼마인지에 따라 달라져요. 다음 표에 따라 근로소득공제를 얼마나 받는지 알 수 있습니다.

근로소득금액 과세표준

총급여액	근로소득공제금액(공제한도 2,000만 원)
500만 원 이하	총급여액의 100분의 70
500만 원 초과 1,500만 원 이하	350만 원+(총급여액-500만 원)×40%
1,500만 원 초과 4,500만 원 이하	750만 원+(총급여액-1,500만 원)×15%
4,500만 원 초과 1억 원 이하	1,200만 원+(총급여액-4,500만 원)×5%
1억 원 초과	1,474만 원+(총급여액-1억 원)×2%

이 표는 근로소득금액 '과세표준'인데요. 총급여가 얼마인지에 따라 공제금액이 달라지죠? 이처럼, 세금 부과의 기준이 되는 것을 '과세표준'이라고 해요.

근로자 A씨를 다시 불러올게요. 총급여액이 4,880만 원이었습니다. 근로소득금액 과세표준 구간이 '4,500만 원 초과 1억 원 이하'에 있죠. 근로소득공제금액은 [1,200만 원+(4,880만 원−4,500만 원)×5%]으로 1,219만 원이 산출돼요. 즉 총급여액 4,880만 원에서 근로소득공제로 1,219만 원을 빼면 3,661만 원의 근로소득금액을 도출할 수 있어요.

여기까지 정리해 보면 세전연봉 5,000만 원에서 근로소득금액 3,661만 원까지 온 거예요. 인정되는 소득이 줄어들고 있죠? 그만큼 내 세금이 줄어들고 있는 거예요.

여기서 우리의 절세 전략이 있을까요? 이번에도 없습니다. 과세표준으로 일괄 공제가 되니까요. 총급여에 따라서 근로소득금액이 자동으로 계산되는 부분입니다. 따라서 여기도 그냥 참고만 하고 넘어가도 돼요.

③ 근로소득금액−소득공제=최종소득금액

여기까지 잘 따라왔나요? 위 과정을 통해 세전연봉에서 근로소득금액까지 도출하였는데요. 세 번째 단계에서 드디어 우리가 찾는 절세방안, 바로 소득공제입니다. 그런데 소득공제 항목은 정말로 다양해요. 이 책에서 다 설명할 수 없을 정도로요. 그래서 우리에게 필요한 부분만 딱 잘라서 보여 드릴 건데, 이 부분은 연말정산 과정을 다 보여 드린 다음 맨 마지막에 한 번 알아보려고 해요. 연말정산 절차를 알아보는 것만으로도 복잡해서 한 번에 다루기 힘들 수 있거든요. 소득공제만 딱 알아도 좋아요. 그런 분들이라면 연말정산은 스킵하고 소득공제로 바로 넘어가도 괜찮습니다.

이 단계에서 핵심은 근로소득금액에서 소득공제 항목을 빼 주면, 드디어 최종적인 '최종소득금액'을 도출할 수 있게 됩니다.

④ 최종소득금액×세율=산출세액

자, 우리는 지금까지 세금을 부과하게 될 '소득', 그 소득을 줄이는 방법에 대해서 알아보고 있어요. ①, ②단계에서 비과세소득과 근로소득공제로, ③단계에서는 소득공제로 소득이 줄어들었죠. 이렇게 세 단계를 거치고 나면 드디어 최종소득금액을 도출할 수 있는데요. 이 최종소득금액이 바로 세금 부과의 기준이 되는 것이에요. 즉, 국가에서 여러분에게 세금을 부과하려고 할 때 '너 소득이 얼마야?' 하고 묻습니다. 이때 각종 공제항목과 절세방법으로 '내 소득은 ○○원이야'라고 최종소득금액을 답할 수 있는 것이죠.

여기서 과세표준이란 용어가 등장합니다. 과세표준이란 상당히 중요한 개념인데요. 왜냐하면 내 소득이 과세표준 어느 구간에 속하는지에 따라 세율이 달리 적용되기 때문이에요.

과세표준	세율	누진공제액
1,400만 원 이하	6%	-
1,400만 원 ~ 5,000만 원 이하	15%	125만 원
5,000만 원 ~ 8,800만 원 이하	24%	576만 원
8,800만 원 ~ 1.5억 원 이하	35%	1,544만 원
1.5억 원 ~ 3억 원 이하	38%	1,994만 원
3억 원 ~ 5억 원 이하	40%	2,594만 원
5억 원 ~ 10억 원 이하	42%	3,594만 원
10억 원 초과	45%	6,594만 원

잠깐 표를 보고 넘어가 볼게요. 과세표준 구간을 보면 1,400만 원부터 10억까지 있어요. 소득 구간만큼 다른 세율을 적용하고 있어요. 소득이 1,400만 원 이하면 세금이 6%인데, 10억을 넘으면 45%나 낸다니, 거의 절반씩이나? 정말 세금이 '어마무시'한 것 같아요. 다행히 소득이 낮을수록 세율이 낮은데요. 우리나라 세금 체계가 소득이 많을수록 더 내는 구조라서 그래요. 이처럼 소득이 증가할수록 세율이 증가하는 것을 누진세라고 해요. 누진세 계산 방법을 알아야 하는데요. 소득을 세율에 한 번에 곱하는 게 아니라, 구간별로 금액만큼 계산해야 해요.

예를 들어, 내 최종소득금액이 1,400만 원이라면 어떨까요? 세율이 6%죠, 산출세액은 84만 원이 돼요. 그렇다면 최종소득금액이 2,400만 원이라면? 2,400만 원에 15%를 곱하는 게 아니라, 구간별로 세율을 적용해요. 즉 1,400만 원까지는 6%, 그 초과분인 1,000만 원은 15%를요. 즉, 계산하면 84만 원+150만 원인 234만 원이 산출세액이 되는 거죠.

감이 오시나요? 만약 최종소득금액이 8,000만 원이면? 1,400만 원까지는 6%, 1,400만 원과 5,000만 원 사이인 3,600만 원만큼은 15%, 그리고 그 초과분인 3,000만 원은 24%를 곱해요. 이렇게 산출세액을 도출하면 내가 납부해야 할 소득에 따른 세금을 산출할 수 있게 되는 거죠.

그런데 이렇게 일일이 계산하기 힘들어서 '누진공제액'을 이용하면 간편해요. 누진 공제액이란, 과세 구간마다 누적되는 공제액을 모두 더한 금액인데요. 최종소득금액을 과세표준 구간 세율에 곱하고 누진공제액을 빼 주기만 하면 돼요. 예를 들어, 최종소득 8,000만 원이면? (8,000만 원×24%)–576만 원=1,344만 원. 이렇게 간편하게 계산할 수 있습니다.

이렇게 세전연봉에서 최종소득금액을 구하고, 소득에 맞는 세율을 곱해서 최종적으로 내가 납부해야 할 세금, 산출세액을 도출할 수 있게 되는 것이에요.

⑤ 산출세액−세액공제=결정세액

산출세액까지 도출하는 과정에서, 혹여나 소득공제 혜택을 많이 받지 못했을 수도 있어요. 그래도 괜찮습니다. 아직 한 번의 기회가 남아 있거든요. 바로 세액공제입니다. 소득공제가 최종소득금액을 줄여 최대한 낮은 산출세액을 만드는 방법이었다면, 세액공제는 산출세액을 줄여 납부할 세금을 줄이는 방법이라고 할 수 있어요.

세액공제도 정말 다양한 항목이 있어요. 이 역시 소득공제와 함께 별도 파트에서 알아볼 예정이니 넘어갈게요. 결국 산출세액에서 마지막 세액공제까지 차감하면 이제 납부할 세금이 최종적으로 결정된 거예요. 즉, 결정세액이라고 해요. 이제 진짜! 끝이에요. 우리가 실제로 납부해야 할 세금이 바로 결정세액이었던 것이죠.

⑥ 결정세액 vs 원천징수

결정세액만큼 세금을 납부하면 끝! 그런데 여기서 끝이 아니에요. 결정세액이 진짜 우리가 납부해야 할 세금이긴 하지만, 연말정산을 하기 전에 국가에서 미리 세금을 떼어 갔던 거 기억하시죠? 바로 원천징수입니다. 우리가 진짜 내야 할 세금이 얼마인지도 모른 상태에서 떼어 간 돈이요. 그러면 결정세액과 원천징수를 비교해 봐야 해요.

만약 원천징수한 금액이 결정세액보다 크면? 국가에서 세금을 더 떼 갔던 거니까 돌려받아야겠죠. 세금을 환급받는다고 표현합니다. 바로 13월의 월급이죠! 반면, 원천징수한 금액보다 결정세액이 크면? 국가에서 떼어 간 세금보다 내야 할 세금이 더 있다는 뜻이죠. 세금을 추가로 납부해야 합니다. 이게 규모가 크다면 누군가에게는 '세금 폭탄'인 셈이고요.

원천징수>결정세액=세금 환급

원천징수<결정세액=세금 추가납부

지금까지 연말정산 과정을 보여 드렸어요. 한 해 동안 내가 회사에서 받은 모든 소득에 대해 납부할 세금을 정산하는 것. 특히, 국가는 내 월급에서 세금을 미리 떼 가는 원천징수를 하고요. 그래서 연말에 원천징수했던 금액과 최종적으로 납부해야 할 세금인 결정세액을 비교하고, 세금을 환급받거나 추가납부를 하는 것. 이게 바로 연말정산인 것이죠.

그 외 추가적인 궁금한 사항이 있다면 연말정산에 특화된 도서나 홈택스에 방문하시면 더 자세한 정보를 알 수 있습니다. 천릿길도 한 걸음부터라고 하였죠? 연말정산이 어떤 과정으로 진행되는지, 그리고 그 가운데 필수적으로 알아야 할 부분을 큰 틀에서 이해하고 있다면 여러분은 벌써 상위 10% 수준이라고 할 수 있습니다.

연말정산 관련해서 좀 더 세부적인 내용을 알고 싶다면 국세청 사이트에서 참고하실 수 있습니다.

국세청 홈페이지(www.nts.go.kr) 〉 연말정산 종합 안내 〉 연말정산 신고 안내

소득공제 받는 법!

연말정산의 핵심은 소득공제와 세액공제에 있다고 했어요. 우리가 절세 플랜을 짜고 실천할 수 있는 항목이기도 하고요. 그래서 연말정산 과정과는 별도로 다루기 위해 마련한 파트입니다. 먼저 소득공제인데요. 소득공제는 앞서 나온 근로소득세 납부 과정 중 '③ 근로소득금액-소득공제=최종소득금액' 단계에서 설명했어요.

최종소득금액에다가 과세표준 구간에 따른 세율을 곱해서 내야 할 세금을 산출했기 때문에, 최종소득금액을 최대한 줄여야 세금을 적게 낼 수 있겠죠? 그러기 위해 소득공제를 최대한 잘 활용해야 합니다. 소득공제는 여러 가지가 있는데, 그중 사회초년생 재테크에 필요한 것들을 위주로 살펴볼게요.

인적공제, 가족을 부양하는 사람을 위해!

먼저 인적공제에요. 인적공제는 가족 구성원에 따른 공제항목이에요. 독신으로 사는 사람과 가족을 부양하고 사는 사람에게 세금을 똑같이 부과하면 공평하지 않겠죠? 부양가족이 많을수록 지출이 많을 테니까요. 그래서 부담이 많은 사람에게 소득공제를 해줍니다. 그게 바로 인적공제입니다. 가족 구성원에 따른 세금 혜택이라고 할 수 있어요.

＊ '부양가족'은 연말정산을 신청하는 사람의 소득으로 가족을 '부양'하고 있다는 뜻이에요. 그래서 일정한 소득이 있다면? 부양가족에서 제외가 돼요. 부양받지 않아도 자립할 수 있다는 뜻이니까요.

구분	공제 한도	공제요건					
기본공제	1명당 150만원	본인, 배우자 및 생계를 같이하는 부양가족으로 연간 소득금액 100만 원(근로소득만 있는 자는 총급여액 500만 원) 이하인 경우					
		부양가족	직계존속	직계비속	형제자매	위탁아동	수급자
		나이요건	60세 이상	20세 이하	60세 이상 20세 이하	6개월 이상 양육	없음
		· 장애인의 경우 나이 요건 제한 없음.					

① 기본공제

먼저 가족 구성원 1명당 150만 원 소득공제를 해줘요. 본인도 포함이라서, 독신이면 150만 원 공제를 받아요. 만약 부모님까지 부양하고 있다면 150만 원씩 3명, 총 450만 원 공제를 받는 것이죠. 그러나 가족 구성원이 기본공제 대상이 된다고 하더라도 나이, 소득 등 조건이 맞아야 소득공제를 받을 수 있어요. 예를 들어, 가족 중 한 명이 월급 50만 원의 알바를 하게 되면? 연간 600만 원의 근로소득이 발생하게 되는데요. 총급여액 500만 원 이하인 경우에만 인적공제 대상이 되기 때문에 제외가 됩니다.

구분	공제 한도	공제요건			
추가공제	대상별 차이	공제대상	경로우대 (70세 이상)	장애인	부녀자 (부양/기혼)	한부모
		공제금액	100만 원	200만 원	50만원	100만 원
		· 한부모 공제는 부녀자 공제와 중복 적용 배제(중복시 한부모 공제 적용)				

② 추가공제

기본공제 대상자 중에서도 특정 대상에 대해서는 공제 혜택을 더 주는데요. 이를 추가공제라고 합니다. 예를 들어, 아버지가 60세라면 기본공제 대상자로서 150만 원을 공제받습니다. 그런데 70세 이상이 되면 경로우대로 추가공제를 받을 수 있어서 추가로 100만 원을 더 공제받을 수 있어요. 그래서 총 250만 원 공제를 받게 되죠. 경로우대 외에도 장애인, 부녀자, 한부모의 경우 추가공제 대상이 됩니다. 요컨대, 생활이 비교적 어려울 수 있는 가족 구성원을 부양하는 사람에게 세금을 좀 더 깎아 준다고 생각할 수 있습니다.

그 외에도 몇 가지 팁이 있어요.

- 본인은 나이, 소득 요건 없이 150만 원 공제가 돼요.
- 부모님은 같이 살지 않아도 부양하고 있다면(용돈 등) 부양가족으로 인정받을 수 있어요.
- 부모님이 국민연금을 받고 있다면 규모에 따라 부양가족으로 인정받지 않을 수도 있어요.
- 배우자나 자녀도 동거하지 않아도 부양가족으로 인정받을 수 있어요.
- 다만, 형제자매는 주민등록상 동거를 해야 부양가족으로 인정받을 수 있어요.

그렇다면 한 가지 의문이 들어요. 가족도 이미 정해진 구성원인데, 어떻게 절세를 한다는 거지? 연말정산은 중복공제가 불가능해서, 부양가족 등록을 누가 하느냐에 따라 달라지기 때문이에요. 예를 들어, 부부라면 둘 중 한 명만 자녀를 인적공제 대상에 포함해서 연말정산 신고를 해야 해요. 또는, 형제자매도 한 명만 부모를 인적공제 대상에 포함해서 연말정산 신고를 해야 하고요. 그렇다면 누가 인적공제 혜택을 받는 게 유리할까요? 바로 소득이 좀 더 많은 사람입니다. 우리나라 세금구조는 누진세라고 했죠? 소득이 많을수록 세금을 더 내요.

그렇기 때문에 소득이 좀 더 많은 사람이 부양가족을 연말정산에 포함한다면, 세금을 더 깎을 수 있는 것이니까요.

기본공제로 150만 원을 받을 경우를 볼까요. 과세표준 구간이 1,400만 원~5,000만 원이면 세율이 15%이고, 과세표준 구간이 3억~5억 원이면 세율이 40%에요. 소득공제 받은 150만 원의 15%면 22.5만 원인 반면, 40%면 60만 원이죠. 즉 누가 부양가족을 등록해서 신고하냐에 따라 37만 5천 원의 차이가 발생하게 되는 것이죠. 이런 금액들이 모여 몇십 년이 누적된다면? 더 많은 돈을 모을 수 있게 되는 겁니다.

주택자금 공제, 우리들의 보금자리를 위해

제가 처음 직장생활을 하면서 제일 하고 싶었던 게 독립이었어요. 혼자 나가서 사는 거. 부모님의 아늑한 품이 편하긴 했지만, 자유를 갈망했나 봐요. 결국 독립의 꿈을 이루기 위해 집을 알아봤는데, 시작부터 쉽지 않았어요. 타격이 꽤 컸거든요. 원룸 하나에 전세로 들어가려고 했는데, 당시 집 때문에 나가는 돈이 70만 원 정도 했어요. 독립 비용이 왜 이리 크던지. 통장이 왜 '텅장'이 되는지 알겠더라고요.

삶의 필수요소 3가지가 의식주라고 하는데, 나만의 보금자리 마련이 쉽지 않아요. 목돈이 없는 사람이 독립을 하려면 결국 둘 중 하나에요. 전세금을 빌려서 거주하는 방법과 대출로 내 집을 마련해서 거주하는 사람. 결국 큰돈을 빌리면 갚아야 하는데, 집 있는 사람과 집 없는 사람의 생활 수준이 차이가 날 수밖에요. 그래서 보금자리 마련하는 사람에게 소득공제 혜택을 주는 거예요.

① 전세대출 소득공제

먼저, 전세대출한 사람에게 소득공제를 해주는데요. 이를 공식용어로 '주택임차차입금 원리금상환액 공제'라고 해요. 주택임차차입금은 집을 빌리기 위해 대출받은 돈, 바로 전세금이에요. 전세금을 은행에서 빌리고 이를 상환하면, 상환금액의 40%를 소득공제 해줘요. 예를 들어, 전세금을 1,000만 원 상환하면 40%인 400만 원의 소득공제 혜택을 받을 수 있어요. 다만 소득공제 한도가 400만 원이라 그 이상은 받을 수 없어요. '원리금상환액 공제'지만, 원금을 상환하지 않고, 이자만 상환해도 소득공제를 받을 수 있고, 전세가 아니라 월세 보증금을 대출받고 상환해도 소득공제를 받을 수 있어요.

다만, 몇 가지 조건을 충족하지 못하면 소득공제 혜택을 받을 수 없는데요.

- 본인이 직접 전세 계약을 하고, 직접 대출을 해야 해요. 배우자나 다른 가족이 전세 계약하거나 대출을 했다면 제외돼요.

- 본인과 주민등록상 세대원 모두 무주택자여야 해요. 집 있는 사람이 혜택까지 받으면 안 되겠죠?
- 국민주택 규모 이하의 주택만 해당돼요. (국민주택 규모란, 조건마다 다른데, 수도권의 경우 보통 85m² 기준이에요. 평수로 따지면 약 26평 정도예요.)
- 전세대출만 가능해요. 마이너스 통장이나 신용대출로 전세금을 활용해도 제외돼요.

(전세대출 소득공제는 청약저축 소득공제와 공제 한도가 합쳐져서 적용돼요. 앞서 청약저축 공제 한도는 240만 원의 40%인 최대 96만 원까지 가능하다고 하였는데요. 청약저축으로 96만 원 소득공제 혜택을 받았다면, 전세대출 소득공제는 400만 원에서 96만 원을 차감한 304만 원까지만 소득공제 혜택을 받을 수 있어요.)

② 주택담보대출 소득공제

여러분이 은행에서 돈을 빌릴 때, '돈을 잘 갚을게'라고 말하지만, 사실 은행이 마냥 믿어 줄 순 없어요. 그래서 은행은 '못 갚으면 집이라도 내놔!' 약속을 하라고 해요. 그래야 못 받은 돈 집이라도 팔아서 원금을 회수할 테니까요. 이렇게 집을 조건으로 돈을 빌리는 것을 주택을 담보로 대출한다, 즉 주택담보대출이라 표현해요. '장기주택저당차입금 이자상환액 공제'는 주택담보대출로 돈을 빌리고 상환하면, 상환금액에 대해서 소득공제를 해주는 것이죠.

다만, 이 역시 아무나 해주는 건 아니고요. 조건에 해당해야 해요.

- 먼저 무주택자이거나 1주택 세대주인 근로자만 가능해요. 다주택자들은 집이 많으니 혜택이 없고요.

- 주택담보대출을 받은 사람이 해당 주택을 소유하고 있어야 해요. 이 역시 가족 이름으로는 안 되고요.

- 기준 시가 5억 원 이하의 주택이어야 해요. 기준시가란 나라에서 세금을 부과하기 위해 만든 가격이에요. 실제로 사람들이 거래하는 실거래가와는 좀 차이가 있는데요. 보통 실거래가의 80% 수준으로 산정돼요. 기준시가 5억 원 수준의 집을 찾을 때, 꼭 소득공제 혜택을 받을 수 있는 집을 찾아야겠죠?

그렇다면 소득공제를 얼마나 해줄까요.

상환기간 15년 이상			상환기간 10년 이상
고정금리이고 비거치	고정금리 또는 비거치	기타	고정금리 또는 비거치
1,800만 원	1,500만 원	500만 원	300만 원

상환기간이 10년 이상이면 300만 원, 15년 이상이면 최대 1,800만 원까지 공제 한도를 부여해요. 고정금리로 비거치식으로 15년 이상 상환하면 최대 1,800만 원의 소득공제 혜택을 받을 수 있어요. 예를

들어, 5억짜리 주택을 연 3.6%의 이자를 상환한다면 1,800만 원의 이자를 내야 하는데요. 이자를 상환한 1,800만 원 모두 소득공제 혜택에 포함될 수 있는 것이죠.

고정금리

고정금리란 금리가 변하지 않는 것을 말해요. 주택담보대출을 실행할 때, 5%로 갚겠다! 했다면, 계속 5%인 거죠. 예금이나 적금 가입할 때 금리를 딱 정해 주잖아요. 바로 고정금리죠. 반면 반대 개념인 변동금리는 시장에서 금리가 오르거나 내리면, 이에 따라 대출금리도 변하는 것이고요.

비거치식

비거치식은 거치하지 않는다는 의미인데요. 거치 기간이란 원금을 갚지 않고 이자만 갚는 기간을 말해요. 즉, 거치식은 이자를 먼저 상환하다가 나중에 원리금을 상환하는 방식, 비거치식은 시작부터 원리금을 바로 상환하는 방식이에요.

전세자금 대출과의 가장 큰 차이점은, 전세자금 대출은 원금과 이자를 모두 공제해 주는 반면, 주택담보대출은 이자만 공제해 준다는 점입니다. 그럼에도 불구하고, 주택담보대출의 공제 한도가 훨씬 크기 때문에 소득공제에 있어서 가장 큰 혜택이기도 합니다.

신용카드와 체크카드의 황금비

오로지 신용카드만, 또는 오로지 체크카드만 쓰는 분들이 계신데요. 신용카드와 체크카드를 동시에 잘 활용하면 세금을 줄일 수 있어요. 최적의 소비를 위한 신용카드-체크카드 황금비를 알려 드릴게요. 그러기 위해 다음 세 단계만 잘 숙지하면 됩니다.

하나, 연소득 25% 이상을 카드로 소비하기

먼저 1년간 카드 사용 금액이 연소득의 25%를 초과해야 해요. 예를 들어, 연봉이 6,000만 원이라면, 연간 카드 사용 금액이 1,500만 원을 넘어야 소득공제 혜택을 받을 수 있어요. 1,500만 원 이하로 소비를 한다면, 카드로 소득공제 혜택을 받을 수 없습니다.

그렇다면 얼마나 소득공제 대상이 될까요? 카드 사용 금액이 2,000만 원이라고 가정해 볼게요. 그러면 2,000만 원 전액이 소득공제 대상이 아니라, 1,500만 원의 초과분인 500만 원에 대해서만 소득공제를 받을 수 있어요. 즉, 1,500만 원만큼은 소득공제와 관련이 없는 소비금액인 셈이죠.

둘, 연소득 25%까지는 신용카드 사용하기

연소득의 25% 미만은 소득공제가 적용되지 않기 때문에, 해당 금액만큼은 신용카드나 체크카드 어떤 것을 쓰든 상관이 없어요. 그렇기 때문에, 25%까지는 신용카드를 쓰는 것이 유리합니다. 왜냐하면 신용카드가 체크카드 혜택보다 더 크거든요. 신용카드로 30만 원~50만 원 정도의 소비 실적을 채우면, 보통 1~2만 원 대의 카드 혜택(포인트 적립, 캐시백 등)을 받을 수 있어요. 특히 통신비나 공과금같이 정기적으로 지출하는 소비를 신용카드로 활용한다면, 실적을 채우기가 좀 더 쉽겠죠. 이렇게 누적되는 혜택이 꽤 쏠쏠할 거예요.

셋, 연소득 25%의 초과분은 체크카드 사용하기

카드 사용 금액 25%의 초과분에 대해서, 신용카드와 체크카드의 공제순서가 달라요. 신용카드가 체크카드 사용 금액보다 우선 공제하는 방식이거든요. 그런데 소득공제율을 보면 신용카드는 15%, 체크카드는 30%에요. 즉 25% 초과분으로 최대한 많은 소득공제를 받으려면? 체크카드로 공제 혜택을 누려야 합니다.

또한, 연간 총급여액에 따라 신용카드·체크카드의 소득공제 한도가 달라요. 내 총급여액이 7,000만 원 이하라면, 최대로 받을 수 있는 소득공제 금액이 300만 원입니다. (7,000만 원 초과 1억 2,000만원 이하일 경우 250만 원, 1억 2,000만 원 초과일 경우 200만 원) 체크카드의 경우 1,000만 원, 신

연소득 4,000만 원의 직장인, 카드 사용 금액이 2,000만 원이라면?

구분	신용카드+체크카드 사용 시	신용카드만 사용 시
카드 사용 금액 2,000만 원	신용카드 1,000만 원 + 체크카드 1,000만 원	신용카드 2,000만 원
연소득의 25%는 신용카드로	신용카드 1,000만원	
연소득 25%의 초과분	체크카드 1,000만 원	신용카드 1,000만 원
소득공제율	체크카드 30%	신용카드 15%
소득공제금액	300만 원	150만 원

용카드의 경우 2,000만 원까지 적용되는 금액입니다.

그 외에도 추가공제가 있는데요. 전통시장이나 대중교통, 도서·공연비·박물관·미술관 같은 경우 추가로 100만 원씩 소득공제 한도가 부여돼요. 즉 추가 공제 대상을 모두 활용하면 기존 300만 원에 더해 최대 600만 원까지 소득공제 혜택을 받을 수 있습니다.

그래서 내 연봉과 소비 금액을 한번 따져 볼 필요가 있어요. 만약에 올해 내 소비가 연소득의 25%에 미치지 못할 것 같으면 어떡해야 할까요? 그렇다면 신용카드만 쓰는 것이 좋아요. 체크카드를 써도 소득공제를 못 받을 바엔, 신용카드로 카드 혜택을 누리는 것이 더 유리할 테니까요. 또한, 신용카드·체크카드의 소득공제 한도를 모두 소진할 만큼 소비를 했다면? 이 역시 신용카드만 쓰는 것이 유리하죠.

카드 혜택을 그나마 더 받을 수 있어요.

가끔 신용카드를 발급받으면 돈을 물 쓰듯 쓸지 모르는 지출 충동에 머뭇거리는 분들도 있는데요. 그렇다면 신용카드 한도를 최대한 낮게 설정해서 쓸 수도 있습니다. 혹은 고정적인 지출에만 자동이체나 결제를 하는 것도 방법이 될 테고요.

Q: 내가 1년 동안 얼마나 썼는지 어떻게 확인하죠?

A: 국세청 홈택스에 접속하면 개인별 신용카드 금액 조회가 가능합니다. 따라서 남은 기간 신용카드 지출 계획을 세울 수 있습니다. 혹은 주로 활용하는 카드사 홈페이지나 앱에서 연간 이용실적을 확인할 수 있습니다.

미처 소개하지 못한 소득공제 항목이 많은데요. 예를 들어, 국민연금이나 건강보험 같이 국가에서 강제로(?) 떼 가는 보험료는 전액 소득공제에 해당해요. 즉, 납부한 보험료 100%가 소득공제되는 것이죠. 그 외에도 여러 가지가 있지만, 지금은 제가 소개한 것만 알아도 재테크를 시작하기에 충분하기 때문에, 소개를 따로 해드리지 않고자 합니다. 천릿길도 한걸음부터! 기본부터 다지고 시작해 보자고요.

신용카드가 없는 당신에게

신용카드는 일정 금액 이상 사용을 하면 포인트 적립이나 캐시백 등 리워드를 제공해 주는데요. 보통 지난달 실적을 조건으로 하죠. 지난달에 일정 금액 이상을 소비하면 이번 달에 할인 등의 서비스를 제공해 주겠다! 또한, 소비를 많이 할수록 혜택을 더 많이 주겠죠? 즉, 이를 '전월 이용실적'에 따른 '할인 한도'를 제공한다고 표현해요.

그러면 고객 입장에서 좋은 신용카드란 뭘까요? 바로 소비는 최소한으로 줄이고 할인 혜택을 최대로 받는 것이겠죠. 사실 이런 소비행위는 카드사에겐 손해겠지만, 고객 입장에선 합리적인 선택이라고 볼 수 있습니다.

[TIP] 용어! 체리피킹

체리피킹이란 잘 익은 체리만 따 먹는 행위에서 유래된 경제 용어입니다. 혜택만 쏙쏙 골라 먹는 행위를 말하는데요. 예를 들어, 카드사 입장에선 보통 카드 발급 이벤트를 많이 합니다. 카드 발급 후 첫 이용 시 10만 원 캐시백을 드립니다! 라는 이벤트를 하면, 카드사는 캐시백 혜택으로 카드 발급을 유도하고 고객이 그 카드를 이용해 주길 바라죠. 하지만 매정하게도 고객은 캐시백이 입금되자마자 카드를 해지합니다. 이게 바로 체리피킹이라고 하는데요. 카드사 입장에선 비용 부담이 큰 악성(?) 고객이지만, 고객 입장에선 이처럼 현명한 의사결정이 어디 있을까 싶습니다.

제가 사용하고 있는 카드가 있는데요. L사의 통신사 할인 카드로, 전월 이용실적 30만 원 이상 달성 시 1만 6,000원의 청구할인 혜택을 주는 카드입니다. 그런데 안타깝게도 이 카드는 신규 발급이 중단되었습니다. 왜 그럴까요? 바로 카드사에 손해이기 때문입니다. 1개월에 30만 원을 쓰고 1만 6,000원을 돌려준다, 이걸 적금으로 비교해 볼까요? 1개월에 30만 원을 예금하면 약 5%의 이자를 준다! 이렇게 비교하니 혜택이 참 과도해 보이죠? 이러한 카드는 고객들이 체리피킹하기 딱 좋은 카드이기 때문에, 입소문을 타고 고객이 몰리면 발급이 중단됩니다.

신용카드도 이처럼 이용 실적에 따른 할인을 최대한 활용하면 좋은 재테크 수단이 될 수 있습니다. 특히 살면서 꼭 지출해야 하는 고정적인 비용은 신용카드로 지출한다면 별다른 추가소비 없이도 이용 실적을 채울 수 있죠. 특히 신용카드 발급 시 신용도에 영향을 끼칠까 우려하는 분들이 많은데요. 보통 신용도는 신용카드 신용 거래 시 연체가 발생하거나 과도한 대출을 실행할 경우 하락합니다. 또한, 단기간 내에 카드를 여러 개 발급할 경우 신용도에 영향을 미칠 수도 있고요. 뭐든지 과도하게만 활용하지 않으면 아무 문제가 없습니다.

세액공제 받는 법

소득공제가 최종소득금액을 낮게 만들어 산출세액을 줄이는 작업
이었다면, 세액공제는 산출세액에서 납부할 세금을 줄이는 과정이에
요. (⑤ 산출세액−세액공제=결정세액)

산출세액에서 세액공제를 해서 나온 결정세액이 진짜로 내가 납
부해야 할 세금이죠. 그래서 소득공제, 세액공제가 같은 금액이라면
세액공제가 더 큰 절세효과가 있어요. 소득공제를 100만 원 받았다
면, 세율 15%일 경우 산출세액 15만 원이 줄어드는데요. 이는 세액공
제는 산출세액에서 15만 원을 빼는 것과 같거든요. 그래서 더욱 계산
도 쉽기도 하고요.

가장 대표적인 세액공제 항목, 앞서 재테크 필수 상품이라고 소개
했던 연금저축과 IRP 기억하시나요? 그래서 세액공제가 그래도 생소
하진 않을 거예요. 혹시나 기억나지 않을까 봐 간략히 설명해 드리자

면, 연금저축의 경우 총급여 5,500만 원 이하인 경우 최대 99만 원의 세액공제를 받을 수 있었어요. 연금저축만큼 혜택이 큰 세액공제 항목이 없어서, 대표적인 세액공제 항목이라 할 수 있어요. 이는 위에서 자세하게 다뤘으니 가볍게 넘어갈게요.

위험 관리와 절세까지, 보장성 보험료 세액공제

보험은 저축성 보험과 보장성 보험으로 나뉘는데요. 보장성 보험은 연간 100만 원 한도로 12% 세액공제 혜택을 받을 수 있습니다. 암보험이나 사망보험 같은 것들이요. 연간 100만 원이면 월 8만 3,300원 정도의 금액이에요. 보통 사회초년생 나이에 비갱신 보험에 가입한다면 월 8만 원 수준으로 최소한의 보장 설계할 수 있는데요. 이 정도 금액이 사실 과도한 금액은 아니라서, 충분히 한도를 꽉 채워서 12만 원 세액공제를 받을 수 있습니다.

반면, 저축성 보험은 세액공제 혜택이 없습니다. 다만, 10년 이상 유지 시 수령금액에 대해서 비과세 혜택을 받을 수 있다는 점이 다르죠. 즉, 보험은 보장성은 세액공제, 저축성은 비과세 혜택이 있다고 정리할 수 있어요. (참고로, 장애인의 경우 세액공제 한도는 100만 원, 세액공제율은 15%로 좀 더 혜택이 높아요)

아플 때 챙겨 줘야지, 의료비 세액공제

몸 망가지면서 돈 벌면, 결국 몸 고치는 데 돈을 다 쓴다고 하잖아요. 몸 아픈 것만큼 서러운 게 없어요. 그래서 의료비로 쓴 돈도 세액공제를 해줍니다. 총급여액의 3% 초과한 금액으로 세액공제율은 15%를 적용해 줘요.

총급여액이 5,000만 원인데 의료비로 200만 원을 지출했다면? 5,000만 원의 3%인 150만 원 초과분인, 50만 원에 대해서 세액공제를 해줘요. 즉, 50만 원의 15%인 7만 5,000원 세액공제 받을 수 있어요. 사실 1년에 한두 번 감기에 걸리거나 물리치료 받는 정도로는 200만 원 이상 쓰기 쉽진 않은 것 같아요. 그러나 나뿐만이 아닌 배우자나 부양가족에 대한 의료비 지출도 공제가 가능해서, 만약 수입이 적은 배우자가 있다면 의료비를 몰아 주면 혜택이 커질 수 있죠. 예를 들어, 배우자의 총급여액이 3,000만 원일 경우 의료비 세액공제로 16만 5,000원을 받을 수 있습니다. 가족 중에 누군가 정말 크게 아파서 큰 지출이 따른다면 세액공제도 그만큼 더 많이 받을 수 있겠죠.

단, 정말 치료 목적의 의료비만 해당돼요. 미용이나 건강증진 의약품 등에 사용된 금액은 공제가 불가합니다. 미용 목적으로 세액공제까지 받으면 아픈 사람 서럽잖아요. 그 외에도 의료비 세액공제 항목

도 많고 조건도 다양한데요. 일일이 다 열거할 수 없지만 연말정산에
어떻게 활용할 수 있는지 방법을 익히고 가면 되겠습니다.

미래를 위한 투자, 교육비 세액공제

교육에 투자한 비용도 세액공제 혜택을 받을 수 있어요. 15% 공제
율이 적용되는데요. 100만 원을 교육에 투자하면 15만 원을 돌려받
는 효과가 있습니다. 먼저 본인의 교육비입니다. 대학 졸업을 빚지고
시작하는 경우가 있죠. 바로 학자금 대출입니다. 학자금 대출 상환액
에 대해서 전액 세액공제를 받을 수 있어요. 예를 들어, 연간 500만
원의 상환 계획을 가진다면, 75만 원을 세액공제 받게 되는 것이죠.
또한, 직장생활을 하며 대학원에 진학하는 경우도 있는데요. 이때도
전액이 세액공제 대상입니다.

그리고 지금 당장은 아니겠지만, 나중에 결혼하면 부담이 되는 양
육비가 있습니다. 취학 전 아동부터 초중고, 그리고 대학생 등록금까
지 모두 세액공제 대상입니다. 1인당 연 300만 원까지 공제가 돼서,
15% 공제율 적용 시 총 45만 원의 세액공제를 받을 수 있습니다. 다
만 교육을 위한 모든 비용이 대상이 되는 것은 아니에요. 학원비나
과외 같은 것들은 대상이 되지 않거든요.

교육비 세액공제 항목과 공제 한도

세액공제		공제 항목	세액공제 대상금액 한도	공제율
교육비	본인	대학원, 대학, 시간제 과정, 직업능력개발훈련 시설, 학자금 대출 상환액 등	전액	15%
	취학 전 아동	어린이집, 유치원, 학원, 체육 시설 수업료, 급식비, 방과후 과정 수업료(도서 구입비 포함)	1명당 연 300만 원	
	초중, 고등학생	등록금, 입학금, 급식비, 교과서 대금, 방과후학교 수업료, 체험학습비(연 30만 원), 교복 구입비(중, 고등학생 연 50만 원)	1명당 연 300만 원	
	대학생	등록금, 입학금	1명당 연 900만 원	
	장애딘	장애인 재활교육비	전액	

무주택자를 달래 주는, 월세 세액공제

내 집 마련도 어렵고, 전셋집 구하기 어려운 분들은 월세가 부담이 될 수밖에 없는데요. 이런 분들의 주거비 부담을 덜어 주기 위한 것이 바로 월세액 세액공제입니다. 먼저 총급여액에 따라 세액공제율이 다른데요. 아래 표와 같습니다.

총급여액	세액공제율	공제 한도
5,500만 원 이하 (종합소득 4,500만 원 이하)	17%	750만 원
7,000만 원 이하 (종합소득 4,000만 원 이하)	15%	

총급여 5,500만 원 이하인 사람의 경우, 월세로 지급한 금액의 17%를 750만 원 한도로 세액공제 받을 수 있습니다. 750만 원은 한 달로 치면 62만 5,000원의 해당하는 금액인데요. 이 금액 이상 월세를 내는 사람이라면 127만 5,000원 세액공제를 받을 수 있는 것이죠. 거의 두 달 치에 가까운 월세를 돌려받는다고 볼 수 있겠습니다.

다만 이 역시 조건에 부합하는 사람만 세액공제 혜택을 받을 수 있어요.

먼저 연간 총소득이 7,000만 원 이하여야 하고, 무주택 세대주면서, 국민주택 규모(85m^2) 이하 또는 기준시가 3억 원 이하의 주택이어야 합니다. 그리고 임대차계약서의 주소지와 본인 주민등록 주소지가 동일해야 하고요. 이 중 하나라도 조건에 맞지 않는 사람은 세액공제 혜택을 받을 수 없습니다.

급여액 7,000만 원 기준은 2014년에 정해진 기준이라고 해요. 그동안 물가상승을 반영한다면 앞으로 총급여액 기준이 더 높아질 수도 있어요. 물론 그게 언제일지는 모르겠지만요. 부동산 가격이 오르면서 서민, 중산층, 특히 청년층이 많이 힘든데, 이런 혜택이 점점 많아져서 우리가 바라는 최소한의 평범한 생활을 할 수 있지 않을까 생각해요.

지금까지 세액공제 항목에 대해 알아보았는데요. 재테크는 결국 세금을 다루는 세테크로 귀결될 수밖에 없어요. 세금 한두 푼만 아끼는 방법을 잘 익히면 이게 정말 많이 쌓이거든요. 직장인이라면 동기들과 똑같이 재테크하면서 20년, 30년 동안 기하급수적인 차이를 만들어 낼 수 있는 것이 바로 절세, 비과세 혜택을 누리는 것이기도 하고요. 다만 모든 것을 한 번에 시작할 순 없잖아요. 이 책에서 다룬 내용만 잘 활용하더라도 상위 10%의 연말정산을 할 수 있을 거라고 확신해요. 제가 신입사원으로 돌아가면 딱 알아야 할 것들만 모아두었으니까요.

사실 짧은 분량으로 핵심만 다루다 보니, 설명하지 못한 부분이 많이 있어요. 특히 연말정산은 공제 한도, 공제율, 총급여 기준, 과세표준 구간 등 많은 숫자가 범람하고 또 매년 개정을 하기 때문에, 인터넷 게시글에 있는 내용으로 잘못된 정보를 얻어갈 수 있거든요. 항상 정확한 정보는 국세청 사이트에 들어가서 확인하는 거예요. '국세청 홈페이지 〉 국세신고안내 〉 연말정산 종합 안내'에 들어가시면 보다 자세한 내용을 확인하실 수 있어요. 특히 근로자를 위한 연말정산 신고안내 책자가 있으니 정확히 개정된 2023년 버전, 2024년 버전을 참고하시어 확인해 주세요.

미래의 나를 위해
오늘의 나를 투자하다

책을 쓰면서 가장 많이 고민한 게 있는데요. 어떤 내용을 담을지보다는, 어떤 내용을 덜어낼지에 대한 부분이었어요. 이 책은 딱 신입사원일 때의 저를 보고 쓴 책이거든요. 아무것도 모르던 금융문맹인 당시의 제게, 미래의 제가 와서 책 하나를 선물해 준다는 느낌으로요. 그래서 욕심이 생겨서 모든 것을 알려 주고 싶었어요. 그런데 지금이야 많은 걸 익히고 알게 됐지만, 그때의 저는 버거울 수밖에 없을 것 같더라고요. 그래서 많은 부분을 덜어냈어요. 재테크 걸음마 단계인 제게 최소한 필요한 것만 알려 주자는 생각으로요.

그래서 역설적으로 딱 이 한 권이면 되겠다 싶더라고요. 어려운 내용을 담아서 책을 덮게 만들 바에, 최대한 쉽게 써서 두 번, 세 번 읽게 만드는 게 중요했죠. 그래서 글도 쉽고 내용도 쉽게 쓰자고 했는데, 또 하나 알았죠. 글을 쉽게 쓴다는 건 정말 어려운 일이라는 것을요.

재테크에서 가장 중요한 것은 실행력이라고 생각해요. 이 책을 읽고도 '나중에 해야지'라고 생각하는 사람과 '지금 당장 실천해 볼까' 생각하는 사람은 정말 큰 차이가 있어요. 왜냐하면 지금 하기 싫은 건 나중에도 안 할 확률이 크거든요. 1부에서 계속 강조했지만, 재테크는 1년이라도 더 빨리 시작하는 사람이 승자예요. 지금 당장 1년의 복리 효과는 크지 않지만, 30년 차와 31년 차의 복리 효과의 격차는 더 벌어져 있거든요. 먼 미래가 아득해서 지금 당장 와닿지 않을 수 있어요. 그래서 현재와 미래를 입체적으로 생각하는 사람이, 오늘의 '나'와 미래의 '나'를 구분해서 생각할 수 있는 사람이 더욱 재테크를 잘하는 것이라 생각해요.

그리고 내가 관심 없는 것도 꼭 부딪쳐 보고 경험하는 것이 중요해요. 가끔 투자는 절대 안 하고 저축만 하겠다는 분들도 많아요. 물론 그 반대 상황도 많고요. 투자가 아무리 싫어도, 그래도 딱 1만 원으로라도 시작해 보는 거예요. 주식이나 ETF를 1만으로도 매매할 수 있어요. 설령 1만 원을 다 잃는다 해도 가세가 기울 일은 아니잖아요. 오히려 다 잃더라도 그 1만 원의 투자 경험이 수백 배, 수천 배의 경험을 선물해 줄 거예요. 직접 이익과 손해를 경험해 보면서 나의 위험 기피 성향이 어떤지, 기업의 주가가 어떻게 흘러가는지 관심을 가지는 것이죠. 10년 뒤에 투자해 보겠다고 하며 그때 처음 시작하는 사람과 지금이라도 10년 치 내공을 쌓고 10년 뒤에 본격적으로 시작하는 사람, 당연히 실력과 마인드 자체가 다르겠죠?

바로 실천해 보는 거예요. 당장 금융사 앱을 실행해서 연금저축펀드 계좌를 만들어요. 그리고 딱 1만 원만 납입해 봐요. 어떤 금융상품이든 매매하고 며칠간 지켜보세요. 그렇게 여러분의 본격적인 재테크가 시작될 것이에요.

길시영